Dirk Unschuld

Als der Geißbock Moped fuhr
Unverzichtbares Wissen rund um den 1. FC Köln

Hennes immer mit uns, auch als Mannschaft, Vorstand
und Funktionsteam nach der Vizemeisterschaft 1960 im
Müngersdorfer Stadion empfangen wurden.

Dirk Unschuld

Als der Geißbock Moped fuhr

Unverzichtbares Wissen rund um den 1. FC Köln

VERLAG DIE WERKSTATT

Weitere Bücher zum FC

D. Unschuld / T. Hardt / F. Latz
**Im Zeichen des Geißbocks –
Die Geschichte des 1. FC Köln**
528 Seiten, A4, Hardcover
sehr viele Fotos
ISBN 978-3-7307-0127-0
€ 44,90

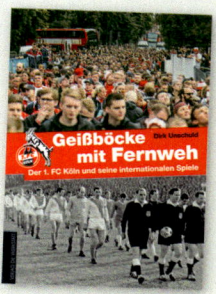

Christoph Bausenwein
Das große Buch vom 1. FC Köln
96 S., A4, Hardcover, viele Fotos
ISBN 978-3-7307-0206-2
€ 16,90
2., aktualisierte Auflage

Vereinsgeschichte für die »Pänz«
unter den Fans des 1. FC Köln

Dirk Unschuld
**Geißböcke mit Fernweh
Der 1. FC Köln und seine
internationalen Spiele**
166 S., A4, Hardcover
viele Fotos
ISBN 978-3-7307-0372-4
€ 24,90

Ben Redelings
**FC-Album
Unvergessliche Sprüche, Fotos,
Anekdoten rund um
den 1. FC Köln**
160 S., Paperback, viele Fotos
ISBN 978-3-7307-0109-6
€ 9,99
2., aktualisierte Auflage

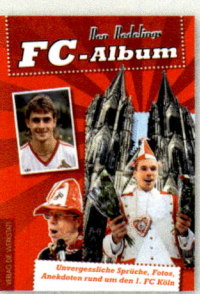

www.werkstatt-verlag.de

Bibliografische Information der Deutschen Nationalbibliothek
Die Deutsche Nationalbibliothek verzeichnet diese Publikation in der
Deutschen Nationalbibliografie; detaillierte bibliografische Daten
sind im Internet über http://dnb.d-nb.de abrufbar.

4., überarbeitete Auflage 2018

Copyright © 2009 Verlag Die Werkstatt GmbH
Lotzestraße 22a, D-37083 Göttingen
www.werkstatt-verlag.de
Alle Rechte vorbehalten
Satz und Gestaltung: Die Werkstatt Medien-Produktion GmbH
Druck und Bindung: Grafisches Centrum Cuno, Calbe
Coverzeichnung © Dieter Tonn

ISBN 978-3-89533-679-9

Seit vielen Jahren durchwühle ich Publikationen aller Art vom und über den 1. FC Köln. Besonders intensiv war dies während der Arbeit am FC-Geschichtsbuch *Im Zeichen des Geißbocks* der Fall. Viele, teils kuriose Geschichten und Begebenheiten aus der FC-Historie mussten aus Platzgründen damals „liegen bleiben". Da sich im Laufe der Zeit einiges angesammelt hatte, entstand die Idee, dieses Material allen, die sich für den 1. FC Köln interessieren, in einem speziellen Buch zu präsentieren.

Ein nicht geringer Teil der in *Als der Geißbock Moped fuhr…* enthaltenen Anekdoten und Fakten stammt aus dem riesigen FC-Archiv, das von Hermann Immel zwischen 1952 und 1963 aufgebaut wurde, später von Hans-Gerhard König ergänzt wurde und nun von mir weitergeführt wird. Es setzt sich aus sämtlichen Originalpublikationen der Vereinshistorie (*Geißbock Echo, Clubnachrichten,* Mitgliederjahreshefte usw.) sowie unzähligen Presseberichten zusammen. Auch das beliebte Fanzine *Kölsch Live* wurde komplett durchforstet, genau wie sämtliche jemals über den FC erschienenen Bücher.

Geschichten, wie beispielsweise über die Entstehung des FC-Wappens, den „versteckten" Gladbacher Mannschaftsbus oder über die vielen Begebenheiten rund um die acht „Hennesse" schlummerten bislang mehr oder weniger unentdeckt im FC-Archiv. Hinzu kommen Erinnerungen ehemaliger Spieler, Funktionäre, Mitarbeiter und natürlich auch von Fans des Vereins. Als kleines Extra werden Dinge, mit denen man als FC- und Fußballfreund regelmäßig in Berührung kommt (zum Beispiel Sammelbilder, Eintrittskarten oder Programmhefte), im Wandel der Zeit gezeigt. Alles in allem soll dieses Buch jeden FC-Fan begeistern, indem es ihn zum Lachen bringt, aber auch interessante Fakten bereithält, die selbst für eingefleischte Fans neu sind.

Acht Jahre nach der Premierenauflage geht das Buch nun bereits in die vierte Runde. Dazu wurden, wo notwendig, Daten aktualisiert oder hinzugefügt.

Dirk Unschuld im November 2017

Stand der statistischen Daten: Oktober 2017.

Im offenen VW-Käfer vom Flughafen Köln-Wahn Richtung Neumarkt: Franz Kremer, Hans Schäfer und „Tschik" Čajkovski auf dem Weg zur Meisterfeier 1962.

Immer für einen Spaß zu haben: „Tschik" Čajkovski und Karl-Heinz Schnellinger beim Auftakttraining der Saison 1962/63.

Flutlichtausfall, Nebel, Überschwemmung – kuriose Spielabbrüche

Dichter Herbstnebel waberte am 18. November 1956 durch die Müngersdorfer Hauptkampfbahn, als der FC im Oberligaheimspiel gegen „Underdog" SV Sodingen nach 52 Minuten sensationell mit 0:2 im Rückstand lag. Den 7.000 Zuschauern war die Sicht auf das Spielfeld schon vernebelt und rund 2.000 Fans nutzten die Waschküche, um auf den Platz zu laufen und bei der Gelegenheit gleich Eckfahnen und Ball mitgehen zu lassen. Erst der Einsatz berittener Polizei sorgte wieder für Ordnung. Nach leidenschaftlichen Diskussionen mit allen mehr oder weniger Beteiligten beendete Schiedsrichter Klabbers die Partie nach gut einer Stunde vorzeitig. Der erste Spielabbruch der FC-Historie war perfekt. Die Gäste aus dem Herner Vorort schäumten vor Wut und legten später Protest ein. Ohne Erfolg – die Begegnung wurde gut neun Wochen später neu angesetzt. Die Geißböcke gewannen mit 2:1.

Auch das Freundschaftsspiel beim SC Enschede, in dessen Reihen „Boss" Helmut Rahn aktiv war, musste am 10. Oktober 1962 wegen Nebels beim Stande von 2:0 für die Niederländer nach 42 Minuten abgebrochen werden. Enttäuscht verließen die 25.000 Zuschauer das „Diekman Stadion".

Ein Brand in einem Athener Elektrizitätswerk und der damit verbundene Flutlichtausfall war schuld daran, dass die UEFA-Cup Erstrundenpartie AEK Athen-1. FC Köln am 14. September 1982 in der Nachspielzeit beim Stande von 3:3 abgebrochen werden musste. Obwohl nur noch wenige Sekunden

Impressionen aus dem *kicker* vom ersten abgebrochenen Spiel der FC-Historie am 18.11.1956.

zu spielen waren, gelang es den Verantwortlichen nicht mehr, noch Licht ins Dunkel zu bringen. 37.000 Griechen und eine Handvoll Kölner verließen fassungslos den Ort des Geschehens. Exakt 15 Tage später wurde der Vergleich an gleicher Stelle wiederholt, die Geißböcke gewannen mit 1:0. Offensichtlich befürchteten die Fans eine erneute Finsternis – zum Wiederholungsspiel kamen nur noch 12.486 Zuschauer.

★ ★ ★

Am 26. Januar 1995 wurde erneut ein FC-Spiel wegen Nebels abgebrochen – diesmal der freundschaftliche Vergleich beim Wuppertaler SV. Tore waren bis zum Aufzug der Nebelwand noch keine gefallen.

★ ★ ★

Verletzte FC-Fans und Sportdirektor Hannes Linßen beim abgebrochenen Spiel in Groesbeek/ Niederlande am 31.07.1999.

Niederländische Hooligans sorgten nach 70 Spielminuten für einen Abbruch des Freundschaftsspiels gegen NEC Nimwegen am 31. Juli 1999 im kleinen Ort Groesbeek in der Provinz Gelderland. Die angeblich aus der Rotterdamer Szene stammenden „Hools" hatten den Rasen des „Sportpark Zuid" gestürmt und wahllos auf die mitgereisten FC-Fans und sogar auf die Spieler eingeprügelt. Nachher gab es etliche Verletzte zu beklagen, die von FC-Masseur Jürgen Schäfer medizinisch versorgt wurden. Da geriet das „Spielergebnis" von 3:3 zur reinen Nebensache.

★ ★ ★

Liebevoll renoviert und erneuert hatten die Verantwortlichen der TuS Daun das „Wehrbüschstadion" zur Begegnung mit dem 1. FC Köln am 30. Juli 2002. Rund 1.000 Besucher sorgten an diesem Sommertag in der idyllischen Eifelstadt für eine angenehme Atmosphäre. Den monsunregenähnlichen Niederschlag, der ab der 38. Minute herabprasselte, hatte allerdings niemand erwartet. Binnen weniger Minuten stand der Platz vollständig unter Wasser, der ehrenamtliche Helfer am Würstchengrill musste hilflos mit ansehen, wie seine Bruzzler zu

Eintopf wurden. Da die Anlage weder über eine überdachte Tribüne verfügte, noch entsprechende Unterstellmöglichkeiten vorhanden waren, wurden sämtliche Zuschauer bis auf die Knochen nass. Dem unglücklichen Referee blieb keine andere Wahl, als den Kick beim Stande von 3:0 für den FC abzubrechen.

Am 5. September 2008 beendete Schiedsrichter Heiko Creutz das Freundschaftsspiel gegen den FV Engers beim Stand von 9:0 für den FC im Neuwieder Rhein-Wied-Stadion aufgrund eines Platzregens bereits in der 73. Minute. Den bislang letzten Spielabbruch verzeichnete man am 20. Juli 2012 im Alpenstadion Garstnertal. Im Rahmen des Sommertrainingslagers im österreichischen Windischgarten traf der FC auf Jahn Regensburg, als plötzlich ein starkes Gewitter aufzog, so dass die Partie aus Sicherheitsgründen nach 65 Minuten abgebrochen wurde (Stand: 2:0 für den FC).

Der erste Eigentorschütze schrieb das erste Vereinslied

Dass Walter Radant beim 8:2-Sieg über Nippes 12 am 15. Februar 1948 das erste FC-Tor erzielte, ist inzwischen hinlänglich bekannt. Doch wer war für das erste Eigentor der FC-Geschichte verantwortlich? Es war kein Geringerer als Verteidiger Eduard Szilinsky, der nur eine Woche später beim Auswärtsspiel gegen den FV Bad Godesberg den 3:2-Siegtreffer für die Gastgeber erzielte. Lange ärgert sich „Ede", der später in Lingen/Emsland als Sportlehrer tätig war und am 28. Januar 2009 verstarb, über dieses Missgeschick. Zumal sich der ehemalige Akteur von Sülz 07 stark mit dem FC identifizierte. So textete und komponierte er im Jahre 1948 das erste, offizielle Vereinslied mit dem Titel „Dir, 1. FC Köln".

UI-Cup

Von den Spielern als „Urlaubsvernichtungsmaßnahme" angesehen, waren die UI-Cup-Spiele in den 1990er Jahren für den harten Kern der reisefreudigen FC-Fans eine willkommene Gelegenheit, fremde Länder und eher unbekannte Klubs kennenzulernen. Wann kommt man schon zum Pflichtspiel nach Växjö (Schweden), Velenje (Slowenien), Cork (Irland) oder Tel Aviv (Israel)?

Ganze 13 FC-Freunde waren am 21. Juni 1997 nach Tel Aviv geflogen, um ihre Mannschaft beim Spiel gegen den Vorortclub Maccabi Petach-Tikva zu unterstützen. Zwei der mitgereisten Kölner wurden dabei von den örtlichen

Sicherheitsbeamten besonders kritisch „begut-achtet". Bei der Ankunft auf dem Flughafen stellten die Polizisten fest, dass das Duo bereits im Februar für einen Kurztrip im Heiligen Land gewesen war. Kein Wunder, hatte doch am 26. Februar 1997 die deutsche Nationalelf in Israel gespielt und die beiden Fußballfreunde waren „live" vor Ort gewesen. Das man gerade einmal vier Monate später schon wieder „nur" für ein Fußballspiel die weite Reise auf sich nehmen konnte, war den Beamten aufgrund der innen-politischen Situation im Land reichlich suspekt. So überprüfte man die Schlachtenbummler be-sonders ausdauernd und gründlich – natürlich ohne verdächtige Anhaltspunkte finden zu kön-nen. Da blieb den Beamten nichts anderes übrig,

Wandbild in Tel Aviv, aufgenommen vor dem UI-Cup-Spiel des FC, Rot-Weißes Trikot, Nummer 9 und dann noch mit „Tony" signiert – wenn das kein gutes Omen war.

als kopfschüttelnd viel Spaß und einen angenehmen Aufenthalt zu wünschen. Den hatten alle mitgereisten FC-Fans, denn die Partie bei Maccabi Petach-Tikva wurde vor gut 300 Unentwegten mit 3:0 gewonnen.

Bei der Israelreise bewies auch FC-Trainer Peter Neururer, dass seine Aussage, er sei „schon seit der Kindheit FC-Anhänger", durchaus nicht nur ein PR-Gag war. Als ihn bei einem gemütlichen Abend im Mannschaftshotel die ausge-wiesenen FC-Kenner Thomas Hohndorf und Tom Hardt mit komplizierten Fragen aus der Vereinsgeschichte bombardierten, wusste der sonst eher als Dampfplauderer bekannte Fußballlehrer diese mit erstaunlicher Fachkom-petenz zu beantworten.

 Rückennummern

4.000 Zuschauer waren am Fronleichnamstag, dem 16. Juni 1949, in der al-ten Müngersdorfer-Radrennbahn beim Freundschaftsspiel des FC gegen den Wuppertaler Klub TSG Vohwinkel 80 Zeuge einer vereinshistorisch interes-santen Begebenheit: Zum ersten Mal in seiner Geschichte spielte der 1. FC Köln mit Rückennummern, die seinerzeit noch aufgenäht wurden, auf dem Trikot. Zuvor war man in Jerseys ohne Nummern aufgelaufen. Die Kölner ge-wannen die „Nummernpremiere" mit 6:1. Rückennummern, die, wie heute üblich, dauerhaft an einen Spieler vergeben wurden, gab es noch nicht. Bis

1949: Der FC endlich mit Rückennummern! Wie hier gegen Austria Wien am 13. August 1949. Von links: Walter Radant, Hans Schäfer und Paul Lehmann (Nr. 10).

zur Spielzeit 1995/96 lief man (nicht nur der FC) mit den Nummern 1 bis 11 auf. Dennoch bekamen die Stammspieler in der Regel immer dieselben Nummern. Ab 1967 trugen die Auswechselspieler die Folgenummern 13 und 14, die 12 war häufig für den Ersatztorwart reserviert. Zur Saison 1995/96 kickte der FC erstmals mit den bis heute gängigen, personalisierten Rückennummern samt Spielernamen.

Wechselspiele

Dass man in früheren Zeiten beim Fußball, zumindest in Pflichtspielen, nicht auswechseln durfte, ist hinlänglich bekannt. Verletzte sich ein Spieler, musste er den Platz verlassen und seine Teamkollegen setzten die Partie dezimiert fort. Eine weitere Option war, den verletzten Akteur als sogenannten Statisten auf dem Spielfeld zu belassen. Nur wegen des „Wechselverbots" konnte die berühmte Legende um Wolfgang Weber entstehen, der beim Entscheidungsspiel im Europapokal der Landesmeister am 24. März 1965 in Rotterdam gegen den FC Liverpool mit gebrochenem Wadenbein spielte.

Die ersten Auswechslungen in der Historie des 1. FC Köln fanden am 24. April 1948 beim Freundschaftsspiel gegen den Duisburger SV statt, als in der 46. Spielminute Heinz Hungs für Hubert Stock und Wilhelm Lipponer für Matthias Nebinger eingewechselt wurden. Die Partie endete 1:1.

Die erste Auswechslung in einem FC-Pflichtspiel ereignete sich am 26. August 1967, als beim Bundesligaheimspiel gegen 1860 München Fritz Pott in der 62. Minute Dietmar Mürdter ersetzte.

In derselben Saison (1967/68) war es übrigens Jürgen „Jenni" Jendrossek, der am 20. April 1968 beim 5:1-Heimsieg des FC über Eintracht Frankfurt mit dem 2:0 in der 37. Minute das erste Jokertor in einem Pflichtspiel der Geißböcke erzielte.

★ ★ ★

Ab der Saison 1968/69 durften zwei Spieler ausgewechselt werden. Erster „zweiter Einwechselspieler" der Kölner war Bernhard Hermes, der bei der 1:6-Auswärtspackung beim VfB Stuttgart am 30. Oktober 1968 in der 87. Minute für Karl-Heinz Thielen den Rasen des Neckarstadions betreten durfte, nachdem zuvor schon Hannes Löhr nach einer Stunde Spielzeit für Wolfgang Overath gebracht wurde.

★ ★ ★

Schrieben FC-Auswechselgeschichte: Heinz Hungs, Jürgen Jendrossek und Carsten Jancker.

Beginnend mit der Saison 1995/96 durfte der Trainer drei Spieler vorzeitig zum Duschen schicken. Die Premiere als erster „dritter Einwechselspieler" der FC-Geschichte feierte Carsten Jancker am 25. Juni 1995 beim UI-Cup-Spiel im schwedischen Växjö. In der 65. Minute durfte der Angreifer für Michael Rösele einspringen, nachdem zuvor schon Reinhard Stumpf in der 6. Minute für Olaf Janßen und Martin Braun nach dem Seitenwechsel (46.) für Janosch Dziwior eingewechselt worden waren.

★ ★ ★

In den sportlich mageren 1990er Jahren war der FC nicht mehr unbedingt als Avantgardist bekannt. Dennoch waren die Kölner während der Saison 1995/96 der erste Bundesligist, der Auswechslungen per elektronischer Tafel am Spielfeldrand anzeigte. Mittlerweile sind die leuchtenden Auswechseltafeln Standard in der Bundesliga.

Plötzlich ohne „Schwarzkittel"

Durch einen Verkehrsunfall unmittelbar vor dem Müngersdorfer Stadion verletzte sich Referee Loser aus Essen, der mit einem Privatwagen angereist war, so stark, dass er das anstehende Meisterschaftsspiel der Oberliga West am 5. September 1956 zwischen dem 1. FC Köln und Borussia Dortmund nicht leiten konnte. Glücklicherweise war mit Herrn Schreiber aus Eschweiler ein weiterer „Pfeifenmann" unter den 35.000 Zuschauern, der die anschließende Partie, die der FC mit 3:4 verlor, ohne Probleme über die Bühne brachte.

★　★　★

Aus unbekanntem Grund erst gar nicht erschienen war das bulgarische Schiedsrichtergespann, das für das UEFA-Cup-Erstrundenhinspiel des FC bei Eskisehirspor in der Türkei vorgesehen war. So waren die Kölner, die bereits eine strapaziöse Anreise nach Anatolien hinter sich hatten, alles andere als begeistert, als der UEFA-Vertreter vor Ort kurzerhand den zufällig anwesenden, aus Ankara stammenden Referee Türkdogan mit der Spielleitung beauftragte. Das Linienrichtergespann kam sogar aus Eskisehir. Die Bedenken der Gäste aus Köln waren völlig unangebracht. Der türkische Unparteiische machte beim 0:0 seine Sache so gut, dass er von den heißblütigen einheimischen Fans anschließend mit Steinen und diversen Früchten beworfen wurde.

★　★　★

Während der Saison 1983/84 testete der DFB den Schiri-Austausch mit der Schweiz. So kam bei der Partie bei den Bayern am 31. März 1984 der Züricher Willi Jaus zum Einsatz. Nach 68 Minuten musste der eidgenössische Referee in Folge eines Muskelfaserrisses von seinem Assistenten Arturo Martino ersetzt werden. Dem FC brachte der Schiriwechsel kein Glück. Beim Ausfall des schwarzen Mannes hatte man noch mit 2:1 geführt, verlor am Ende jedoch mit 2:4.

★　★　★

An einen weiteren, kuriosen Schiedsrichterausfall können sich vor allem jene FC-Fans noch erinnern, die am 13. August 2004 nach Burghausen in die oberbayerische Provinz gefahren waren. Die Kölschen bejubelten noch den nach 180 Sekunden erzielten 1:0-Führungstreffer von Matthias Scherz gegen die heimischen Wacker-Kicker, als Schiri Thorsten Koop aus Lüttenmark sich fünf Minuten später plötzlich nur noch humpelnd über das Spielfeld bewegen konnte. Ein später diagnostizierter Muskelfaserriss machte den weiteren Einsatz von Koop unmöglich. Nach einer 18 Minuten dauernden Spielunterbrechung übernahm Assistent Gunnar Melms aus Osterburg die Leitung der Partie. Ein neuer Linienrichter konnte nach Aufruf über die Stadionlautsprecher gefunden werden. Die Kölner brachte die „Schirirotation" offenbar völlig aus dem Konzept, sie verloren trotz der Führung sang- und klanglos mit 2:4, woraufhin Trainer Huub Stevens direkt am Morgen nach der Heimkehr ein Straftraining auf einem Aschenplatz am Geißbockheim ansetzte…

Bauer sucht Fahne – und Bus

Während der Saison 2007/08 sorgte der berühmte „Fahnenklau" im Vorfeld des Derbys gegen Borussia Mönchengladbach für Aufregung. Einige Kölner hatten sich Zutritt zum Lagerraum des Gladbacher Nordparkstadions verschafft und dort einige Fahnen, darunter die der „Ultras MG" mitgehen lassen. Weil die Fahne in die Hände des Erzfeindes geraten war, musste sich die „UMG" auflösen, so schreiben es die „Ultra-Gesetze" vor. Beim Derby am 7. April 2008 wurde den mitgereisten Gladbachern die „Beute" sogar im Unterrang der Südtribüne präsentiert. Den daraus entstehenden Tumult im Gästeblock samt Spielunterbrechung nutzte der FC, um in der Nachspielzeit durch Patrick Helmes per Elfmeter noch den umjubelten Ausgleich zum 1:1 zu erzielen.

37 Jahre vor der „Fahnenaktion" hatte man eine noch spektakulärere Idee: In der Nacht vor dem am 2. Oktober 1971 in der Müngersdorfer-Radrennbahn stattfindenden Derby wurde der erst wenige Wochen zuvor für rund 150.000 Mark neu erworbene Mannschaftsbus der Gladbacher vor dem Hotel „Schugt" in Pulheim-Brauweiler entwendet. Im Bus befanden sich auch sämtliche Trainings- und Bekleidungsstücke der Spieler inklusive ihrer Fußballschuhe. So musste ein Betreuer eiligst an den Niederrhein zurückfahren, um am Bökelberg sowie in den Privatwohnungen der Spieler entsprechenden Ersatz zu besorgen. In den nicht eingespielten Schuhen kamen Netzer & Co. offensichtlich weniger gut zurecht – der FC gewann die Partie mit 4:3. Der Gladbacher Bus tauchte erst am Samstagabend nach der Partie in einer Sackgasse des Frechener Ortsteils Königsdorf wieder auf.

Der „verschwundene" Mannschaftsbus der Gladbacher.

FC-Heraldik – kölsche Wappenkunde

Es ist bei Sport- und Fußballfreunden weltweit bekannt. Das berühmte Wappen des 1. FC Köln mit Dom und Geißbock. Doch über seine Geschichte ist bislang nur wenig bekannt.

★　★　★

Entworfen wurde das Wappen von einem waschechten „Ossi". Der in Sachsen geborene, Anfang der 1920er Jahre nach Köln gezogene Walter Hertel zeichnet für eines der bekanntesten Sportwappen Deutschlands verantwortlich. Hertel, im Kölner Stadtteil Klettenberg wohnhaft und von Beruf Grafiker, trat kurz nach seiner Ankunft in der Domstadt der Handballabteilung von FC-Vorgängerverein KBC bei. Als erstklassiger Handballer erreichte der gebürtige Sachse mit dem KBC unter anderem die Endrundenspiele um die Rheinbezirksmeisterschaft 1928/29. Mit dem Fußball hatte er außer als gelegentlicher Zuschauer nur wenig am Hut. Auch für das Layout der *Clubnachrichten* war Hertel zeitweilig verantwortlich.

★　★　★

Willi Kremer, Bruder von „Boss" Franz Kremer, erinnert sich: „Der Walter war ein wunderbarer Handballer. Wir verpassten ihm den Spitznamen ‚et Spichelei', da er sich im Klubhaus am Klettenbergpark immer in seiner unverkennbaren, sächsischen Muttersprache ein Spiegelei bestellte." Nach der Fusion von KBC und Sülz 07 brauchte man ein neues Wappen. Sofort bot sich Walter Hertel an, dem neuen Verein ein Logo zu entwerfen. Da das Wahrzeichen der Stadt Köln der Dom ist, machte er diesen zum zentralen Punkt des Wappens. Farblich war das neue Logo noch komplett in den FC-Vereinsfarben rot-weiß gehalten, auf die man sich, in Anlehnung an die ebenfalls rot-weißen Kölner Stadtfarben, festgelegt hatte. Den springenden Geißbock suchte man noch vergebens.

1948 – 1950
„Et Spichelei"

★　★　★

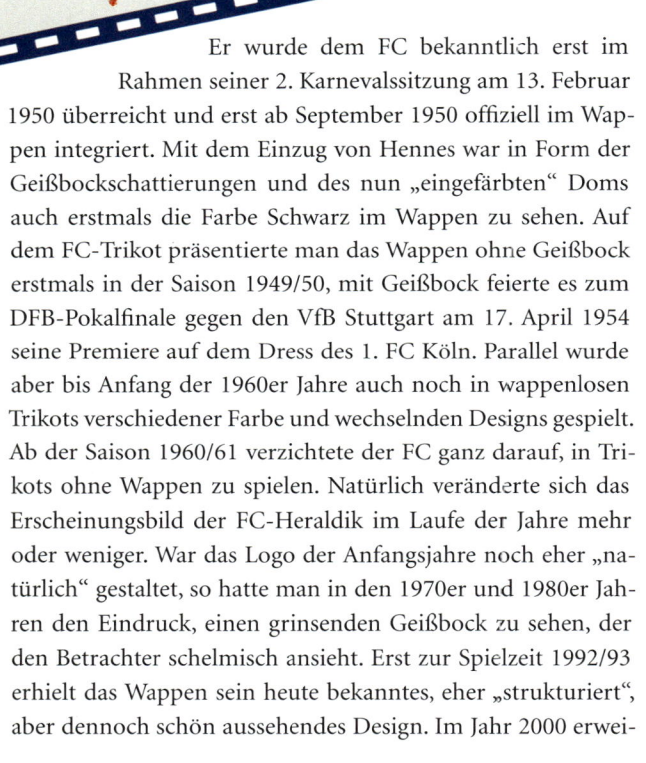

Er wurde dem FC bekanntlich erst im Rahmen seiner 2. Karnevalssitzung am 13. Februar 1950 überreicht und erst ab September 1950 offiziell im Wappen integriert. Mit dem Einzug von Hennes war in Form der Geißbockschattierungen und des nun „eingefärbten" Doms auch erstmals die Farbe Schwarz im Wappen zu sehen. Auf dem FC-Trikot präsentierte man das Wappen ohne Geißbock erstmals in der Saison 1949/50, mit Geißbock feierte es zum DFB-Pokalfinale gegen den VfB Stuttgart am 17. April 1954 seine Premiere auf dem Dress des 1. FC Köln. Parallel wurde aber bis Anfang der 1960er Jahre auch noch in wappenlosen Trikots verschiedener Farbe und wechselnden Designs gespielt. Ab der Saison 1960/61 verzichtete der FC ganz darauf, in Trikots ohne Wappen zu spielen. Natürlich veränderte sich das Erscheinungsbild der FC-Heraldik im Laufe der Jahre mehr oder weniger. War das Logo der Anfangsjahre noch eher „natürlich" gestaltet, so hatte man in den 1970er und 1980er Jahren den Eindruck, einen grinsenden Geißbock zu sehen, der den Betrachter schelmisch ansieht. Erst zur Spielzeit 1992/93 erhielt das Wappen sein heute bekanntes, eher „strukturiert", aber dennoch schön aussehendes Design. Im Jahr 2000 erwei-

terte der FC sein sogenanntes Premium-logo noch um den Glanzeffekt in der linken, oberen Hälfte des Wappenbildes.

In diesem Text ist nur vom offiziellen Wappen des Vereins die Rede. Auf unzähligen im In- und Ausland im Laufe der Jahre produzierten Wimpeln, Aufklebern und sonstigen Fanartikeln ist das FC-Wappen in vielfältiger,

teils kurioser Darstellungsweise zu bewundern, wie die hier gezeigte, kleine Auswahl eindrucksvoll belegt.

Wer trug die Binde?
Alle FC-Kapitäne seit 1948

Aufgeführt sind jeweils die vor der Saison vom Trainer bestimmten oder von der Mannschaft gewählten Kapitäne. Selbstverständlich gab es im Laufe der Jahre zahlreiche „Vertreterkapitäne", die eingesetzt wurden, wenn der etatmäßige Spielführer, aus welchen Gründen auch immer, nicht spielte. Einige dieser „Interimskapitäne" waren beispielsweise: Hansi Sturm, Thomas Cichon, Stefan Langen, Karsten Baumann, Hannes Löhr, Georg Stollenwerk, Lukas Podolski, Kevin McKenna oder Björn Schlicke.

1948 bis 1950 Willi Weyer

1950 bis 1956 Hans Graf

1956 bis 1958 Jupp Röhrig

1958 bis 1965 Hans Schäfer

Juli 1965 bis November 1965 Wolfgang Weber

November 1965 bis 1968 Karl-Heinz Thielen

1968 bis 1977 Wolfgang Overath

1977 bis 1979 Heinz Flohe
1979 bis 1980 Bernd Cullmann
1980 bis 1981 Rainer Bonhof
1981 bis 1982 Harald „Toni"
    Schumacher
1982 bis 1983 Gerd Strack
1983 bis 1984 Pierre Littbarski
1984 bis 1987 Klaus Allofs
1987 bis 1988 Stephan Engels
1988 bis 1993 Pierre Littbarski
1993 bis 1994 Bodo Illgner
1994 bis 1995 Andrzej Rudy
    (Hinr.), Bruno Labbadia (Rückr.)
1995 bis 1996 Bruno Labbadia
    (Hinr.), Bodo Illgner (Rückr.)
1996 bis 1998 Ralf Hauptmann
1998 bis 1999 Ralf Hauptmann
    (Hinr.), Dirk Lottner (Rückr.)
1999 bis 2004 Dirk Lottner
2004 bis 2006 Sebastian
    Schindzielorz (2005/06 zudem
    Björn Schlicke und
    Lukas Podolski)
2006 bis 2007 Carsten Cullmann
    (Hinr.), Lukas Sinkiewicz (Rückr.)
2007 bis 2008 Patrick Helmes
    und Matthias Scherz
2008 bis 2009 Ümit Özat und
    Milivoje Novakovič
2009 bis Nov. 2009 Milivoje
Novakovič
Nov. 2009 bis Jan. 2010 Petit
Jan. 2010 bis Jan. 2011 Youssef
Mohamad
Juli 2012 bis Juli 2015 Miso Brecko
Ab Juli 2015 Matthias Lehmann

Der Geißbock Cup

Programmheft von der 17. Auflage des Geißbock-Cups im Jahre 1998.

Eine feste Institution im Vereinsleben des 1. FC Köln ist seit seiner Erstauflage am 17. Juni 1982 der „Geißbock Cup". Das große, internationale Turnier für F- (seit 1995), E-, D- und C-Jugendmannschaften findet alljährlich im Sommer rund um das Geißbockheim statt. Ab 1985 nannte man es in Gedenken an das legendäre Vorstandsmitglied und „Amateurchef" Karl-Heinz „King" Schäfer „Karl-Heinz Schäfer Gedächtnisturnier". Seit 2002 wird die beliebte Veranstaltung von offizieller Seite aus nur noch als „Geißbock Cup" bezeichnet. Der Name von „King" Schäfer verschwand aus unerklärlichen Gründen. Immerhin würdigte der 1. FC Köln Karl-Heinz Schäfer mit einem Sonderbeitrag im offiziellen Magazin zum 60. Jubiläum im Februar 2008.

Wie der FC 1973 doch Pokalsieger wurde [011]

Eine Affinität zum FC hatte offensichtlich die Postkartenausgabestelle in Düsseldorf, die zum berühmten DFB-Pokalendspiel zwischen dem 1. FC Köln und Borussia Mönchengladbach am 23. Juni 1973 frankierte und gestempelte Gedenkpostkarten produzierte. Voller Zuversicht wurden die Karten vor der Partie hergestellt und der FC samt Mannschaftsbild bereits als „DFB-Pokalsieger 1973" auf dem Erinnerungsstück verewigt. Da kann man den 2:1-Glückssiegtreffer für die Gladbacher, von Haarmonster Günter Netzer nach Selbsteinwechslung in der Verlängerung erzielt, glatt vergessen.

Die in Düsseldorf gestempelte Postkarte beweist: Der FC wurde DFB-Pokalsieger 1973.

Heimspiel in der Fremde

Orte außerhalb Kölns, an denen der FC in Pflichtspielen Heimrecht hatte:

21.03.1964 (Bundesliga) 1. FC Köln-Eintracht Braunschweig 4:1 (1:0) im Stadion am Zoo, Wuppertal

Wegen Zuschauerausschreitungen beim Heimspiel gegen Eintracht Frankfurt am 29. Februar 1964 wurde der FC zu zwei Pflichtspielen auf neutralen Plätzen verurteilt. Die Partie in Wuppertal wurde dennoch zum Heimspiel, denn viele der 20.761 Zuschauer waren aus Köln ins Bergische gereist.

Obwohl auf der Eintrittskarte „Stadion Köln Müngersdorf" steht, fand das „Heimspiel" in Wuppertal statt. Ein entsprechendes Ankündigungsplakat wurde noch gedruckt.

★ ★ ★

08.04.1964 (DFB-Pokal) 1. FC Köln-1. FC Nürnberg 3:2 n.V., im Rheinstadion, Düsseldorf

Wie schon in Wuppertal befand sich auch beim ausgerechnet in Düsseldorf stattfindenden Pokalspiel gegen den „Club" ein großes Kontingent Kölner Fans unter den 20.688 Besuchern. Tragisch: Auf der Tribüne erleidet Karl Mehring, legendärer „FC-Kneipier" auf der Luxemburger Straße, einen tödlichen Herzinfarkt.

★ ★ ★

06.05.1986 (UEFA-Pokal) 1. FC Köln-Real Madrid 2:0 (1:0), im Olympiastadion, Berlin

Der FC erstmals in einem europäischen Endspiel. Das Hinspiel in Madrid hatte man glatt mit 1:5 verloren. Wegen Zuschauerausschreitungen beim Halbfinale in Kortrijk gegen den belgischen Vertreter KSV Waregem wurde dem FC als Sanktionsmaßnahme von der UEFA das Heimrecht genommen. Noch heute behaupten einige der damaligen Spieler, dass man in einem in Müngersdorf ausgetragenen Rückspiel das Blatt noch zu Gunsten des FC hätte wenden können. Die Tumulte in Kortrijk waren nach Angaben vieler vor Ort anwesender Augenzeugen von belgischen Sicherheitskräften provoziert worden und ein Resultat völliger Fehlorganisation der Gastgeber. Obwohl Mannschaft und Offizielle des 1. FC Köln auf dem Berliner „Ku'damm" rote und weiße Rosen an die Passanten verteilten, kamen nur 16.185 zahlende Zuschauer ins riesige Olympiastadion.

Ankündigungsplakate – vom Werbeobjekt zum Sammlerstück [013]

Seit der Saison 1948/49 bewirbt der 1. FC Köln seine Veranstaltungen mit Ankündigungsplakaten. Zunächst wurden diese nur in DIN-A4-Größe produziert und in den Geschäften der „FC-Stadtteile" Sülz und Klettenberg ausgehangen. Mit dem Aufstieg der ersten Mannschaft in die Oberliga West im Mai 1949 begann man auch große Plakate zu produzieren, die nicht nur in Geschäften und Betrieben, sondern auch an einigen Litfaßsäulen Kölns platziert wurden. An Geschäftsleute im Kölner Umland wurden die Plakate auch postalisch versendet. Schon Mitte der 1950er Jahre entwickelte man ein Plakatdesign, das sich bis zur Spielzeit 1984/85 praktisch nicht verändern sollte (abgesehen von besonderen Spielen, beispielsweise im Europa- oder DFB-Pokal). Erst zur Saison 1985/86 änderte man das Layout grundlegend. Danach änderte sich die Gestaltung der Plakate, die nach wie vor als größere und kleinere Version produziert wurden, mehr oder weniger regelmäßig. Mittlerweile hat der FC zwar noch ein Ankündigungsplakat, es dient jedoch eher dazu, Vereinsveranstaltungen wie die offizielle Saisoneröffnung oder die weniger frequentierten Begegnungen wie beispielsweise Freundschaftsspiele zu be-

werben. Ausgehangen werden diese aber nur noch an den Fanshops. Bei der mittlerweile immensen Eintrittskartennachfrage macht die klassische Plakat-werbung für den FC kaum noch Sinn. Früher ein wichtiges Werbe-objekt, sind die Aushänge heute teilweise gesuchte Sammlerstücke. Für besonders alte Plakate, aber auch für solche von wichtigen, kuriosen oder legendären Spielen werden bei Internetauktionen und Sammlerbörsen bis zu dreistellige Summen gezahlt.

★ ★ ★

Sogar die FC-Amateure hatten zeitweilig ihr eigenes Plakat.

★ ★ ★

Auch manche Kuriosität gab es im Laufe der Jahre. So wurde beispielsweise das Plakat zum Abschiedsspiel von Wolfgang We-ber und Hannes Löhr zweimal gedruckt. Zunächst plante man, gegen Real Madrid zu spielen, letztlich wurde es „nur" die Na-tionalmannschaft. Auch der ursprüngliche Termin wurde verlegt. Plakate waren jedoch bereits gedruckt worden.

[014]   Das Aufnahmeritual

Schmerzhaftes FC-Aufnahmeritual in der Saison 1958/59: Um vollwertiges Mitglied der Mannschaft zu werden, ist es traditionell die Pflicht der neuen Spieler, den „heiligen Geist" über sich ergehen zu lassen. Dieser erscheint in der Form, dass sich die Mannschaftskameraden auf das mehr oder weniger ahnungslose Opfer stürzen, sein Hinterteil entblößen und selbiges mit Schlä-gen bearbeiten. Während des Aufenthaltes im Teamhotel, anlässlich eines Freundschaftsspiels gegen die holländische B-Nationalmannschaft am 14. April 1959 in Eindhoven, wurden gleich mehrere Akteure „getauft": Der ah-nungslose, bereits im Bett liegende Franz Brungs lässt seine Teamkollegen auf die Frage nach einer Illustrierten mit der Antwort „Kutt eren ihr Junge" ins Zimmer, wird flugs der Schlafanzughose beraubt und das „Unglück" nimmt seinen Lauf. Christian Müller und Christian Breuer haben sich in ihrem Zim-mer eingeschlossen, doch selbst Trainer Peter Szabo macht den Schabernack mit und erwirkt durch einen Trick („Machen Sie mal auf Breuer, ich muss Sie sprechen") die Öffnung der Türe. Über Leo Wilden kommt der „Geist" völlig unerwartet am hellen Tag im Hotelflur. Der gewitzte Karl-Heinz Schnellinger hat sofort erkannt, dass er dem Schicksal sowieso nicht entgehen kann, und einigt sich mit den Kollegen darauf, sein Hinterteil freiwillig zu entblößen, worauf im Gegenzug jeder nur einmal zuschlagen darf. Nur der kleine Ditmar Jost umgeht vorläufig das Ritual. Er hat sein Einzelzimmer stets abgeschlossen und das Fenster verriegelt, um ein Eindringen der Meute über den Balkon zu verhindern.

Sprayende Umweltschützer am Geißbockheim

Im Mai 2008 begannen am Geißbockheim umfangreiche Bauarbeiten. Direkt vor dem Altbau, dort wo früher die Garagen standen, startete man mit der Errichtung eines neuen Büro- und Verwaltungsgebäudes, das im April 2009 seiner Bestimmung übergeben wurde. Mehr als ein Jahr lang war das Bauvorhaben des FC, immerhin im Naturschutzgebiet, durch die diversen Ausschüsse des Stadtrates gegangen. Vor allem der „Freundes- und Förderkreis zur Vollendung des Äußeren Grüngürtels" hatte sich intensiv für eine Ablehnung der Baugenehmigung eingesetzt. CDU, SPD und Grüne stimmten letztlich für den Bau, die FDP dagegen. Statt der geplanten drei durfte das Gebäude allerdings nur auf zwei Etagen gebaut werden. Der Entschluss, die FC-Geschäftsstelle, die seit Juni 2004 in der Osttribüne des RheinEnergieStadions untergebracht war, wieder ans Geißbockheim zu verlegen, erfolgte, nachdem im Stadion Platz für weitere VIP-Logen und Business Seats geschaffen werden sollte.

Die besprayte Wand des Geißbockheims.

Schon Ende September 2007 hatten Unbekannte ihre Meinung zu den Bauabsichten des 1. FC Köln kundgetan. Bei Nacht und Nebel sprühten sie diese an die hintere Hauswand des Geißbockheims. Zufällig entdeckte FC-Mitarbeiter Udo Litjens das „Graffiti". Die Schmierereien wurden von einem Maler noch am frühen Morgen überstrichen. Selbst die Presse hatte das Ergebnis der nächtlichen Sachbeschädigung nicht mitbekommen. Der FC erstattete Anzeige gegen Unbekannt.

[016] Der Konditor

Als Herbert Dörner 1953 von Preußen Dellbrück zum FC kam, absolvierte er zeitgleich noch eine Ausbildung zum Konditor. Dies nutzte der als „schlampiges Genie" bekannte Mittelfeldspieler aus, um sich vor den schweißtreibenden Trainingseinheiten zu drücken. So rieb sich Dörner morgens das Gesicht mit Mehl ein und stöhnte vor dem Training über das frühe Aufstehen und die harte Arbeit in der Backstube, um bei den Übungen möglichst geschont zu werden. Als Trainer Karl Winkler eines Tages den Konditormeister auf die Problematik ansprach, zeigte sich dieser sichtlich überrascht. Kein Wunder: Der gewitzte Herbert wurde zu nachtschlafender Zeit nur selten in der Backstube gesichtet.

★   ★   ★

Eine weitere kuriose Geschichte erlebte Herbert Dörner ein paar Jahre später, nachdem der zweimalige Nationalspieler den FC bereits verlassen hatte. Beinahe verschlief der auch als Gastwirt, Vertreter und Amateurtrainer tätige Dörner seine eigene Hochzeit. Buchstäblich auf den letzten Drücker konnte er vom Trauzeugen geweckt und im Eiltempo zum Standesamt gebracht werden.

[017] Die gescheiterte Fusion

KBC und Sülz 07. Wohl jeder FC-Fan weiß, welche Vereine am 13. Februar 1948 zum 1. FC Köln verschmolzen. Um ein Haar wäre es jedoch gar nicht zu dieser Glückshochzeit gekommen. Im Herbst 1947 plante der Vorstand des KBC um Franz Kremer eine Fusion mit dem RSV Union 05 Köln. Bei der Vereinsleitung der Union rannten die Klettenberger offene Türen ein. Eine außerordentliche Mitgliederversammlung des KBC sprach sich mit 111:1 für eine Vereinigung mit den „Unionisten" aus. Doch ausgerechnet den Union-Mitgliedern war das Ganze nicht geheuer. Sie sprachen sich mit überwältigender Mehrheit gegen eine Fusion mit dem KBC aus und so scheiterte (glücklicherweise) der Versuch „zur Schaffung eines Großsportvereins".

GORDON STRACHAN – Er ist einer der berühmtesten schottischen Fußballer und war mit Klubs wie Aberdeen, Manchester United und Leeds United äußerst erfolgreich. 2007 wurde er in die „Scottish Football Hall of Fame" aufgenommen. Die Rede ist vom 50-maligen Nationalspieler Schottlands, Gordon Strachan. Der 1. FC Köln wollte den Mittelfeldspieler im Sommer 1984 nach Köln lotsen. Dank des Verhandlungsgeschicks von Vizepräsident Karl-Heinz Thielen gelang es, den Schotten am 26. April 1984 zur Vertragsunterschrift zu bewegen. Strachan war ein begehrter Akteur, der mit Aberdeen nicht nur soeben Meister geworden war, sondern im Vorjahr auch noch den Europapokal der Pokalsieger gewonnen hatte. Und so brachte er das Kunststück fertig, kurze Zeit später neben dem Kontrakt bei den Geißböcken einen Vertrag bei Manchester United zu signieren. Die „Red Devils" hatten es ihm offensichtlich angetan, denn plötzlich wollte Strachan partout nicht mehr zum FC wechseln. Das wiederum ließen sich die Kölner nicht bieten, die nun die DFB-Instanzen bemühten. Der DFB wiederum informierte die UEFA und später sogar die FIFA. Nach einem Verhandlungsmarathon der beteiligten Vereine Aberdeen, Manchester United und 1. FC Köln, gelang es dem FC, ein bis dahin im europäischen Fußball erst- und einmaliges Ergebnis zu erzielen. Neben einer Entschädigungszahlung von 75.000 Pound Sterling erhielt man das Recht zur Austragung eines Freundschaftsspieles gegen die Briten. Dieses kam jedoch nicht zustande, da englische Mannschaften nach der „Heysel Katastrophe" von Brüssel zunächst keine internationalen Vergleiche bestreiten durften. So musste Manchester United eine weitere Geldüberweisung an den Rhein tätigen.

★ ★ ★

TICO – Anfang Mai 2007 absolvierte der Nigerianer Onyekachi Okonkwo, genannt „Tico", ein Probetraining beim FC. Berti Vogts, damals Nationaltrainer Nigerias, hatte den Kölnern den defensiven Mittelfeldspieler wärmstens empfohlen. „Ein sehr guter Sechser. Laufstark, passgenau und schon ziemlich weit für seine 19 Jahre", wurde Vogts in einer Kölner Zeitung zitiert. Dennoch zogen sich die Verhandlungen in die Länge. Offensichtlich war man beim FC darüber irritiert, dass nahezu alle Datenbanken den 13. Mai 1982 als Geburtstag des Spielers angaben. Was das Lob seines Nationaltrainers relativierte, da Tico demnach wirklich „schon ziemlich weit war" – und zwar ziemlich genau 25 Jahre. Auch die Fans verfolgten die Gerüchteküche um Tico mit großem Interesse. Bis zum 24. Juni. An diesem Tag machte in Fankreisen die Nachricht die Runde, dass der FC den Spieler verpflichtet habe. Vom Verein offiziell bestätigt wurde dies nicht. Woher wussten die Fans Bescheid?

Des Rätsels Lösung fand sich auf der Internetplattform des Online-Arbeitsvermittlers monster.de. Hier hatte am 24. Juni die Firma „Fokus Sprachen u. Seminare" aus Köln einen „freiberuflich tätigen Sprachtrainer" gesucht, der in der Lage war, seinen Sprachunterricht mit „stark fußballerisch geprägtem Hintergrund" abzuhalten. „Und zwar für einen Fußballverein, der vom 2.7. bis 10.7. in Bitburg im Trainingslager ist." Dass es sich hierbei um den FC handelte, war schnell klar. Interessant die Auflistung der Kenntnisse des gesuchten Lehrers, die „ideal, aber nicht Voraussetzung" waren: „Türkisch, Portugiesisch (Brasilien), Englisch, Spanisch (Kolumbien), Nigerianisch." Türkisch verwies auf Ümit Özat, Portugiesisch (Brasilien) auf André, Spanisch (Kolumbien) auf Torwart Faryd Mondragon. Aber Nigerianisch? Keine Frage, der Tico-Transfer musste in trockenen Tüchern sein. Am 26. Juni gab der 1. FC Köln die Verpflichtung des „25-jährigen nigerianischen Nationalspielers" bekannt (offenbar verließ man sich nicht mehr auf die Angaben von Vogts). Doch Tico hatte noch ein Eisen im Feuer: Am 2. Juli hatte der Spieler beim FC Zürich einen zweiten Vertrag unterschrieben, woraufhin man beim FC auf die Verpflichtung des Akteurs verzichtete. Vielleicht war dies auch besser so, denn einen geeigneten Sprachlehrer hätte man lange suchen müssen. Diese Sprache gibt es nämlich nicht. In den Schulen lernen die meisten Nigerianer Hausa, jeder fünfte Einwohner spricht zudem Yoruba, im Süden des Landes ist Igbo verbreitet.

[019]

Holzhäuser und der Pass vom Präses

Nur zwei Tage nachdem Wolfgang Overath zum 8. Präsidenten der FC-Geschichte gewählt worden war, kam ausgerechnet aus Leverkusen ein kurioses Antrittsgeschenk für den neuen FC-Boss: Wolfgang Holzhäuser, Geschäftsführer des Werksvereins vom Autobahnkreuz, hatte während seiner vorherigen Tätigkeit beim DFB den ersten Lizenzspielerpass von Wolfgang Overath

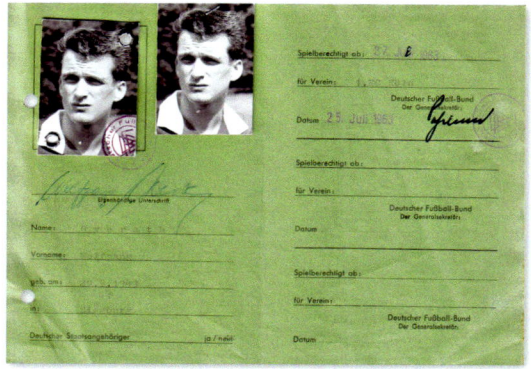

aus der Premierensaison der Bundesliga 1963/64 vor der Vernichtung gerettet und ihn mitsamt Begleitschreiben ans Geißbockheim geschickt. Mittlerweile ist Overaths Pass im FC-Museum zu besichtigen.

Der Beweis: Holzhäusers Brief und der erste Lizenz-spielerpass von Wolfgang Overath.

Ein Braveheart in Köln

DIE GESCHICHTE DES GEORGE SMITH MCGREGOR – Exakt 61 Jahre bevor mit Vincent Mennie der erste Schotte zum FC kam, sorgte bereits ein „Legionär" aus Kaledonien in Köln für Furore. Mit George Smith McGregor hatte FC-Vorgängerverein Kölner BC (KBC) einen waschechten Schotten unter Vertrag. Im Sommer 1921 hatten die Schwarz-Roten aus Klettenberg den Verteidiger verpflichtet, der sich auf Anhieb als wertvolle Verstärkung erwies und maßgeblich am Gewinn der Rheinbezirksmeisterschaft im Jahre 1922 beteiligt war. „Gregor ist ein klasse Verteidiger. Seine Ruhe und Spielübersicht sind bewundernswert", urteilte die Vereinszeitung „KBC-Sport" über den Abwehrspieler. Wenig später bestritt der KBC in Mönchengladbach das Entscheidungsspiel um die Westdeutsche Meisterschaft gegen Arminia Bielefeld. Nach dem 2:1-Erfolg über die Arminen feierten die Kölner samt Anhang ihren zweiten Westtitel nach 1912 frenetisch. Star der Abwehr des neuen Westmeisters war kein Geringerer als George Smith McGregor. Doch den strikt auf die Amateurstatuten pochenden Verbandsinstanzen passte der schottische Defensivspezialist nicht in den Kram. Man witterte einen Profi im schwarz-roten Spielkleid. Zunächst bemängelten sie die angeblich nicht vom DFB vorliegende Spielgenehmigung, die sich die KBC-Offiziellen jedoch umgehend besorgten. Aller Einsatz nutzte nichts. Der Westdeutsche Spielverband (WSV) annullierte das Ergebnis des Finals und ordnete eine Wiederholung an, die in Düsseldorf stattfinden sollte. Diese Rechtsauffassung passte dem KBC-Vorstand jedoch nicht und so trat man zu dieser Begegnung erst gar nicht an. So wurde Arminia Bielefeld am grünen Tisch Westdeutscher Meister, während dem KBC der sportlich gewonnene Titel verloren ging.

John McGregor im Jahr 1956.

Doch wer war der rätselhafte Schotte, wegen dessen Einsatz der KBC letztlich auf die prestigeträchtigen Meisterehren verzichten musste?

Geboren am 22. Dezember 1897 in Glasgow, kam McGregor schon 1912 zu einem Einsatz für die seinerzeit äußerst renommierte schottische Schülernationalmannschaft. Mit 5:0 wurde Erzrivale England bezwungen. Für welchen Klub McGregor in Schottland spielte, ist unbekannt. Der Erste Weltkrieg stoppte die Fußballkarriere des Abwehrspielers, der sich 1914 freiwillig zu den Waffen meldete. Da er mit seinen 17 Jahren noch nicht alt genug war, um in die Armee einzutreten, verschwieg der abenteuerlustige Teenager sein Alter und wurde tatsächlich rekrutiert. Der Krieg verschlug McGregor zunächst nach Frankreich und später nach Deutschland. Dabei erkämpfte er sich ein „Military Cross (MC)" für „Tapferkeit und fachkundigen Führungsstil" („Conspicuous Gallantry Cross"). Nach dem Krieg wurde Köln von britischen Truppen besetzt. Auch George McGregor wurde in der Domstadt stationiert und war als Sekretär für einen hochrangigen Offizier tätig. Im Jahre 1920 heiratete er eine aus Aachen stammende Deutsche und wohnte in Köln-Klettenberg. So kam auch der Kontakt zum ebenfalls in Klettenberg beheimateten KBC zustande. McGregor sprach hervorragend Deutsch und fungierte nebenbei als Übersetzer für die Besatzungsmacht.

Von Sommer 1921 bis September 1922 war der Schotte der Abwehrstar des Kölner BC, bevor es ihn zunächst ins oberschlesische Oppeln und später wieder nach Großbritannien zog. Kein Wunder, hatte ihn doch seine deutsche Ehefrau ausgerechnet wegen seines besten Freundes verlassen. Die Ehe wurde jedoch erst 1933 offiziell geschieden.

McGregor hatte sich inzwischen in Norbury, einem Stadtteil im Süden Londons, niedergelassen und arbeitete für einen Stromversorger. Mit dem Fußball hatte der ehemalige Juniorennationalspieler, der mittlerweile in zweiter Ehe verheiratet war, aus gesundheitlichen Gründen aufgehört. Nach

John McGregor (Fünfter von rechts in der oberen Reihe) im Kreise seiner Militärkollegen.

dem Zweiten Weltkrieg, während dem er bei der „Home Guard", einer Art Heimatarmee, diente, begann McGregor mit dem Golfspiel. 1949, im Alter von immerhin 52 Jahren, begann er ein Fernstudium in englischer Literatur, Geschichte und Deutsch, das er erfolgreich abschloss. Auch als Buchübersetzer war George McGregor tätig, so übersetzte er beispielsweise ein Werk über Kathodenbildröhren des berühmten deutschen Naturwissenschaftlers Manfred von Ardenne ins Englische. Den Kontakt nach Deutschland ließ der „Bachelor of Arts" nie abreißen. Noch im April 1955 besuchte er ehemalige KBC-Mitspieler- und Vereinskameraden wie Franz Bolg, Matthias Roggendorf, Karl Flink oder Peter-Josef Ruland.

Am 5. August 1965 verstarb der „kölsche Braveheart" in seinem Wohnort Norbury an den Folgen einer Herzerkrankung.

George Smith McGregor

Geboren: 22.12.1897 in Glasgow, Schottland
Verstorben: 05.08.1965 in Norbury, South London, England
Beim KBC von August 1921 bis Ende April 1922

Flutlicht

Am 20. April 1955 bestreitet der FC ein Freundschaftsspiel bei den Franzosen von Stade Reims. Dabei erleben die 5.000 Zuschauer im Stade Auguste-Delaune eine historische Premiere: Es ist das erste Flutlichtspiel einer deutschen Mannschaft, das im Rahmen einer Eurovisionsfernsehsendung in sechs Länder übertragen wird. Trotz der ungewohnten Lichtverhältnisse siegen die Gäste durch Tore von Hans Schäfer, Jupp Röhrig und Herbert Dörner mit 3:1. In der Kölner Hauptkampfbahn wird erst gut zwei Jahre später, am 13. August 1957 anlässlich des Freundschaftsspiels 1. FC Köln gegen FSV Frankfurt (0:1), das Flutlicht eingeweiht. Sein erstes Bundesligaspiel unter Flutlicht bestritt der 1. FC Köln am 7. Dezember 1963 in Müngersdorf gegen den 1. FC Kaiserslautern. Endstand: 5:1 für den FC.

Die FC-Junggesellenherberge

Wenn heutzutage ein Spieler neu zum FC kommt, wird er zunächst in einem erstklassigen Hotel untergebracht, bis er ein adäquates Haus oder eine entsprechende Wohnung gefunden hat. In den 1960er Jahren sah dies noch ein wenig anders aus. Für „heimatlose" Spieler stand das sogenannte „Haus Sonnenwinkel" in Hürth-Efferen zur Verfügung. Das Anwesen befand sich zunächst im Besitz von Franz Kremer und wurde später vom ehemaligen Klub-

Hannes Löhr samt Porsche vor dem „Haus Sonnenwinkel". Rechts oben der Briefkasten mit den Namen der prominenten Bewohner.

haus-Gastronom Heinz Rausch übernommen. Ab 1964 brachte der FC in dem unweit des Geißbockheims gelegenen Haus vorwiegend neu verpflichtete Spieler unter. Einzige Bedingung: Sie mussten Junggesellen, sprich unverheiratet sein. Im „Sonnenwinkel" lebten unter anderem Hannes Löhr, Jürgen Jendrossek, Dietmar Mürdter, Reinhard Roder, Paul Heyeres, Roger Magnusson oder Jürgen Kleinholz, um nur einige zu nennen. Sogar Wolfgang Overath wohnte über ein Jahr lang im Efferener „FC-Heim". Als Overath längst ausgezogen war, kam immer noch massenhaft Fanpost in den „Sonnenwinkel", da der *kicker* in einer Ausgabe die falsche Autogrammadresse veröffentlicht hatte. Bis zu sechs Spieler konnten im „FC-Junggesellenheim" wohnen, wobei jeder ein eigenes Zimmer hatte. Herbergsvater war zunächst Trainer Georg Knöpfle, nach dessen Weggang im Sommer 1966 übernahm Ludwig Fröhlich die Leitung des Hauses. Fröhlich, von den Spielern liebevoll „Papa" genannt, zog seine Schützlinge auch schon mal zu Garten- und Putzarbeiten heran. Doch auch die Geselligkeit kam in Form von gemeinsamen Spielabenden oder Kickerturnieren nicht zu kurz. Ab Ende der 1960er Jahre war das „Haus Sonnenwinkel" keine Spielerunterkunft mehr. Heute lebt Anni Rausch, ehemalige Geißbockheimchefin (1961-1968) und Mutter von Ex-FC-Spieler Wolfgang Rausch, in dem legendären Gebäude.

Nicht wohl fühlte sich Heinz Flohe im „Sonnenwinkel". „Flocke" litt an Heimweh, was auch Franz Kremer, der immer ein wachsames Auge auf die Bewohner des Hauses hatte, nicht entgangen war. „Nimm das Bürschchen wieder mit heim", sagte der Boss eines Tages zu Flohes Mutter Marlene, die ihren Sohn wieder mit ins heimische Euskirchen nahm.

Knecht Ruprecht

Ein interessantes Duo erfreute zeitweilig die FC-Nachwuchsspieler bei der alljährlichen Jugendweihnachtsfeier als Nikolaus und Knecht Ruprecht. Die Rolle des Weihnachtsmannes übernahm der ehemalige Amateurspieler (1974-1979), spätere Vorsitzende des Sportbeirats (1993-1997) und Vizepräsident (1997-2004) Dr. Bernd Steegmann. Besonders Furcht einflößend war jedoch der „schwarze Mann" („Hans Muff") an der Seite des Nikolaus: Er wurde von keinem Geringeren gespielt als Christoph Daum, der während seiner Zeit als Jugendtrainer (1977-1985) einen durchweg überzeugenden Knecht Ruprecht darstellte.

Heinerle, Bergmann, Panini – Sammelbilder im Wandel der Zeit

Irgendwie sind sie nie aus der Mode gekommen und haben heute Kultstatus – Fußballsammelbilder. Mit Begeisterung werden die Sticker von Fußballfreunden aller Altersklassen gesammelt. Waren in früheren Zeiten noch Firmen wie Eikon, Sicker, Heinerle oder Bergmann führend, so waren es seit den 1980er Jahren bis zur Saison 2008/09 die Bilder des italienischen Unternehmens Panini. Im Jahr 2008 hat die Firma Topps die Rechte zur Vermarktung der Bilder erworben. Schon die FC-Vorgängervereine KBC und Sülz 07 waren auf Sammelbildern, die beispielsweise von Zigaretten oder Putzmittelproduzenten herausgebracht wurden, zu sehen. Die kleinen, bunten Bildchen, auf denen FC-Spieler abgebildet waren, fanden zu allen Zeiten regen Absatz, auch wenn sich ihr Aussehen mit den Jahren stetig veränderte. Die folgende Übersicht zeigt einige Sammelbilder mit Spielern oder Motiven vom 1. FC Köln aus sechs Jahrzehnten.

Herbert Neumann

120 Bernd Schuster
1. FC Köln

YASUHIKO OKUDERA
1. FC Köln

KLAUS
FISCHER
1. FC Köln

Pierre
Littbarski
1. FC Köln

**Morten
Olsen**
1. FC KÖLN

**OLAF
JANSSEN**

**THOMAS
ALLOFS**

**THOMAS
HÄSSLER**

**FRANK
ORDENEWITZ**

HORST HELDT

Bruno Labbadia

Andrzej Rudy

Bodo Illgner

Polster

9 9
MARCELL FENSCH
6 6

Thomas Cichon
1. FC Köln

René Tretschok
1. FC Köln

**CARSTEN
CULLMANN**

Dirk Lottner

Alexander Voigt

1B

POSITION ABWEHR	
Geburtsjahr:	1970
Größe:	1.93
1. + 2. Bundesligaspiele:	166
1. + 2. Bundesligaspiele FC:	166

LUKAS PODOLSKI

K K
GERLING
21
K K

Pedro Geromel

**MANASSEH
ISHIAKO**
REWE

ARAL
Aral SuperCard
Einkaufen und Tanken
5€

Kleine Taschenlampe, brenn

Das Rückspiel des UEFA-Cup-Finales 1986 gegen Real Madrid in Müngersdorf sollte ein besonderes Spektakel werden. Auf und neben dem Platz. Dafür

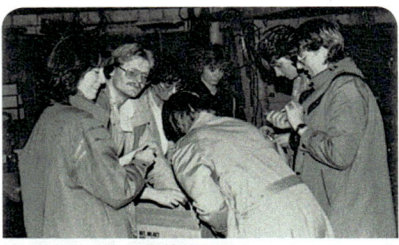

Fleißige FC-Fans

FC-Fans und Fanbeauftragter Michael Trippel beim Vorbereiten der unzähligen Taschenlampen.

ließ sich auch der damalige FC-Hauptsponsor „Daimon" einen speziellen Werbegag einfallen. Der Batteriehersteller hatte, unmittelbar nachdem die Kölner in die Finalspiele eingezogen waren, eine der Garagen am Geißbockheim mit Minitaschenlampen und dazugehörigen Batterien gefüllt, die vor dem Spiel an die Zuschauer verteilt werden sollten. Einen ganzen Tag lang waren 15 FC-Fans samt dem damaligen Fanbeauftragten Michael Trippel damit beschäftigt, die mehr als 5.000 Lampen mit Batterien zu befüllen. Leider machten die alten Herren der UEFA dem Vorhaben einen Strich durch die Rechnung. Wegen Fanausschreitungen beim Halbfinale im belgischen Kortrijk gegen den KSV Waregem belegte man den FC mit einer Platzsperre, so dass das Rückspiel im fernen Berlin ausgetragen werden musste. Die Geißböcke gewannen zwar mit 2:0, hatten aber das Hinspiel in Madrid mit 1:5 verloren. Die Taschenlampen wurden nie verteilt. Für einige der damaligen FC-Mitarbeiter hatte die ganze Sache wenigstens etwas Gutes: einen lebenslangen Taschenlampenvorrat.

Ehrlicher Finder

15.000 Euro in bar fand ein 40-Jähriger im April 2008 im Parkhaus des Pullmann Hotels in der Kölner Helenenstraße. Für die heutige Zeit eher ungewöhnlich, gab der Finder den anonymen Umschlag an der Rezeption des Hotels ab. Darüber freute sich Christopher Lymberopoulos, der das Geld nach dem Verkauf seines alten Autos in der Tiefgarage verloren hatte. Einen angemessenen Finderlohn zahlte der glückliche FC-Pressechef gerne.

Spuren im Hotelzimmer

In der Saison 1988/89 hatte es der 1. FC Köln in der ersten Runde des UEFA-Cup mit dem RFC Antwerpen zu tun, damals eins der Spitzenteams des belgischen Fußballs, in dessen Reihen auch die vormaligen FC-Profis Hans-Peter Lehnhoff und Ralf Geilenkirchen engagiert waren. Die Partie erhielt ihre besondere Brisanz durch das Wiedersehen der beiden Trainer. Christoph Daum, der aktuelle FC-Coach, hatte knapp zwei Jahre zuvor am Geißbockheim seinen damaligen Vorgesetzten Georg Keßler abgelöst. Das Arbeitsverhältnis zwischen Chef und Assistent war zeitweise nicht optimal gewesen. Zudem trafen hier zwei Trainer-Generationen mit sehr unterschiedlichen Berufsbildern aufeinander.

Das erste Spiel gegen den „FC Royal Antwerp" wurde am 6. September 1988 vor einer hitzigen Kulisse im altehrwürdigen Bosuil-Stadion ausgetragen. Die Fußball-Delegation aus der Domstadt reiste wie üblich einen Tag zuvor an.

Am Spieltag traf sich Cheftrainer Daum in seinem Hotelzimmer mit drei Kölner Journalisten zu einem Hintergrundgespräch. Zu dieser Zeit war der Konkurrenzdruck unter den Medien noch bei weitem nicht so ausgeprägt, wie sich das im Verlauf der 1990er Jahre entwickelte. Damals bestand zwischen den Verantwortlichen im operativen Bereich des Vereins und einigen Sportjournalisten ein durchaus fundiertes Vertrauensverhältnis. Daum konnte sich also darauf verlassen, dass nichts von dem, was er in dieser Runde ausführte,

Daum, Büste und Litti im Mannschaftshotel anno 1988.

aktuell veröffentlicht würde. In seinem jugendlichen Enthusiasmus stellte er im Verlauf des Gesprächs sein Personalkonzept für die laufende und seine Planungen für die darauf folgende Saison ziemlich detailliert dar. Inklusive der entsprechenden Folgen für die Klubkonten. Um seine Rechnung transparent zu machen, notierte er die Zahlen, fein säuberlich nach Einnahmen und Ausgaben aufgeteilt, auf einen großen Zettel. Der wurde zum Schluss zerrissen, die Schnipsel landeten im Papierkorb.

Nicht bedacht hatte der Schreiber allerdings, dass der Bogen offenbar mit Durchschlagpapier versehen war. Die wirtschaftliche Zukunft der Profiabteilung des 1. FC Köln fand sich bei näherem Hinsehen nämlich schwarz auf weiß auf der hellen Marmorplatte des Tischs wieder. Das Quartett hatte ausgiebig zu tun, um mit Seife und Wasser die verräterischen Spuren zu tilgen.

Der 1. FC Köln gewann das Match übrigens mit 4:2, siegte auch zu Hause im Müngersdorfer Stadion mit 2:1 gegen den RFC Antwerpen und erreichte die 2. Runde.

 ## Held von Bern

2.000 Mark Prämie und einen nagelneuen VW Käfer, den ihm ein privater Gönner vor die Haustüre stellte, bekam FC-Legende Hans Schäfer für den Gewinn des WM-Titels 1954 nach dem legendären 3:2-Sieg über Ungarn beim „Wunder von Bern".

 ## Als der Kaiser zum FC sollte

Rinus Michels (FC-Trainer vom 16.10.1980-23.08.1983) war anspruchsvoll, wenn es um Neuzugänge ging. So bemühte sich Hannes Löhr während seiner Zeit als Sportdirektor der Geißböcke (1980-1983), den Wünschen des Niederländers gerecht zu werden. Löhr reiste auch zur WM 1982 nach Spanien, um einen sensationellen Transfer einzufädeln. Franz Beckenbauer sollte kurz vor dem Laufbahnende noch ein Jahr beim FC dranhängen. In Gijon verhandelte Löhr mit dem Kaiser und hatte diesen praktisch weich geklopft. Doch dann legte ausgerechnet Michels selbst sein Veto ein, da er Probleme mit Beckenbauer befürchtete. So beendete der spätere DFB-Teamchef seine aktive Karriere bei Cosmos New York statt beim FC.

Sommer 1964. Wolfgang Overath, bereits ein Jahr zuvor zum FC gekommen, startete nach einjähriger Zwangssperre mit dem Beginn der Bundesliga richtig durch. Auch neben dem Platz. Der Siegburger hatte sich sein erstes Auto, einen schicken Karmann Ghia, zugelegt. Stolz fuhr Overath mit dem Wagen am Geißbockheim vor und ging in die Kabine. Auf dem Trainingsplatz wurde der Mittelfeldspieler während der Übungen von Franz Kremer abkommandiert. „Wolfgang, wenn Sie noch einmal auf meinem Parkplatz stehen, lasse ich das Auto von der Polizei abschleppen", schäumte der Boss. Wie seine Mitspieler hatte auch der junge Overath gehörigen Respekt vor Kremer. Reumütig schlich der Gescholtene zum Parkplatz und stellte sein Gefährt in eine andere Lücke.

Für den „Boss" war am Geißbockheim immer ein Parkplatz reserviert…

[031] Köln und Gladbach werden ein Team

Was heute undenkbar ist, wurde am 14. Februar 1962 Realität. Der 1. FC Köln und Borussia Mönchengladbach bildeten ein Team. Anlässlich eines Testspiels gegen eine DFB-Auswahl in Köln „fusionierten" die späteren Erzrivalen für 90 Minuten zu einer Mannschaft. Die Kombination aus FC und Borussia, aus deren Reihen allerdings „nur" „Kaschi" Mühlhausen und Torwart Friedel Dresbach vertreten waren, verlor den Vergleich vor 35.000 Zuschauern knapp mit 2:3. Gespielt wurde selbstverständlich im FC-Trikot, das sich auch die Gladbacher Spieler überstreifen mussten.

[032] Haarig – das FC-Frisurenkabinett (1)

Meisternadeldiebe

Viele Jahre lang bekamen Spieler und Trainer für den Gewinn der Deutschen Meisterschaft die sogenannte Meisternadel in Gold des DFB verliehen. Auch die FC-Spieler der Meistermannschaft von 1964 wurden mit den begehrten Nadeln geehrt. Bei der nächtlichen Meisterfeier im und am Geißbockheim brachten schamlose Diebe es tatsächlich fertig, Karl-Heinz Thielen, Hans Schäfer und Toni Regh die Meisternadeln von den Anzugsjacken zu klauen. Später ruft sogar die *Bild* die „Souvenirjäger" zur Rückgabe der wertvollen Erinnerungsstücke auf – ohne Erfolg.

Anschauungsunterricht für die Bayern

Viele FC-Freunde wissen, dass der FC Bayern ohne den FC nicht das wäre, was er heute ist. Wie konnte man die bayerischen Hospitanten bloß ins Geißbockheim lassen?

Robert Schwan und Wilhelm Neudecker, Manager und Präsident des Regionalligisten FC Bayern München, hospitieren im Januar 1965 für einige Tage beim 1. FC Köln, um sich über die Führung eines modernen Bundesligaklubs ein Bild zu machen und wertvolle Anregungen zu gewinnen. Im Rahmen der „Fortbildung" werden auch zwei Freundschaftsspiele beider Klubs vereinbart, die der FC mit 6:4 und 2:1 für sich entscheiden kann. Offensichtlich hatten die bayerischen Gäste gut aufgepasst.

33 Jahre später reiste eine Kölner Delegation zu Anschauungszwecken nach Schottland. Präsident Albert Caspers und sein Vize Dr. Klaus-Dieter Leister waren 1998 bei Celtic Glasgow zu Gast, um das Vereinsgelände und die Organisationsstrukturen des Traditionsklubs genauer unter die Lupe zu nehmen.

Die Legende mit den Dior-Trikots

Fans und Fachleute staunten gleichermaßen, als der FC zum Saisonbeginn 1965/66 ein nagelneues Trikot präsentierte. Es war der diagonale, rot-weiße Dress, in dem die Geißböcke 1968 erstmals deutscher Pokalsieger wurden

und der zum 50. Jubiläum 1998 vom damaligen Ausrüster Puma in ähnlicher Form neu aufgelegt wurde. Bei vielen Fans gilt das Shirt als schönstes FC-Trikot aller Zeiten. Auch eine Retroversion wurde schon aufgelegt und vom Fan-Projekt erfolgreich verkauft. Doch zurück ins Jahr 1965: Findige Journalisten behaupteten, der FC habe das Aufsehen erregende, neue Spielkleid beim Pariser Modehaus Dior erworben. Tatsächlich hatte man die Trikots in Paris fertigen lassen. Der passionierte Frankreichfan

Das für viele Fans schönste FC-Trikot aller Zeiten war nicht von Dior.

Franz Kremer hatte die Firma Jacques Fath, die vom gleichnamigen, ebenfalls berühmten Modedesigner gegründet wurde, mit der Herstellung beauftragt. Nachdem Jacques Fath, zu dessen Kunden unter anderem die Filmdiven Ava Gardner, Greta Garbo und Rita Hayworth gehörten, im Jahre 1954 verstorben war, spezialisierte sich die Firma allerdings auf die Produktion von Parfum, Wäsche und Modeaccessoires. Für die Kölner machte man jedoch eine Ausnahme, und so entstand eines der wohl berühmtesten Trikots der FC-Geschichte.

Auswärtsspiel gegen den BVB auf Schalke

Das FC-Auswärtsspiel gegen Borussia Dortmund am 13. Mai 1977 fand wegen des schlechten Rasens im Westfalenstadion ausgerechnet im Gelsenkirchener Parkstadion (!), der Heimat des BVB-Erzrivalen Schalke 04, statt. 25.000 Zuschauer erlebten einen 2:1-Erfolg der Geißböcke durch Tore von Heinz Simmet und Roger van Gool.

Meisterprämien

Folgende Meisterprämien erhielten die an den bisherigen Meistertiteln des
1. FC Köln beteiligten Spieler:

1962:   1.500 Mark pro Spieler

1964:   3.000 Mark pro Spieler

1978:   30.000 Mark pro Spieler

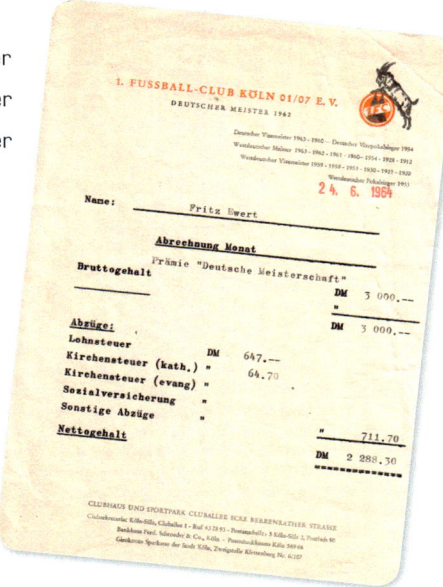

2.288,30 DM
blieben netto übrig.
Meisterprämienabrechnung
aus dem Jahre 1964 von
FC-Torwart Fritz Ewert.

Als „die Nas" verhaftet wurde

Es war einer der Höhepunkte in der Europapokalgeschichte des 1. FC Köln:
Der 4:0-Auswärtssieg in der 2. Runde des UEFA-Pokals beim FC Barcelona
am 5. November 1980, nachdem man das Hinspiel mit 0:1 verloren hatte.
Einem Teil der Zuschauer im Stadion Nou Camp gefiel der traumhafte Auftritt der Gäste weniger. Sie machten ihrem Unmut durch das Werfen von Äp-
feln, Apfelsinen, Tomaten und Eiern Luft. Als der Vorrat an Lebensmitteln
aufgebraucht war, hagelte es auf die Kölner Bank auch Steine und eine Holz-
tafel. Jetzt wurde es dem ebenfalls auf der Bank sitzenden Manager Hannes
Löhr zu bunt. Er warf die Tafel einfach dahin zurück, wo sie hergekommen
war. Daraufhin wurde „die Nas" von Polizisten abgeführt und verhaftet. Erst
nach einigen Diskussionen und der Intervention von Trainer Rinus Michels
wurde Löhr wieder auf freien Fuß gesetzt.

Bis zum Pokalsieg in Müngersdorf

Einen Rekord für die Ewigkeit stellten die Geißböcke im DFB-Pokal 1982/83 auf: Alle sechs Spiele, von Runde eins bis einschließlich des mit 1:0 gewonnenen Finalspiels gegen Fortuna Köln, wurden in Müngersdorf ausgetragen. Selbst Hertha BSC Berlin kann dies heutzutage kaum noch erreichen, da mittlerweile die Amateurmannschaften in der ersten Runde allesamt Heimrecht haben.

Online

Seit dem 18. August 1997 hat der 1. FC Köln eine eigene Internetseite und ist unter der Adresse www.fc-koeln.de im weltweiten Datennetz zu finden.

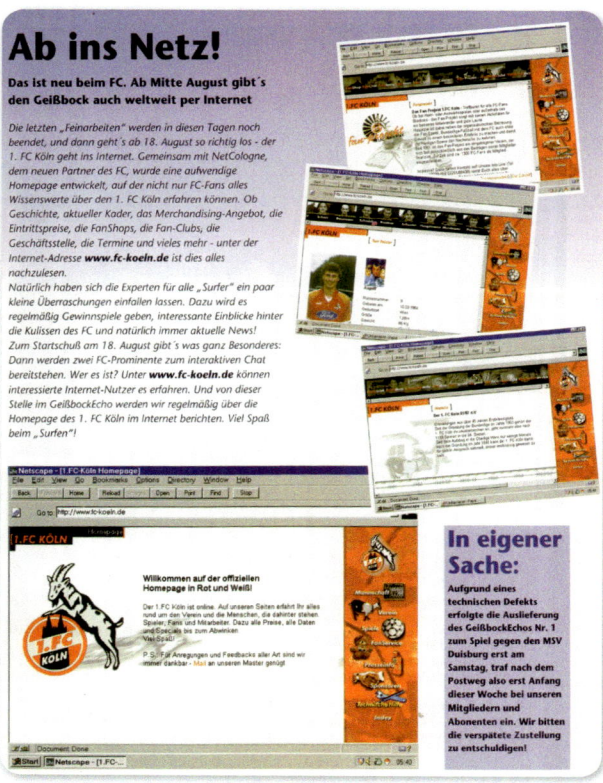

Endlich online.
Im *Geißbock Echo* stellte der FC seine neue Internetseite vor.

Verfplichtung über den Wolken [041]

Herbert Neumann

Mit dem FC wurde Herbert Neumann 1977 DFB-Pokalsieger und holte ein Jahr später das Double. Nach Differenzen mit Trainer Karl-Heinz Heddergott flüchtete Neumann nach Italien (Udinese Calcio, FC Bologna). Ein Vereinschaos in Bologna, in dessen Folge auch der Präsident des Klubs ins Gefängnis musste, sorgte dafür, dass Neumann im November 1982 plötzlich arbeitslos war. Einige europäische Vereine hatten Interesse an dem blonden Spielgestalter, darunter auch der FC Arsenal. Beim Flug zum Probetraining nach London saß ausgerechnet der damalige FC-Manager Hannes Löhr in derselben Maschine. Löhr war auf dem Weg nach Belfast zum EM-Qualifikationsspiel der deutschen Nationalmannschaft gegen Nordirland. Während des Fluges über den Kanal kam man ins Gespräch. „Unterschreib noch nichts", flüsterte Löhr dem überraschten Blondschopf ins Ohr, der dennoch das Probetraining bei den „Gunners" absolvierte und später auch ein Vertragsangebot des Londoner Traditionsklubs vorgelegt bekam. Zu spät – Neumann hatte sich bereits für den FC entschieden und wurde mit den Geißböcken sieben Monate später zum dritten Mal Pokalsieger.

Real Madrid des Westens [042]

Als der 1. FC Köln in strahlend weißen Trikots durch einen überragenden 4:0-Endspielsieg über Titelverteidiger 1. FC Nürnberg am 12. Mai 1962 erstmals Deutscher Meister wurde, geisterte der Begriff vom „Real Madrid des Westens" durch die Presse. Heute wird es häufig Franz Kremer zugeschrieben, diesen Begriff geprägt zu haben. Doch stammt dieser legendäre Ausspruch nicht von ihm. Fritz Silken, damals Trainer von Westfalia Herne, sagte in einem Interview: „Der 1. FC Köln ist das Real Madrid des Westens."

[043] Pillenannoncen

Von belustigt oder überrascht bis hin zu schockiert und verärgert waren die Reaktionen vieler FC-Fans, als sie das erste *Geißbock Echo* der Saison 2008/09 durchblätterten. Nichts Böses ahnend wurden sie auf Seite 34 mit einer ganzseitigen Annonce des ungeliebten Nachbarn von der rechten Rheinseite konfrontiert. Als wäre es die normalste Sache der Welt, gratulierte Bayer Leverkusen dem FC zum Aufstieg. Die vieldiskutierte Anzeige war nicht das erste Inserat der Leverkusener in der Kölner Stadionzeitung. Bereits in Heft Nummer 7 vom 17. Mai 1985 rührten die Farbenstädter im *Geißbock Echo* die Werbetrommel. Aus gutem Grund: Die unter extremem Zuschauermangel leidenden Werkskicker versuchten möglichst viele FC-Fans zum eine Woche später stattfindenden Lokalduell zu locken. Auch 1987/88 annoncierten die „Pillen" im *Geißbock Echo*. Ob mit oder ohne Werbung: Für die Geißböcke waren die Vergleiche im Haberland-Stadion immer ein „Heimspiel".

Zum FC-Aufstieg 2005 schalteten die Leverkusener sogar eine Anzeige mit dem Titel „Welcome Bock" in einem Kölner Boulevardblatt.

Die Werkskicker nutzten ausgerechnet das *Geißbock Echo* als Werbeplattform.

Kreativ

Für seine ungewöhnlichen Fotos war der Kölner Fotograf, Künstler und FC-Fan Norbert Kasprzyk vor allem in den 1980er und 1990er Jahren bekannt. Für besonderes Aufsehen sorgte seine Foto-Ausstellung „Grenzenlose Liebe zum FC". Auf jedem der Fotos ist der Wimpel des 1. FC Köln zu sehen. Ob auf dem Moskauer Roten Platz, im Libanon, in New York oder im afrikanischen Urwald – stets fand der Künstler einen Menschen, dem er den Wimpel in die Hand drücken konnte, um ihn damit zu

fotografieren. Bei einer „Voodoo-Performance" im Herbst 1992 in einem Sportgeschäft auf der Kölner Schildergasse bewies Kasprzyk, dass man den FC-Wimpel auch anderweitig nutzen kann. Zum Tanga umfunktioniert, bedeckte das Fähnchen die Blöße des Künstlers.

Der FC-Wimpel –
vielfältig einsetzbar, auch das Bild
auf dem Cover des *Geißbock Echos*
stammt von Norbert Kasprzyk.

Nummernschilder

Sie sind aus dem Straßenverkehr der Domstadt kaum wegzudenken – die zahllosen Fahrzeuge auf denen mit dem Kennzeichen „K-FC" die Verbundenheit des Fahrzeughalters zum ersten Fußballclub der Stadt dokumentiert wird. Lange mussten die FC-Fans in Köln auf diese Möglichkeit warten. Erst im Oktober 1992 wurde die Buchstabenkombination „FC" vom Kölner Straßenverkehrsamt freigegeben. Gegen Extrabezahlung, versteht sich. Inzwischen ist das Kennzeichen „K-FC" in Köln an mehr als 3.100 Fahrzeughalter vergeben (Stand April 2009).

[046] Edelmetall

In all den vielen Vitrinen und Tresoren des Geißbockheims suchte man lange Jahre eine Trophäe vergebens – olympisches Edelmetall. Erst 1988 änderte sich dieser Zustand, als Olaf Janßen, Armin Görtz und Thomas Häßler mit der DFB-Olympiaauswahl bei den Spielen in Seoul/Südkorea die Bronzemedaille gewannen. Im Spiel um Bronze wurde die Auswahl Italiens mit 3:0 geschlagen. Trainer der erfolgreichen Mannschaft war übrigens ein FC-Urgestein – Hannes Löhr.

★ ★ ★

Olympisches Gold gewann während seiner FC-Zeit Sunday Oliseh. Mit der Auswahl Nigerias besiegte der Mittelfeldspieler im Finale von Atlanta 1996 Argentinien mit 3:2.

Titelheld: „Goldjunge" Sunday Oliseh.

[047] FC International

Historische Premiere: Am 18. April 2009 lief der 1. FC Köln bei der 0:3-Heimniederlage gegen den VfB Stuttgart erstmals in einem Bundesligaspiel mit einer Startaufstellung ohne deutschen Spieler auf. 11 Akteure aus 10 Nationen hatte Trainer Christoph Daum aufgeboten. Erst ab der 82. Minute kam mit Kevin Pezzoni der erste Profi mit deutschem Pass zum Einsatz. Die erste Startformation ohne deutschen Kicker in einem FC-Pflichtspiel lief am 7. August 2008 im städtischen Stadion Husterhöhe in Pirmasens auf. Beim 5:1-Erfolg in der ersten Hauptrunde des DFB-Pokals wurde mit Matthias Scherz erst in der 62. Minute ein deutscher Spieler eingewechselt.

Small, medium, extra-large

Zu einer Begegnung der besonderen Art kam es Ende November 1986 im „Marienburger Bonotel", dem damaligen FC-Mannschaftshotel. Zufällig war dort auch die US-Basketballshowtruppe „Harlem Globetrotters" einquartiert. So entstand in der Hotellobby ein einmaliges Bild. Flankiert von den „Zwergen" Thomas Häßler (links) und Dieter Prestin (rechts), stellte sich der 2,13-Meter-Riese Patrik Refedgee dem Fotografen zu einem kuriosen Erinnerungsfoto.

Überraschung aus der Karibik

Im Winter 1991 erhielt FC-Trainer Erich Rutemöller einen Brief von den in der Karibik gelegenen Kaimaninseln. Absender war ein auf der Inselgruppe tätiger Trainerkollege, der einen ebenfalls von den „Caymans" stammenden Spieler namens Locksley Haylock zum Probetraining nach Köln vermitteln wollte. Rutemöller schrieb zurück, bedankte sich und wollte so auf höfliche Weise mitteilen, dass an dem Akteur kein Interesse besteht. Umso mehr staunte „Rute" Bauklötze, als besagter Spieler Anfang August 1991 urplötzlich am Geißbockheim auftauchte. Das „Dankeschön" hatte man in der Karibik als Einladung missverstanden und so hatte Locksley Haylock weder Kosten noch die 10.000 Kilometer Anreise gescheut, um seine Chance zu nutzen. Rutemöller gewährte dem Überraschungsgast ein Probetraining, fuhr ihn anschließend in die Jugendherberge und lud ihn zum ersten FC-Heimspiel der Saison ein. Des Trainers Urteil „stark am Ball, aber zu langsam" trug Haylock mit Fassung: „Schade, ich wäre gerne in Köln geblieben. Eine traumhafte Stadt. Außerdem bin ich der allergrößte Fan von Pierre Littbarski."

Selbst das *Geißbock Echo* berichtete über Locksley Haylock.

[050] 8:1 Street

Bis heute gehört die berühmte 1:8-Niederlage im Europapokal der Landes-meister gegen den FC Dundee am 5. September 1962 zu den unvergesslichen Ereignissen der FC-Historie. Legendär Trainer „Tschik" Čajkovskis beim Rückflug getätigter Ausspruch „Am besten Flugzeug stirzen ab". Selbst bei den Schotten sorgte der Kantersieg für kuriose Auswüchse. Der Stadtrat von Dundee diskutierte nach der Begegnung darüber, ob man die zum Stadion „Dens Park" führende Straße nicht in „8:1 Street" umbenennen solle. Erst als die Dunkelblauen im Halbfinale gegen den AC Mailand ausgeschieden wa-ren, verwarf man den Vorschlag und blieb bei dem bis heute unveränderten Namen „Sandeman Street".

[051] Liebe, die unter die Haut geht – FC-Tattoos

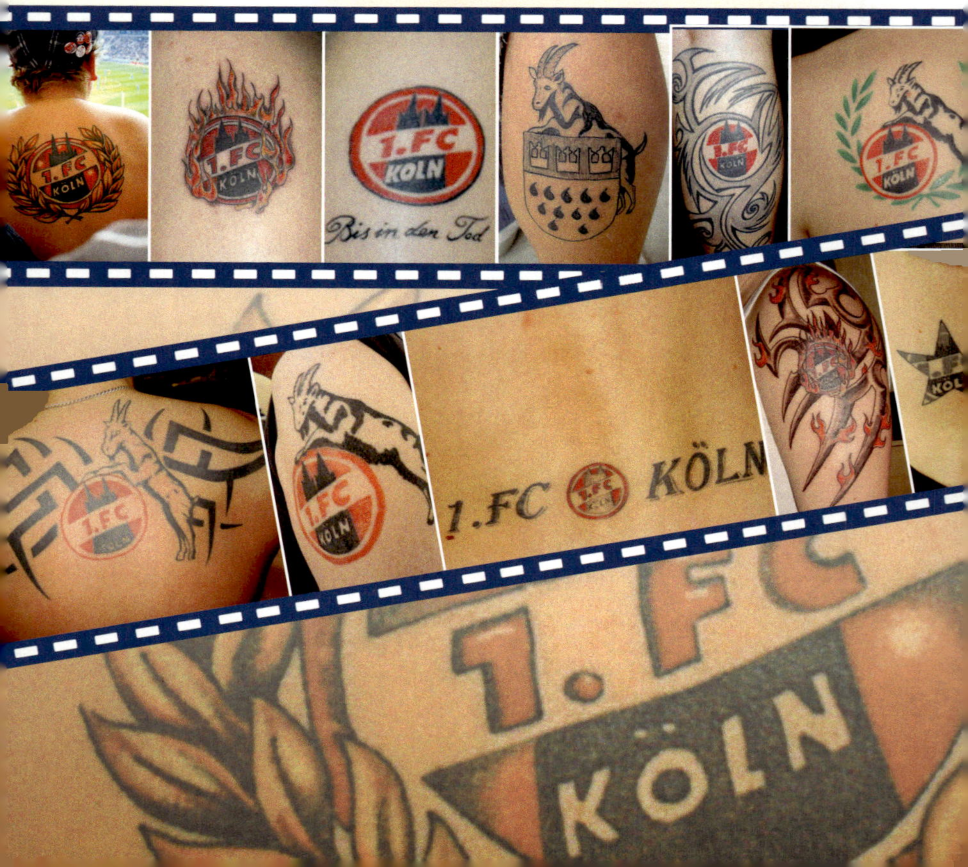

[052] 1. FC Phantasialand Köln

Der zuvor als Puppenspieler tätige Geschäftsmann Richard Schmidt eröffnete 1967 im rheinischen Brühl, vor den Toren Kölns, mit dem berühmten „Phantasialand" einen der ersten und heute größten Freizeitparks in Europa. Als Mäzen sponserte Schmidt unter anderem die Leichtathleten des ASV Köln. Auch für den FC hatte sich der umtriebige Parkbesitzer im Jahre 1984 etwas ganz Besonderes einfallen lassen: Für 5 Millionen Mark, die Schmidt aus seiner Privatschatulle gezahlt hätte, sollte unter anderem Bernd Schuster vom FC Barcelona zurück an den Rhein geholt werden. Als Gegenleistung sollten die Geißböcke nicht nur auf den Trikots, sondern auch mit dem neuen Vereinsnamen „1. FC Phantasialand Köln" für Schmidts Erlebnispark werben. Zum Glück wurde diese Idee nie realisiert. „Ich glaube kaum, dass wir unseren Mitgliedern und Anhängern eine derartige Umbenennung plausibel machen können", gab Geschäftsführer Michael Meier den Plänen eine Abfuhr. Übrigens: Richard Schmidt wurde in der Saison 1986/87 auch als FC-Präsidentschaftskandidat gehandelt, musste wegen seiner zahlreichen geschäftlichen Verpflichtungen aber passen.

[053] Die Verhandlung

Sie wurde oft zitiert, darf in diesem „Sammelsurium" jedoch nicht fehlen. Die legendäre „Karnevalsverhandlung" in der Saison 1993/94. Die Geschichte: Nach einem rüden Foul in der Partie bei Bayer Leverkusen am 4. September 1993 an Paulo Sergio war Toni Polster per Roter Karte des Feldes verwiesen worden. Das DFB-Sportgericht verdonnerte den Österreicher anschließend zu einer Sperre von acht Wochen. Empört reiste die Kölner Delegation unter Führung von Geschäftsführer Wolfgang Schänzler, dem letzten Relikt der „Artzinger-Bolten-Ära", zur Berufungsverhandlung in die Frankfurter DFB-Zentrale. Zur Entlastung von Sünder Polster hatte man sich eigens von TV-Sender SAT 1 einen Videozusammenschnitt anfertigen lassen. Als das Gericht die mitgebrachte Kassette abspielte, erschienen zur Verwunderung aller Beteiligten keine Spielszenen, sondern Live-Aufnahmen der kölschen Musikgrößen „Bläck Fööss" und „King Size Dick". Ob die Verwechslung nun beim FC oder bei SAT 1 stattgefunden hatte, konnte nie geklärt werden. Die Strafe für Polster wurde trotzdem von acht auf fünf Wochen reduziert. Ob dies nun aus Mitleid oder aufgrund der guten Unterhaltung während der Gerichtsverhandlung geschah, ist nicht überliefert worden.

Das Allerheiligste – die FC-Kabine(n)

SPORTLER
SCHONT
DIE NUR FÜR EUCH
GESCHAFFENEN
ANLAGEN

[055] Unter Tage

Im September 2004 fuhr Trainer Huub Stevens mit den FC-Spielern in ein Kohlebergwerk bei Hamm. Die Profis sollten einen Eindruck bekommen, wie hart 1.400 Meter unter Tage malocht wird. Diese spektakuläre Aktion war allerdings nicht die erste, bei der die Kölner im Bergwerk zu Gast waren. Bereits nach der Spielzeit 1993/94 besuchte das Team um Chefcoach Morten Olsen den Tagebau Garzweiler bei Bedburg.

[056] Woher kommt der Name 1. FC Köln und wer war der „Erfinder"?

13. Februar 1948: In der Gastwirtschaft Roggendorf in Köln-Sülz wird im Rahmen einer Gründungsversammlung die Fusion von KBC und Sülz 07 besiegelt. Doch wie sollte der neu gegründete Verein heißen? Den Namen „1. FC Köln" brachte der damalige Ehrenvorsitzende von Sülz 07, Karl Büttgen, ins Spiel. „Die Bütt", so sein Spitzname, hielt auch die Eröffnungsrede der Versammlung. Später bekannte Büttgen gegenüber dem ehemaligen FC-Geschäftsführer, Pressewart- und Stadionsprecher Hans-Gerhard König, sich für den Namen in Anlehnung an den seinerzeit aufstrebenden 1. FC Kaiserslautern entschieden zu haben. Zudem war Büttgen, der schon seit jeher eine Vorliebe für „Stars" hatte (er lotste 1924 sogar den österreichischen Nationalspieler Ferdl Swatosch nach Sülz), ein glühender Verehrer von FCK-Idol Fritz Walter. Ludwig Kelter, von 1932 bis 1948 Stammtorwart von Sülz 07 und bei der Fusion persönlich zugegen bestätigte später Königs Aussage. „Alle Anwesenden stimmten dem Namensvorschlag ‚1. FC Köln' widerspruchslos zu", ist im Fusionsversammlungsprotokoll zu lesen. Karl Büttgen, ein Kölner Fußballpionier, der im Jahre 1907 Mitgründer des „Sülzer Spielvereins", der späteren Spielvereinigung Sülz 07, war, hatte als Vorsitzender viele Jahre lang erfolgreich die Geschicke der Sülzer geleitet. Bis zu seinem Tod im Jahr 1970 blieb der „Erfinder" des Namens 1. FC Köln Ehrenvorsitzender des Klubs.

Karl Büttgen

Ein Anruf von Heinrich Böll [057]

Am 28. November 1984 musste der FC in der dritten Runde des UEFA-Cup bei Spartak Moskau antreten. Soweit nichts Besonderes. Doch wegen extremer Minustemperaturen und Schneefall wurde die Partie von Moskau ins georgische Tiflis (das seinerzeit natürlich zur UdSSR gehörte) verlegt. Während der Reisevorbereitungen erhielt Geschäftsführer Michael Meier einen überraschenden Anruf von Schriftsteller Heinrich Böll. Der Literaturnobelpreisträger fragte nach, ob der FC bereit sei, einige Dinge wie Kleidung, Medikamente und Schreibutensilien für Andrei Sacharow mitzunehmen. Sacharow war ein russischer Kernphysiker und Dissident. Seit 1980 war der Friedensnobelpreisträger als politischer Gefangener in Gorki inhaftiert, da er sich unter anderem gegen die russische Invasion in Afghanistan eingesetzt hatte. Ohne länger nachzudenken, bejahte Meier Bölls Bitte, beschloss aber, die anderen Vorstandsmitglieder nicht darüber zu informieren, dass der FC als „Kurier" im Kalten Krieg fungieren sollte. Vor dem Abflug verteilte der Geschäftsführer die Dinge auf die Delegation, damit sie möglichst wenig auffielen. Zeugwart Thönnes erhielt die Kleidungsstücke,

Das Hotel, in dem der FC in Tiflis untergebracht war.

Mannschaftsarzt Dr. Bonnekoh die Medikamente und Pressesprecher Hans-Gerhard König Schreibutensilien aller Art. Meier selbst packte einige Bücher in sein Gepäck. Fast wäre man ohne Medikamente abgeflogen, da Dr. Bonnekoh die Präparate am Geißbockheim lassen wollte. Aus seiner Sicht waren sie verständlicherweise für die FC-Spieler völlig ungeeignet. Per Taxi eilte Hans-Gerhard König vom Flughafen zum Klubhaus und holte sie in letzter Minute nach. In Tiflis angekommen, tummelten sich im Hotel einige Gestalten des Geheimdienstes, die auf die Gäste aus dem Westen „aufpassen" sollten. Mit Böll hatte Meier abgesprochen, vor Ort eine Telefonnummer anzurufen, um die Übergabe von zwei Eintrittskarten zu vereinbaren. Als diese in der Hotellobby abgeholt wurden, konnten auch die anderen Dinge übergeben werden. Anscheinend ging alles glatt, denn 14 Tage nach der Rückkehr erhielt Michael Meier einen Anruf des Germanistikprofessors Engel von der Uni Köln, der sich bedankte und mitteilte, dass die Sachen gut angekommen seien. Das Spiel in Tiflis hatten die Geißböcke übrigens mit 0:1 verloren, wobei die 35.000 Georgier den FC gegen die ungeliebten Moskauer pausenlos frenetisch angefeuert hatten.

53

Südkurve

„LAST STAND" GEGEN STUTTGART – Es war ein ungemütlicher, kalter Abend, als die FC-Fans zum letzten Mal in der alten Südkurve stehen durften. Gegner zum „last stand" am 19. Dezember 2001 war der VfB Stuttgart und 28.000 waren an jenem Mittwochabend nach Müngersdorf gekommen. Das Spiel passte sich der tristen Witterung an und endete 0:0. Nach dem Schlusspfiff machte sich eine eigenartige Atmosphäre in der „Betonschüssel" breit. Einige Fans verharrten auf ihren Plätzen und ließen legendäre Siege, desolate Pleiten und persönliche Erinnerungen noch einmal Revue passieren.

Früher Heimat der FC-Fans: Die Nordkurve, hier eine Aufnahme aus dem Jahr 1963.

Obwohl die Arena durch ihre Größe und die breite Athletiklaufbahn oft kalt und unnahbar wirkte, kam bei vielen Anhängern Wehmut auf. Andere waren pragmatischer und versuchten sich Erinnerungsstücke wie Plastiksitze oder ganze Bänke mitzunehmen. Einige der Sammler hatten in weiser Voraussicht sogar Schraubenzieher und anderes Werkzeug ins Stadion geschmuggelt um die Kostbarkeiten besser abmontieren zu können.

★ ★ ★

POLIZEI GEGEN SOUVENIRJÄGER – Obwohl bereits am folgenden Tag mit der Demontierung der am 8. Januar 2002 gesprengten Südkurve begonnen wurde, passten Polizei und der Kölner Sportstätten GmbH die Souvenirjagd nicht in den Kram. Grelles Blaulicht und lautes Martinshorn störten die nächtliche Müngersdorfer Idylle und mancher Fan wurde am und um das Stadion von den Gesetzeshütern gestoppt und seiner Trophäe beraubt. Einiges Stadioninventar tauchte später bei einem Internatauktionshaus auf, anderes wurde von einem Kölner Boulevardblatt versteigert. Wer Beziehungen zu den richtigen Stellen hatte, konnte sich mit etwas Glück seinen Sitz auch unter der Hand besorgen. Gerade bei den Fans, die in den 1970er, 1980er und 1990er Jahren ihre ersten Fußballerlebnisse in der Südkurve hatten und dort zum Teil ihre Jugend verbrachten, werden vor allem die Blöcke 19 und 21 in lebendiger Erinnerung bleiben.

★ ★ ★

Blick von oben auf einen Teil der Nordkurve 1963.

GLASGOW RANGERS UND JUVE FÜR NEN HEIERMANN – Hier war selbst bei schlecht frequentierten Begegnungen immer etwas los und auch die sogenannten Top-Spiele konnten mit der Jugendkarte für fünf Mark vom Süden aus verfolgt werden. Gerade bei den gut besuchten oder ausverkauften Spielen stand man häufig wie in der berühmten Sardinenbüchse. Eng und bei großem Vordermann mit wenig Sicht auf das durch Zaun, Graben und Laufbahn weit entfernte Spielfeld. Bis Mitte der 1980er Jahre gesellten sich auch die „Freunde der dritten Halbzeit" zu den Fans in der Südkurve. Überhaupt durfte man zu dieser Zeit als Südkurvengänger nicht zart besaitet sein, da einige der dort stehenden Zuschauer die Faust recht locker sitzen hatten. Erst durch das Engagement des 1984 ins Amt berufenen, seinerzeit noch ehrenamtlichen Fan-Beauftragten und heutigen Stadionsprechers Michael Trippel gelang es, den „Hools" ab 1986/87 im Oberrang Nord (Block 38, bzw. später Block 4) ein neues Domizil

Die Südkurve in der Müngersdorfer „Betonschüssel" während der Saison 1994/95.

zu geben. War man für die Südkurve zu gemäßigt oder ihr entwachsen, bot sich „Stehplatz Mitte" als Alternative an. Auch dieser Bereich war bei vielen Kölner Fans Kult, bis er durch die sinnlose Versitzplatzung im Jahre 1996 verschwand. 1994 formierte sich mit den „Ultras CCAA" die erste FC-Ultra-Gruppierung. Aus einer Abspaltung der Ultras CCAA gründete sich 1996 die „Wilde Horde", die heute die in Köln dominierende Ultragruppierung ist. Sie macht regelmäßig mit sehenswerten Choreografien auf sich aufmerksam. Allerdings ist die „Horde" auch innerhalb der Fanszene der umstrittenste Fan-Klub. Vor allem an den Capos (den „Vorsängern") und teilweise auch am allgemeinen Auftreten der Gruppe scheiden sich die Geister. Im „alten" Müngersdorfer Stadion waren die Ultras im Oberrang Süd (zunächst im Block 24, später im Block 26) beheimatet, heute haben sie auf den Stehplätzen im Unterrang Süd (Block S3) ihre Stammplätze.

★　★　★

ERST SEIT 1971 HEIMAT DER FC-FANS – Erst als man zur Spielzeit 1971/72 wegen des beginnenden Neubaus der neuen Müngersdorfer Hauptkampfbahn in die benachbarte Radrennbahn umziehen musste, wurde die Südkurve die Heimat der FC-Fans. Hauptgrund hierfür war die Tatsache, dass die Gästefans aus der Nordkurve schneller zu den öffentlichen Verkehrsmitteln und somit schneller aus dem Stadionbereich gelangen konnten. Ein Umstand, an dem vor allem die Ordnungsmacht größtes Interesse hatte. So wurden die FC-Fans ungefragt im Süden „einquartiert". „Das war ein negativer Schock damals, aber die Aggressionen zwischen den Fangruppen nahmen zu dieser Zeit auch sichtlich zu. Für viele der Nordkurven-Vertragszuschauer war das ein Unding, aber ändern konnte man es auch nicht", erinnert sich der heute 80-jährige Walter Hibbeln, der schon seit 1950 in der Nordkurve der alten Hauptkampfbahn seinen Stammplatz hatte. Zur Erklärung: In der alten, 1923 eingeweihten Hauptkampfbahn stand der harte Kern des Kölner „Supports" auf den Stehrängen der Nord- und Nordostkurve. Im 1975 eingeweihten, „neuen" Müngersdorfer Stadion mussten die FC-Fans in den Süden ziehen. In den 1980er Jahren (vor allem in der Saison 1987/88) diskutierten die Anhänger darüber, wieder in die Nordkurve zurückzugehen. Letztlich wurde der Umzugsgedanke aber wieder verworfen, da man mit der inzwischen zur Tradition gewordenen Südkurve nicht so einfach brechen wollte.

VON DER KURVE ZUR TRIBÜNE – Als acht Monate nach Demontierungsbeginn der alten Südkurve am 16. August 2002 zum Zweitligaspiel gegen den MSV Duisburg (4:3) die FC-Fans wieder in den Süden zurück konnten, war aus der Kurve eine Tribüne geworden. Ein ganz neues Gefühl für die kölschen Fußballfreunde. Fast wie in einem englischen Stadion war man nun ganz nah dran am heiligen Rasen. Der Unterrang Süd wird von den Ultras dominiert, während im Oberrang viele Fan-Klubs und die etwas „ruhigeren" Fans beheimatet sind. Als rot-weiße Wand sieht die voll besetzte Tribüne imposant aus, und wenn Unter- und Oberrang an einem Strang ziehen und ihre Mannschaft lautstark unterstützen, entsteht eine eindrucksvolle Akustik, die sich in der Regel positiv auf das Spielgeschehen auswirkt. Denn auch wenn es öfters Diskussionen über die Art des Supports auf der Südtribüne gab und gibt, so eint doch alle die Liebe zum Ersten Fußballclub Köln.

Die Südtribüne heute.

Franz Kremer und der „Rote Kreis"

Was heute vielleicht als „Teambuildingmaßnahme" durchgehen dürfte, war vor fast 50 Jahren eine regelmäßige Freizeitbeschäftigung der FC-Spieler bei Auswärtsspielen, wenn vor Ort übernachtet wurde. Die Rede ist vom gemeinsamen Kinobesuch. In den Zeiten vor Laptop, DVD und Wireless Lan sah man sich die neuesten Leinwandhits gemeinsam im nächsten Lichtspielhaus an. „Der rote Kreis" lautete der Name einer Edgar-Wallace-Verfilmung, die 1960 in bundesdeutschen Kinos gezeigt wurde. Auch die FC-Spieler waren interessiert an dem Krimireißer, und so nutzte man einen Berlin-Aufenthalt anlässlich des deutschen Endrundenspiels gegen Tasmania Berlin am 29. Mai 1960 zum Besuch eines Filmtheaters. Kurz zur Handlung des Streifens: Eine Verbrecherbande erpresst reiche Londoner Bürger. Zahlen diese nicht, werden sie ermordet. Bei den Leichen findet die Polizei stets einen Zettel mit einem mysteriösen, roten Kreis.

Am Tag nach dem Kinobesuch sitzt der gesamte FC-Tross samt Vorstand bei Kaffee und Kuchen auf der Terrasse eines Ausflugslokals am Wannsee, als plötzlich ein nervöser Kellner mit den Worten „Ist hier ein Herr Kremer?" auftaucht. Gemeint ist natürlich Präsident Franz Kremer, der sich auch sofort meldet und vom Kellner einen dubiosen Brief in Empfang nimmt. Beim Anblick des Briefes ist Franz Kremer zunächst sichtlich geschockt, denn seine Spieler hatten, vom am Vortag gesehenen Film inspiriert, aus alten Zeitungen einen stilechten Erpresserbrief gebastelt und ihn unbemerkt dem Präsidenten zukommen lassen. Nach kurzer Zeit konnte sich die Mannschaft das Lachen nicht mehr verkneifen und erlöste so den Boss von seinem Schrecken.

Das Spiel bei den Berliner Tasmanen gewann der FC vor 88.000 Zuschauern mit 2:1.

das Geld regiert im Sport
Die letzte Warnung
für Sie !
DM 6000 Pro spiel

Kurioses Fundstück aus dem FC-Archiv: „Erpresserbrief" an Franz Kremer.

Bert Trautmann

Er bestritt 545 Pflichtspiele für Manchester City und wurde 1956 FA-Cup-Sieger, nachdem er die letzten 15 Minuten des Endspiels gegen Birmingham City mit angebrochenem Genick gespielt hatte. So wurde der aus Bremen stammende Bernhard Carl „Bert" Trautmann zur Legende. Viele Ehrungen wurden dem zeitweilig als bestem Torwart der Welt geltenden Akteur zuteil, so unter anderem das Bundesverdienstkreuz (1997), Englands Fußballer des Jahres (1956) oder die Wahl zum besten Manchester-City-Spieler aller Zeiten im Jahre 2007. Ein Jahr später erhielt Trautmann für seine Verdienste um die deutsch-englischen Beziehungen von der Deutschen Akademie für Fußball-Kultur den „Walther-Bensemann-Sonderpreis". Auch mit dem 1. FC Köln verbindet den berühmten Keeper eine abenteuerliche Geschichte, so zu lesen in der im Jahre 2006 erschienenen Trautmann-Biografie von Alan Rowlands. Es geschah im Sommer 1953. Der Schlussmann der „Blues" trug sich mit Abwanderungsgedanken Richtung Deutschland. Da kam ihm ein Angebot des FC Schalke 04 gerade recht.

★   ★   ★

EIN BRIEF AUS KÖLN — Anfang Juni 1953, Trautmann bereitete sich gerade auf die Reise in seine alte Heimat vor, erreichte ihn ein Brief seines Freundes Peter Kularz, mit dem er im Krieg zusammen an der Ostfront gewesen war. Kularz hatte sich inzwischen in Köln-Bickendorf niedergelassen und lud Bert zum Besuch ein. Der war nicht abgeneigt und entschied, vor der Fahrt nach Gelsenkirchen einen Zwischenstopp in Köln einzulegen. So flog er nach Düsseldorf und wartete in der Ankunftshalle auf seinen alten Freund. Als dieser plötzlich schulterklopfend hinter ihm stand, blickte Trautmann in ein Gesicht, das er glaubte noch nie gesehen zu haben. Kularz hatte im Krieg schwere Gesichtsverletzungen erlitten, die man bei dem freundlich lächelnden Fremden vom Flughafen vergeblich suchte. Bert führte dies auf die Künste von Ärzten und Chirurgen zurück. Arglos stieg er zu dem Mann ins Auto, der sich während der Fahrt recht zugeknöpft gab, wenn das Gespräch auf die Kriegszeiten kam. In Köln angekommen, wartete auch gleich ein Reporter auf den verdatterten Torhüter, der einige Bilder schoss und seine Story gleich am nächsten Tag in einer Zeitung veröffentlichte. In einem anderen Teil der Stadt las ein entstellter Kriegsveteran diesen Bericht und glaubte sich im falschen Film. Am Abend führte Kularz Trautmann in ein Restaurant ganz in der Nähe des Müngersdorfer Stadions.

★   ★   ★

DER FC BUHLT UM BERT TRAUTMANN – Kurz darauf setzte sich ein Mann dazu, der sich als Herr Kremer, Präsident des 1. FC Köln, vorstellte. Ihm sei zu Ohren gekommen, dass Trautmann nach Deutschland zurückkommen wolle. Der Torwart begriff: Dieses Treffen war kein Zufall. Dennoch bekundete Bert vages Interesse und schlug vor, sich am nächsten Tag noch einmal zu treffen.

Mit einem unguten Gefühl kehrte er mit Peter Kularz in dessen Haus zurück und blieb über Nacht. Als er am nächsten Morgen mit seinem Gastgeber von einer kurzen Stadtrundfahrt zurückkehrte, war Frau Kularz völlig aufgelöst. Ein Peter Kularz sei an der Türe gewesen und habe nach Bert Trautmann gefragt, berichtete die Dame aufgeregt. Das Schauspiel ging in den nächsten Akt, als es wild an

Bert Trautmann (links) und FC-Keeper Fritz Ewert während des FC-Aufenthaltes in Liverpool 1965.

der Tür klopfte. Frau Kularz öffnete. Trautmann sagte später dazu: „Ich hörte eine Stimme, die ich unter Tausenden wiedererkannt hätte. Ich rief sofort: „Komm rein, Peter", und der Mann trat ein. So schwer er auch entstellt war, ich erkannte ihn sofort: Den echten – meinen Peter Kularz, mit dem ich in Russland gekämpft hatte."

★ ★ ★

EIN RAFFINIERTER PLAN – Die Auflösung dieses seltsamen Spiels ist einfach erklärt: Der dubiose Kölner Gastgeber hieß zufälligerweise tatsächlich auch Peter Kularz und hatte einen raffinierten Plan ausgeheckt, Trautmann zum 1. FC Köln zu lotsen. Er hatte in einem Interview gelesen, dass Bert sich durchaus vorstellen könne, nach Deutschland zurückzukehren. In besagtem Interview war auch der Name Kularz gefallen. Einige Zeit später wurde der „falsche" Kularz bei FC-Präsident Franz Kremer vorstellig und gab sich dreist als Trautmanns offizieller Spielervermittler aus. Angeblich kassierte er sogar noch eine Aufwandsentschädigung von den Geißböcken. Daraufhin schrieb er einen Brief an Trautmann und gab sich als der alte Weggefährte aus und lockte den ahnungslosen Torwart so in die Falle. Als alle Unklarheiten beseitigt waren, verließen Trautmann und sein Freund Kularz das Haus von „Kularz II" und ließen eine ob der kriminellen Energie ihres Mannes völlig verwirrte Ehefrau zurück. Knapp zwölf Jahre später kreuzten sich die Wege von Trautmann und den Kölnern erneut. Im Rahmen des berühmten Europapokalspiels beim FC Liverpool am 17. März 1965 (0:0) stand die Torhüterlegende Mannschaft und Offiziellen des 1. FC Köln mit Rat und Tat zur Seite.

[061] Das FC-Hauptquartier – die Geschäftsstellen seit 1948

Februar 1948 bis August 1949:	Sülzgürtel 12
August 1949 bis November 1950:	Sülzgürtel 34
November 1950 bis Juli 1959:	Luxemburger Strasse 303
Juli 1959 bis Juni 2004:	Cluballee 1-3 (Geißbockheim)
Juni 2004 bis 26.04.2009:	RheinEnergieStadion
seit 27.04.2009:	Franz-Kremer-Allee 1-3
	(vormals Cluballee 1-3),
	(Geißbockheim)

[062] 250 Mark Extraprämie vom „Boss"

Überragender Akteur beim 5:0-Heimsieg über den 1. FC Kaiserslautern am 21. Oktober 1967 war Heinz Hornig. Zwar gelang dem dribbelstarken Linksaußen selbst kein Treffer, er bereitete auch „nur" eines der fünf Tore vor, erwies sich jedoch als permanenter Unruheherd in der Defensive der roten Teufel und absolvierte ein schier unglaubliches Laufpensum. Dies imponierte Boss Franz Kremer so sehr, dass er dem gebürtigen Gelsenkirchener spontan eine Sonderprämie von 250 Mark zukommen ließ, die sich der sympathische

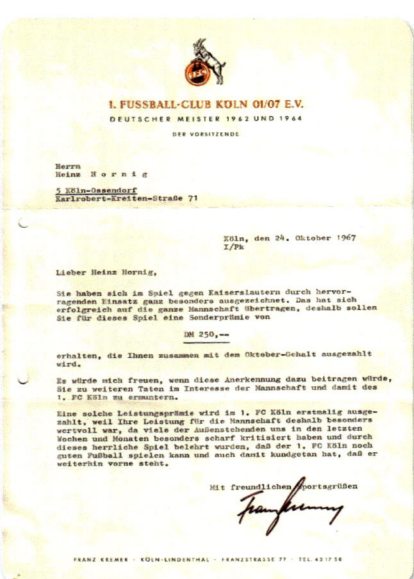

Hornig redlich verdient hatte. Das hatte es bis dato in der FC-Geschichte so noch nicht gegeben. Mit einem entsprechenden Brief informierte der Präsident, der tragischerweise drei Wochen später versterben sollte, Heinz Hornig über die unverhoffte Sonderzuwendung.

Auch Scot Symon, Trainer der Glasgow Rangers, dem kommenden FC-Gegner im europäischen Messe-Pokal, zeigte sich auf der Tribüne sichtlich beeindruckt.

Brief von Franz Kremer an Heinz Hornig.

Die Stollenwerk-Elf

Bei der ansonsten eher unspektakulären Mitgliederversammlung am 25. November 2008 verkündete Präsident Overath unter anderem auch, dass man plane, wieder eine „Stollenwerk-Elf" wie in den 1960er Jahren einzuführen. Viele Mitglieder, vor allem die jüngeren, wussten mit dem Begriff „Stollenwerk-Elf" allerdings nichts anzufangen. Was war die „Stollenwerk-Elf"?

Benannt war die Mannschaft nach ihrem Trainer, dem ehemaligen FC-Spieler und Altinternationalen Georg „Schorsch" Stollenwerk. Das Team war eine Mischung aus Amateurelf, Nachwuchsmannschaft und Lizenzspielerreserve. Sie bot Talenten aus dem Jugend- und Amateurbereich sowie Profis, die nach Verletzung oder Erkrankung wieder Spielpraxis sammeln mussten oder nicht zur ersten Garnitur gehörten, die Möglichkeit, im Rahmen von zumeist in der Region ausgetragenen Freundschaftsspielen zum Einsatz zu kommen. Am Pflichtspielbetrieb nahm die Stollenwerk-Elf nicht teil. Es war eine starke Mannschaft, da auch Größen wie beispielsweise Fritz Pott, Anton „Toni" Schumacher, Karl-Heinz Thielen oder Matthias Hemmersbach mitunter zum Einsatz kamen. Ins Leben gerufen wurde die Stollenwerk-Elf im August 1963, ihr erstes offizielles Spiel bestritt sie jedoch erst ein halbes Jahr später, am 8. Februar 1964 gegen Blau-Weiß Köln. Tore von Karl-Heinz Ripkens, Matthias Hemmersbach, Jürgen Rumor und Herbert Gehrke sicherten den Stollenwerk-Schützlingen einen 5:1-Erfolg. Dreimal spielte man auch im Ausland: 1964 und 1965 jeweils im belgischen St. Vith gegen den RSC Anderlecht (2:1, 2:4) sowie 1966 beim SC Diekirch (Luxemburg, 3:1). Als Georg Stollenwerk, der von 1966 bis 1969 auch die erste FC-Amateurmannschaft trainierte, den FC verließ, um Chefcoach bei Alemannia Aachen zu werden, wurde die Stollenwerk-Elf aufgelöst. Sie bestritt ihre letzte Begegnung am 12. Februar 1969 bei der Zweitvertretung von Fortuna Düsseldorf. Bei der 1:3-Niederlage erzielte Hannes Löhr den Ehrentreffer und somit das (vorerst) letzte Tor der Stollenwerk-Elf.

Am 25. August 2009 feierte die Stollenwerk-Elf 40 Jahre nach ihrer Auflösung ein gelungenes Comeback. Im Brucknerstadion in Köln-Porz wurde die SpVg. Porz mit 10:0 bezwungen. Gecoacht wurde das Team von Ümit Özat.

Es folgten insgesamt elf Spiele zwischen 2009 und 2010. Seitdem ist es wieder ruhig um die Stollenwerk Elf geworden, die am 16. November 2010 im Düsseldorfer Paul-Janes-Stadion gegen die Erstvertretung von Fortuna Düsseldorf durch Tore von Alexandru Ionita und José Pierre Vunguidica ihr bislang letztes Spiel mit 2:1 gewann.

[064] ## Danish Dynamite

Im Frühjahr 1989 war der FC einer der ersten Klubs, der auf europäischer Ebene eine Kooperation mit einem anderen Erstligisten einging. Partnerverein wurde Næstved IF (heute Næstved BK), der 1988 in der ersten dänischen Liga immerhin den zweiten Platz belegt hatte. Die Zusammenarbeit sollte in erster Linie im Jugend- und Talentsichtungsbereich, aber auch bei Profitransfers stattfinden. Feierlich unterzeichneten FC-Präsident Dietmar Artzinger-Bolten und Cheftrainer Christoph Daum den Kooperationsvertrag. Co-Trainer von Næstved war seinerzeit Ole Rasmussen, ehemaliger Profi von Hertha BSC Berlin, der den Kontakt hergestellt hatte. Die Dänen nahmen die Sache besonders ernst: Sie planten, genau wie der Partner aus dem Rheinland, sich ebenfalls einen Geißbock als Maskottchen anzuschaffen, der im privaten Anwesen von Co-Trainer Rasmussen untergebracht werden sollte.

[065] ## Kaviarschmuggel

In Moskau gab es nicht nur schöne Erinnerungswimpel, sondern auch günstigen Kaviar.

Die Reise zur UEFA-Cup-Partie bei Spartak Moskau am 1. November 1989 (Endstand 0:0) nutzten einige der im Mannschaftsflieger mitgereisten Edelfans auch zum kostengünstigen Einkauf von Kaviar. Auf dem Moskauer Schwarzmarkt konnte man eine Dose der Delikatesse, die in Deutschland zwischen 200 und 300 Mark gekostet hätte, für schlappe 20 Mark erwerben. Beim Rückflug checkten zunächst Mannschaft und Offizielle unkontrolliert in den Flieger ein. Nur ein Fan mit auffälligem Alukoffer erregte die Aufmerksamkeit der Sicherheitskräfte. Der Koffer wurde geöffnet und mehrere Dosen Kaviar wurden entdeckt. Sie wurden sofort beschlagnahmt. Jetzt wurden auch alle anderen Mitreisenden peinlich genau durchsucht. Insgesamt 160 Dosen Kaviar wurden von den Zöllnern konfisziert. „Tagessieger" wurde der damalige Wirt der Kölner In-Gaststätte „Zum Treppchen", der allein 60 Dosen der Stör-Eier im Gepäck gebunkert hatte. Eine pragmatische Lösung hatte Vorstandsmitglied Jupp Söller parat: Er verzehrte seine drei Dosen noch an Ort und Stelle. Die sowjetischen Gesetzeshüter beließen es bei einer Ermahnung und die „Kaviarschmuggler" durften ohne ihre Beute an den Rhein zurückfliegen.

Vier an Flugangst leidende FC-Fans aus Düren hatten den Trip nach Moskau übrigens mit dem Auto zurückgelegt. Nach über 33 Stunden Fahrtzeit erreichten sie die russische Metropole.

Kölsches Milanello in Rösrath

Seit Christoph Daum im November 2006 seine zweite Amtszeit als FC-Chef-coach antrat, war immer mal wieder vom Wunsch des Trainers die Rede, außerhalb Kölns auf dem Land ein abgeschottetes Trainingszentrum zu haben, in dem man ungestört von der Öffentlichkeit arbeiten kann. So wie im „Milanello". Das berühmte Trainingszentrum des AC Milan gilt als eines der innovativsten und besten Fußballübungscamps der Welt.

Die Idee, die FC-Profis auszuquartieren, ist jedoch alles andere als neu. Franz Kremer plante bereits 1963, im selben Jahr, in dem auch das „Milanello" entstand, den Bau eines Trainingslagers in der Provinz. Zu diesem Zweck kaufte der FC ein 37.000 m² großes Grundstück in Rösrath im Bergischen Land, gut 20 Kilometer von Köln entfernt. Auf dem Areal eines ehemaligen DRK-Schwesternwohnheims sollten Rasenplätze, eine Sporthalle und diverse Unterkunftsgebäude entstehen. Die Rücklage von mehr als einer Million Mark war bereits geplant, der Baubeginn für Frühjahr 1964 veranschlagt. Aus bis heute ungeklärten Gründen kam es jedoch nie zur Realisierung des Projektes. Im Jahre 1970 beschäftigte sich sogar der Gemeinderat von Rösrath mit dem verwahrlosten Grundstück samt Gebäude, in dem sich nachts, so das Protokoll, „lichtscheue Gestalten" aufhielten. Danach hörte man nie wieder etwas von dem sogenannten „Georgshof", der sich auch heute noch im Besitz des 1. FC Köln befindet.

Im Februar 2009 sprach sich Christoph Daum erneut dafür aus, überwiegend nicht öffentlich zu trainieren. 250 Zuschauer tummeln sich im Schnitt bei den Trainingseinheiten der Geißböcke. Hier bellt ein Hund, dort klingelt ein Handy, so lässt sich angeblich kaum konzentriert arbeiten. Daher plante man beim FC, die Richtung Berrenrather Strasse liegenden Trainingsplätze mit einer Heckenumrandung abzuschotten. Nicht öffentliche Trainingseinheiten werden sonst in der Regel im abschließbaren Franz-Kremer-Stadion durchgeführt. Es wurde auch bekannt, dass Co-Trainer Roland Koch, zur Zeit als Daum ein außerhalb gelegenes Trainingsgelände plante, sogar schon eine stillgelegte Kaserne inspiziert haben soll. Durch den großen Neubau am Geißbockheim wurden diese Pläne aber verworfen.

[067] LP10

Als erster Spieler in der FC-Geschichte brachte Lukas Podolski im Januar 2005 eine eigene Fanartikellinie heraus. Die „LP10-Kollektion" umfasste unter anderem T-Shirts, Poster, Tasse, Keyholder, Polo-Shirts und Sweat-Shirts, die in den FC-Fan-Shops verkauft wurden. Für das Fan-TV im Stadion wurde ein eigener Werbespot gedreht. Auch nach seiner Rückkehr von den Bayern im Sommer 2009 brachte der FC eine „Poldi-Fanartikellinie" auf den Markt. Podolski ging zudem als erster Spieler in die FC-Geschichte ein, über den der FC einen eigenen Film produzieren ließ.

[068] Den FC am Revers – Anstecknadeln

Vom Herd weg verpflichtet

Auf kuriose Art kam Jupp Müller zu seiner Position als Chefkoch des Geiß-bockheims. In den 1960er Jahren war Müller ausgerechnet in dem Schweizer Hotel tätig, in dem FC-Boss Franz Kremer Urlaub machte. Kremer war von den Kochkünsten des Eiflers so begeistert, dass er ihn spontan „verpflich-tete". Dabei war dies zunächst gar nicht so einfach. Franz Kremer, eigent-lich bekannt wie ein bunter Hund, war für Müller kein Begriff. „Sie kennen mich nicht?", fragte der Boss überrascht. Dennoch gelang es, Müller aus den Schweizer Alpen an den Rhein zu locken. 35 Jahre lang, von 1965 bis 2000 bekochte er Generationen von Spielern, Vorständen und Fans. Oft musste Müller die Mannschaft bei Auslandsspielen begleiten. Dabei erlebte der Meis-terkoch so einiges.

★ ★ ★

FLEISCH GEKLAUT – Beim UEFA-Cup-Auswärtsspiel in Stettin (Saison 1984/85) stahlen Diebe das von Müller in der Hotelküche des „Novotel" de-ponierte, eigens aus Köln mitgebrachte Fleisch für die Mannschaft.

★ ★ ★

WERBEGESCHENK – Müller hatte den Weg in die polnische Hafenstadt zu-sammen mit Busfahrer Hans Schimberg im Mannschaftsbus zurückgelegt, während das Team per Flugzeug angereist war. Schon bei der Grenzkon-trolle in der DDR, die man passieren musste, um nach Polen zu reisen, hatte der gewitzte Schimberg einen Trick parat, um die Überprüfung schadlos zu überstehen. Er legte einfach ein nagelneues Messer des Busherstellers, ein Werbegeschenk, aufs Armaturenbrett. Als der ranghöchste Grenzsol-dat den Bus betreten hatte, ging dieser zunächst achtlos am bereitgelegten Präsent vorbei in Richtung Toilette. Drei weitere Uniformierte hatten sich draußen in Position gebracht. Während Jupp Müller, der das Prozedere nicht kannte, Blut und Wasser schwitzte, folgte Schimberg dem Soldaten in Richtung Bord-WC. Das Messer nahm er gleich mit. Vor den neugierigen Blicken der Kollegen dank der Klowände geschützt, nahm der DDR-Gren-zer das Geschenk gerne an. Ohne ein weiteres Wort verließ der Kontrolleur den Bus. Seine drei Kollegen ließen das Gefährt nun anstandslos passieren. Nur der Beschenkte hatte sich direkt ins Wachhaus verzogen und wurde nicht mehr gesichtet.

★ ★ ★

PARTY-BUS — Auch die FC-Profis sollten in Stettin noch etwas erleben. Der angekündigte Rückflug von Stettin nach Berlin wurde ohne weitere Begründung abgesagt. So musste man mit dem Bus nach Berlin fahren, um von dort nach Köln zu fliegen. Die Spieler machten das Beste daraus und feierten während der Fahrt Karneval im Oktober. Der 1:0-Erfolg im früheren Westpommern wurde mit Karnevalsmusik, mehr als 100 Dosen Bier und drei Flaschen Sekt begossen. Als man später bierselig an der DDR-Grenze kontrolliert werden sollte, gefiel den NVA-Männern der vorgezogene Rosenmontag so gut, dass man die Geißböcke ohne größere Inspektion weiterfahren ließ. Selbst Werbegeschenke waren nicht notwendig.

HAARE AUF DEN ZÄHNEN — An Schlagfertigkeit mangelte es FC-Koch Jupp Müller nicht. Als im Januar 1979 Torjäger und Namensvetter Dieter Müller angeblich ein Haar in seiner Suppe fand, beschwerte sich der Angreifer, der just in dieser Saison vor allem in der Bundesliga nicht die gewohnte Torquote hatte, beim Gastronom über die gefundene Borste. Gar nicht verlegen antwortete der Küchenchef trocken: „Ein Haar findet der. Aber das Tor nicht. Und das ist 7,22 Meter breit."

„SPION" JUPP MÜLLER — Einer der Höhepunkte im Rahmenprogramm des UEFA-Cup-Spiels bei Spartak Moskau im November 1989 war eine Stadtrundfahrt für Mannschaft und Betreuer. Lediglich Jupp Müller konnte nicht mitfahren, da er sich um das Mittagessen im Hotel Kosmos kümmern musste. Als die Spieler samt Trainer Christoph Daum mittags zurückkamen, hatten einige die bekannten russischen Pelzmützen an. Man hatte unterwegs jedoch nicht genügend Mützen für alle Spieler bekommen und so beauftragte Daum Chefkoch Jupp Müller, mit dem Taxi doch noch ein paar der begehrten Souvenirs zu besorgen. Müller begab sich also mitsamt Dolmetscher auf Mützensuche. Der Dolmetscher führte den ahnungslosen Koch nach einer Irrfahrt durch Moskau in ein Militärmagazin. Nun bekam es Müller mit der Angst zu tun, denn trotz Glasnost und Perestroika war es nicht ungefährlich, sich als Ausländer in einem Militärbereich herumzutreiben. Beim Verlassen des Magazins versuchte ein Wachmann den Dolmetscher samt Koch festzuhalten. Nach einer wilden Diskussion stellte man Jupp Müller die Frage, ob er FC-Fanartikel dabei habe. Müller bejahte dies, da er in weiser Voraussicht Aufkleber, Ansteckadeln und Wimpel in eine Tasche gepackt hatte. Nachdem der Wachmann die Souvenirs erhalten hatte, durften Müller und der Dolmetscher fahren. Geschockt kam der Koch zum

Bekochte die FC-Profis auch bei Auswärtsspielen, wie hier mit Kollegen im Mannschaftshotel in Madrid vor dem UEFA-Cup-Finalhinspiel am 30. April 1986: Jupp Müller.

Mannschaftshotel zurück, froh, der prekären Situation entkommen zu sein. Die von Christoph Daum gewünschten Mützen konnten übrigens nicht aufgetrieben werden.

Apropos Moskau: In seinem im Jahr 2000 erschienen Buch „Titel, Träume, Turbulenzen" berichtet Autor Rolf D. Sabel, wie einige Akteure von Spartak am Vorabend des Hinspiels im Oktober 1989 „geschwächt" wurden. Angeblich hatte Geschäftsführer Wolfgang Schänzler einige Damen des horizontalen Gewerbes ins Aachener Mannschaftshotel eingeschleust. Es wurde ein langer und lustiger Abend in Aachen – der FC gewann das Spiel am nächsten Tag mit 3:1.

Dat Wasser vun Kölle

... findet FC-Altstar Matthias Scherz offenbar nit joot. Scherz, der stark auf seine Ernährung achtet, reinigt sein Wasser mittels eines Spezialgerätes mit Dreifachfilterung. Ob er das kostbare Nass auch seinen bekannten Bonsaibäumen angedeihen lässt, ist nicht bekannt.

[071] Drink doch eine met

Auswärtsspiel bei Ujpest Dozsa Budapest im Europapokal der Pokalsieger am 19. Oktober 1983. Auch einige FC-Fans sind mit in die ungarische Metropole gereist. Als man abends in einer urigen Kneipe unweit des Hotels noch einige Getränke zu sich nimmt, gesellt sich auch das aus Österreich stammende Schiedsrichtergespann, das die am nächsten Tag anstehende Partie des deutschen gegen den ungarischen Pokalsieger leiten soll, zu den kölschen Schlachtenbummlern an die Theke. Die wittern nun die einmalige Chance, den FC bei den Unparteiischen positiv im Gedächtnis zu manifestieren. Bis in die späten Abendstunden wird das Schwarzkitteltrio von den Kölnern freigehalten, alle Speisen und Getränke großzügig auf die Rechnungen der FC-Fans geschrieben. Bei bester Stimmung verabschiedet man sich in den späten Abendstunden. Geholfen hat die „Bestechung" jedoch nicht – der Referee und seine Assistenten liefern beim Spiel eine fehlerfreie Leistung ab. An der 1:3-Pleite der Geißböcke war das Gespann schuldlos.

[072] Öllampen gegen Nebel

Es ist eiskalt und dichter Nebel hat sich an diesem 11. Dezember 1985 rund um die Müngersdorfer Betonschüssel gebildet, in der in wenigen Stunden das UEFA-Cup Achtelfinalrückspiel des 1. FC Köln gegen Hammarby IF stattfinden soll. Um eine Spielabsage zu verhindern, hat Dieter Grauer, Leiter des Sport- und Bäderamtes der Stadt Köln eine Idee: Schon am frühen Nachmittag entzündet er in den vier Ecken der Arena riesige Öllampen, um den Nebel zu vertreiben. Der Trick funktioniert trotz brandschutztechnischer Bedenken, und während Köln im Nebel versinkt, erreicht der FC bei guter Sicht mit einem 3:1-Erfolg gegen die Schweden vor 14.000 Unentwegten das Achtelfinale.

Bei der Geburt getrennt (1)

Paul Steiner und
Rainer Mendel.

Gelb-Rote Premiere

Sie wurde erst im Jahre 1991 eingeführt: Die Gelb-Rote Karte. Erster FC-Akteur, dem die Ampelkarte gezeigt wurde, war Alfons Higl, der beim Bundesligaspiel in Nürnberg gegen den „Club" am 28. August 1991 nach exakt 42 Minuten von Schiedsrichter Wolfgang Mierswa (Hänigsen) frühzeitig zum Duschen geschickt wurde. Der FC verlor die Partie mit 0:4.

Versteckte Kamera

FC-Coach Peter Neururer wurde im August 1996 Opfer von Frank Elstner in dessen Sendung „April, April". Eingefädelt von Geschäftsführer Wolfgang Loos, hatte man den ahnungslosen Trainer zum Geschäftsessen in eine Kölner Villa gelockt. Mitten im Smalltalk dann ein Aufschrei der Gastgeberin: Ein Spanner hatte sie beim Umziehen beobachtet. Eilig sprintete der Fußballlehrer hinaus, um den Lüstling zu stellen. Der Spanner entpuppte sich als Ex-Fußballer William „Jimmy" Hartwig, der von 1984 bis 1985 beim FC spielte. Reaktionsschnell wollte Neururer seinen Freund Hartwig schützen und schickte ihn weg. Auch in der nachfolgenden Gesprächsrunde schützte der Trainer den spannenden Jimmy. Erst als „ganz zufällig" im Fernsehen die angebliche Live-Sendung „Unter vier Augen" lief, in der Hartwig das Spannen aufs Schärfste verurteilte, brach der entsetzte Neururer sein Schweigen. Später löste Frank Elstner die Situation auf.

Auch Toni Polster wurde schon Opfer von Frank Elstner. Auf dem Weg in ein TV-Studio ließ man den arglosen Torjäger im Aufzug stecken, von wo aus er Spielszenen kommentieren und das FC-Lied singen sollte.

[076] Trikotvergesser und andere „Textilprobleme"

Wer kennt sie nicht, die tragisch, schaurige Geschichte des vergessenen Trikots von Marcell Fensch. Wir erinnern uns: Bei der 0:2-Heimniederlage gegen den FC Schalke 04 in der ersten Abstiegssaison 1997/98 hatte der Einwechselspieler sein Trikot in der Kabine vergessen. Während der dadurch bedingten Unterzahl kassierte der FC das erste Gegentor. Doch Fensch war nicht der erste „Trikotvergesser". Der erste FC-Spieler, dem dieses Missgeschick nachweislich unterlief, war Ersatzschlussmann Klaus Hartenstein, der von 1953 bis 1955 bei den Geißböcken unter Ver-

Der „Vater aller Zeugwarte", Hans Thönnes (hier mit Toni Schumacher nach dem Pokalsieg 1978), war mehr als 37 Jahre für den FC und 13 Jahre lang für Sülz 07 tätig.

trag stand. Beim DFB-Pokalspiel in Müngersdorf gegen Viktoria 89 Berlin am 01.08.1953 hatte der Vertreter von Starkeeper Frans de Munck sein Spielkleid zu Hause vergessen und musste in einem geliehenen Torwartshirt der Gäste auflaufen. Immerhin behielt der FC gegen die Berliner mit 3:2 die Oberhand.

★ ★ ★

Nur einen Satz Trikots hatte der legendäre Zeugwart Hans Thönnes eingepackt, als der FC-Tross in der Spielzeit 1976/77 zum UEFA-Cup Hinspiel bei den Grasshoppers nach Zürich reiste. Dem jugoslawischen Schiedsrichter Raus hatte der Dress allerdings zu viel Ähnlichkeit mit dem der Gastgeber. So blieb den Rheinländern nichts anderes übrig, als in der geliehenen Ausweichgarnitur der Eidgenossen zu spielen. Mit Erfolg, am Ende konnte man einen 3:2-Auswärtserfolg feiern.

★ ★ ★

Als der FC am 7. Mai 1983 gegen die Bayern spielte (2:0), hatte Hans Thönnes farblich richtige Trikots dabei, jedoch fehlte der Werbeaufdruck von Sponsor „Doppel Dusch". Mit einer Polizeieskorte samt Blaulicht raste Busfahrer Hans Schimberg zum Geißbockheim, um die beflockten Jerseys zu holen. Bis zum Anpfiff schaffte er es dennoch nicht, zum Stadion zurückzukommen. So spielten die Kölner die erste Hälfte mit blanker Brust und konnten erst im zweiten Durchgang mit der vertragsgerechten Kleidung auflaufen.

★ ★ ★

27 Jahre nachdem Hans Thönnes nur einen Satz Trikots mit nach Zürich genommen hatte, gab es einen ähnlichen Vorfall auf dem Kaiserslauterer Betzenberg. Zeugwart Volker Hartjens hatte zu der am 7. Februar 2004 ausgetragenen Partie bei den roten Teufeln nur die schwarzen Auswärtstrikots eingepackt. Dabei war er sich sicher, dass sich diese sehr gut vom roten Spielkleid der Gastgeber unterscheiden würden. Nicht so Schiri Hermann Albrecht, der zwischen den Kölner und Lauterer Shirts kaum optische Unterschiede ausmachen konnte. Kurz vor dem Anpfiff legte Albrecht sein Veto ein. So mussten die Gäste grüne Trainingsleibchen über die Trikots ziehen und sorgten damit für Unterhaltung beim Publikum im Fritz-Walter-Stadion. Obendrein verlor der FC beim „Angstgegner" noch mit 0:1.

★ ★ ★

Doch nicht nur der FC, auch der große FC Bayern kämpfte am 27. Oktober 2001 ausgerechnet in Müngersdorf mit dem gleichen Problem. Als die Fans das „Spielkleid" des Rekordmeisters an diesem Tag sahen, brach im weiten Rund schallendes Gelächter aus. Die Münchner hatten nur einen, den FC-Trikots zu ähnlichen, Satz im Gepäck gehabt und mussten noch eigens zurechtgeschnittene Trainingsleibchen überstreifen. Die Südkurve kommentierte den Look der Bajuwaren mit dem Gesang: „Wir haben Trikots und ihr nicht." Der FC verlor die Partie trotz des Bekleidungsvorteils mit 0:2.

Die Zeugwarte des 1. FC Köln seit 1948

1948 – 1971	Hans Thönnes (bekleidete das Amt schon seit 1935 bei Sülz 07)
1971 – 1972	Hans Krausenecker
1972 – 1986	Hans Thönnes
1986 – 1998	Willi Rechmann
1998 – 2002	Michael Lüken
2002 – 2007	Volker Hartjens
2007 – 2010	Volker Hartjens / Kresimir Ban
Seit 2010	Kresimir Ban / Frank Almstedt

★ ★ ★

Hans Thönnes war ein waschechter Kölner, der schon seit 1935 bei Sülz 07 als Zeugwart fungierte. Er übte sein Amt auch beim FC viele Jahre lang nur semi-professionell aus, bevor er Anfang der 1970er Jahre hauptamtlicher Zeugwart wurde. Hans Krausenecker war nur eine Interimslösung für ein Jahr, nachdem sich Thönnes 1971 mit dem damaligen Trainer Gyula Lorant verkracht hatte. Als Lorant nicht einmal ein Jahr später entlassen wurde, holte man den bewährten Thönnes ans Geißbockheim zurück. 1986 wurde Willi Rechmann, der zuvor schon für die FC-Jugendabteilung ehrenamtlich arbeitete, sein Nachfolger. Immerhin zwölf Jahre war Rechmann Herr der Geißbockkleider, bevor er von Michael Lüken beerbt wurde. Lüken stieg nach seiner Zeit beim 1. FC Köln sogar zum Teammanager des VfL Osnabrück auf. Von 2002 bis 2007 war Volker Hartjens für die Trikots, Schuhe und Trainingsbekleidung der FC-Spieler zuständig. Hartjens war zuvor für die FC-Marketingabteilung (Merchandising / Fan-Shop) tätig. Im Sommer 2007 engagierte man mit Kresimir Ban einen weiteren Zeugwart. Der aus Kroatien stammende Ban stand zuvor in Diensten der Stuttgarter Kickers sowie von Eintracht Trier und kümmerte sich zusammen mit Volker Hartjens um das Arbeitsmaterial der Kölner Profis. Nach Differenzen mit Christoph Daum wechselte Hartjens als Zeugwart zur U23/U21. Seine Position übernahm Frank Almstedt, der zuvor schon bei der FC-Nachwuchsabteilung Erfahrungen als Zeugwart sammeln konnte.

★   ★   ★

Eine ausgeprägte Sammelleidenschaft hatte Volker Hartjens. Bei fast jedem Pflichtspiel der FC-Profis nahm Hartjens mit dem gegnerischen Zeugwart einen Triokottausch vor. So hatte sich schon eine beeindruckende Sammlung in den Katakomben des Geißbockheims breitgemacht. „Es werden aber noch einige dazukommen", meinte Hartjens und war fest entschlossen seinen Trikot-Fundus weiter auszubauen.

★   ★   ★

Eher geizig war Zeugwartlegende Hans Thönnes. „Da mussten schon riesige Löcher in den Schuhen oder Shirts sein, bis der Hans mal was Neues rausrückte", erinnert sich Manager Michael Meier noch heute schmunzelnd an den legendären Zeugwart, den er während seiner ersten Amtszeit beim FC (1981-1987) noch live erleben durfte. Kein Wunder, denn Thönnes hatte auch schlechte Zeiten mitgemacht, in denen Trainingsbekleidung knapp war, und hatte auch kein Problem damit, schadhafte Stellen zu flicken, statt die Sachen zu entsorgen. In den 1950er Jahren wurden die Klamotten der FC-Spieler zeitweilig sogar von Thönnes und dessen hilfsbereiter Ehefrau in Eigenregie gewaschen, getrocknet und gefaltet.

★   ★   ★

Selbst Harald „Toni" Schumacher hatte vor Hans Thönnes gehörigen Respekt. Als das Torwartidol im August 1985 ein Schautraining beim von Jupp Derwall trainierten Klub Galatasaray Istanbul auf Einladung eines Sponsors durchführte, kickte der Tünn nach der Vorstellung sieben mitgebrachte Bälle in die gut 40.000 anwesenden Zuschauer. „Hoffentlich bekommen wir jetzt keinen Ärger mit dem Hans, weil wir die Bälle verschenkt haben", fürchtete sich der Nationalkeeper. Präsident Peter Weiand erlöste den anschließend sichtlich erleichterten Schumacher: „Keine Sorge, ich übernehme die Verantwortung."

Dennoch war Thönnes eine absolute Frohnatur, der als richtiger Kölner auch gerne mal ein gepflegtes Kölsch zu sich nahm. Den japanischen Reiswein, den man ihm bei der ersten Japan-Tour der Geißböcke im Juni/Juli 1973 beim Abendessen im Prince Hotel in Tokio kredenzte, war der bodenständige Rheinländer jedoch nicht gewöhnt. So irrte der vom exotischen Getränk angeschlagene Thönnes zu später Stunde durch die monotonen Flure des riesigen Tokioter Hotels, in dem der FC untergebracht war. Zufällig hörte Günter Neumann, Assistent von FC-Koch Jupp Müller und von 1966 bis 1970 „Hennesbetreuer", der ebenfalls mit nach Japan gereist war, die Hilferufe des verzweifelten Zeugwarts. Da auch Neumann das gesuchte Zimmer bei Nacht nicht finden konnte, quartierte er das „Reisweinopfer" kurzerhand bei sich im Zimmer ein. Zur allgemeinen Überraschung hatte aber auch Präsident Oskar Maaß das nächtliche Treiben auf dem Hotelflur mitbekommen und erteilte sowohl Thönnes als auch dem „unschuldigen" Neumann beim morgendlichen Frühstück einen gehörigen Rüffel. Später gaben die beiden Protagonisten diese schöne Anekdote ab und an zum Besten.

Auch Willi Rechmann war eine Respektsperson. Noch gut erinnert sich Alex Bade an die Zeit, in der er noch als Jugendlicher bzw. Amateur ab 1988 gelegentlich bei den Profis mittrainieren durfte. An einem besonders regnerischen Tag traktierten Icke Häßler und Litti den Nachwuchstorwart eine Stunde lang mit Freistößen und Torschüssen. Natürlich sah Bade anschließend entsprechend schlammig aus. Aus Angst vor dem strengen Willi kletterte er später in der Kabine extra in den Wäschewagen, um nicht allzu viel Dreck zu machen. Vergeblich – dem Zeugwart war es immer noch zu dreckig. So wurde Bade von Rechmann in eine kleine, außerhalb liegende Gästekabine verfrachtet, in der sich der Keeper in den nächsten Monaten umziehen musste. Irgendwann wunderte sich Co-Trainer Roland Koch, warum Bade sich denn in der kleinen Behausung umziehen musste. Als Bade die Geschichte mit Willi erzählte, zuckte Koch nur mit den Schultern und ging weiter. In der kleinen Kabine mussten sich übrigens auch Gastspieler umziehen. Eines Tages musste Bade dort einen völlig aufgelösten Amateur von Hessen Kassel trösten, der den Tränen nahe war, weil Jürgen Kohler und Paul Steiner ihn im Training bearbeitet hatten. Sein Name war Lothar Sippel, später unter anderem noch bei Eintracht Frankfurt und Borussia Dortmund aktiv.

Ein wenig Jäger und Sammler steckt wohl in den meisten Zeugwarten. Auch Willi Rechmann hatte ein kurioses Souvenir aufbewahrt: Ausgerechnet den ersten Spielerpass von Thomas Häßler rettete Rechmann vor dem Altpapier und bewahrte ihn so für die Nachwelt. Ergattert hatte er das Dokument während seiner Zeit als Betreuer der von Christoph Daum trainierten FC-A1-Jugend, in der „Icke" von 1983 bis 1984 aktiv war. Im Frühjahr 2008 präsentierte Rechmanns Sohn Thomas den Ausweis in einer Kölner Boulevardzeitung.

Besonderen Aufwand betrieb Willi Rechmann für Rico Steinmann (beim FC von 1991-1997). Der Mittelfeldspieler hatte den Tick, immer mit nassen Schuhen spielen zu wollen. So musste Rechmann die Treter nicht nur vor jedem Spiel und Training eigens wässern, sondern verpackte sie bei Reisen zu Auswärtsspielen oder ins Trainingslager extra feucht in separaten Plastiktüten.

Früher war Kresimir Ban ein sehr guter Handballer. Dies merkt man auch heute noch. Als sich bei einer Trainingseinheit ein Ball der Profis in einer hohen Baumkrone verfangen hatte, holte „Kreso" ihn mit nur zwei gezielten Würfen mit einem anderen Ball wieder herunter. Die zuschauenden Kiebitze applaudierten begeistert.

Zum Abschied von Willi Rechmann im Jahre 1998 erschien sogar ein auf 200 Exemplare limitiertes Bilderheft für die Freunde des Zeugwarts.

Bis in die 1980er Jahre war es üblich, dass andere Abteilungen, wie beispielsweise die Handballer oder Altherrenfußballer des 1. FC Köln, die Trikots der Lizenzspieler „auftragen" durften.

„De Königlischen"  [078]

Schon seit Urzeiten genießt der 1. FC Köln auch im Ausland einen hervorragenden Ruf. Weltweit galten die Kölner als Garant für attraktiven Fußball. Vor allem in den späten 1970er und frühen 1980er Jahren (erstmals allerdings 1966) war der FC daher auch ein gern gesehener Gast beim erstklassig besetzten Juan-Gamper-Turnier, das alljährlich vom FC Barcelona ausgerichtet wurde. Wer dort aufspielte, gehörte zum europäischen Fußball-Adel. Auch Hennes Weisweiler kam gerne ins Nou Camp, dem Stadion des FC Barcelona zurück, obwohl er hier als Trainer während einer kurzen Amtszeit wegen eines Konflikts mit Superstar Johan Cruyff gescheitert war. Mit den Eigenheiten des spanischen Fußballs war „Don Hennes", wie ihn die Spanier liebevoll genannt hatten, dennoch bestens vertraut. Als ihn vor einem der Spiele Zeugwart Hans Thönnes, das kölsche Urgestein, fragte: „Chef, spille mer hück en wieß?", nahm Weisweiler die Gelegenheit wahr, sein Basiswissen an den Mann zu bringen. „Hans", sagte er im gleichzeitig belehrend-väterlichen wie nachsichtigen Ton, „he in Spanien spillen nur de Königlischen en wieß!" Thema durch. Trikotfarbe geklärt. Keine weiteren Fragen.

Rund um Frans de Munck [079]

Frans de Munck war nach dem Österreicher Ferdl Swatosch, der in den 1920er Jahren die Anhänger von Sülz 07 verzauberte, der erste ausländische Star des 1. FC Köln. Franz Kremer hatte bei der Verpflichtung nicht nur die sportlichen Aspekte in Erwägung gezogen, sondern war sich auch der Tatsache bewusst, dass der Frauenschwarm aus den Niederlanden für Presserummel und mehr Zuschauer (vor allem weibliche) bei den Spielen sorgen sollte. Wie so oft behielt der „Boss" Recht. Wie es sich für einen Star gehört, gibt es auch von und über de Munck zahlreiche Geschichten und Anekdoten.

★ ★ ★

Legenden: Frans de Munck (links) und Ferdl Swatosch.

Die erste ereignete sich direkt bei der Ankunft des holländischen Internationalen im August 1950. Der auch als „schwarzer Panther" bekannte Keeper hatte Franz Kremer mitgeteilt, in einem „Obstwagen" aus den Niederlanden anzureisen und an der Kölner Großmarkthalle auszusteigen. Aus Sorge, de Munck würde sich im Getümmel des Großmarktes verlaufen, beauftragte er die FC-Spieler Willi „Männ" Nagelschmidt und Hans Graf mit der Abholung des Neuzugangs. Tapfer verbrachten die beiden Akteure die halbe Nacht in der Markthalle und inspizierten akribisch jede holländische Einfuhr. Müde und enttäuscht krochen sie schließlich nach Hause, ohne den „schönen Frans" gesehen zu haben. Dieser tauchte am Vormittag völlig entspannt in der protzigen US-Limousine eines holländischen Gemüse-Großimporteurs vor der Haustür von Franz Kremer auf und war sehr erstaunt darüber, dass man vermutet habe, er würde in einem ordinären Lieferwagen in die Domstadt reisen.

★   ★   ★

Auch um sein tadelloses äußeres Erscheinungsbild war der erstklassige Torhüter immer bemüht. Im Mai 1952 nahm der FC an einem internationalen Turnier in Treebeek / Niederlande teil. Auf der Rückfahrt stellte man verdutzt fest, dass sich Frans de Munck nicht im Mannschaftsbus befand. Auch nach über einer Stunde Wartezeit erschien der Schlussmann nicht. So begannen die Teamkollegen die Umgebung abzusuchen. Man fand de Munck schließlich bei einem nahe gelegenen Frisör, wo er sich in aller Ruhe einen modischen Haarschnitt verpassen ließ.

★   ★   ★

„Das ideale Brautpaar" lautete der Titel eines Films des Regisseurs Robert A. Stemmle für die „Bühne und Film GmbH", Berlin, der 1954 in die Kinos kam. In dem Streifen spielte nicht nur Frans de Munck, sondern in einer Nebenrolle auch dessen Mannschaftskamerad Hans Schäfer mit.

„Der schöne Frans" in einer zeitgenössischen Karikatur.

★   ★   ★

Wer glaubt, ausgeklügelte Vertragsklauseln gibt es erst seit Christoph Daum, täuscht sich gewaltig. Auch Frans de Munck wusste die Vorteile gut durchdachter Vertragsinhalte zu schätzen. So ließ sich der gewitzte Niederländer per Klausel zusichern, weder auf Aschenplätzen noch in der Reservemannschaft spielen zu müssen.

★   ★   ★

Ungerechtigkeit hasste de Munck wie die Pest. Als beim DM-Endrundenspiel gegen den 1. FC Kaiserslautern am 16. Mai 1954 den Pfälzern ein völlig unberechtigter Elfmeter zugesprochen wurde, ging der Niederländer aus dem Tor und weigerte sich vehement weiterzuspielen. Erst nach minutenlangem Einreden der Mitspieler ging er ins Tor zurück.

Beim Freundschaftsspiel gegen Union 06 Berlin am 16. Juni 1951 nahm der gutaussehende Holländer zum Erhalt seiner Schönheit gleich den ganzen Mannschaftsbus in Beschlag. Als die Mitspieler (darunter auch der erzürnte „Boss" Franz Kremer) feststellten, dass das Gefährt nicht mehr vor dem Hotel stand, kam der Bus wenige Minuten später um die Ecke gefahren. Mit nur einem Fahrgast – Frans de Munck. „Ich habe mich kurz zum Rasieren fahren lassen", entschuldigte sich der Torwart bei den verblüfften Kameraden.

Der hungrige Trainer

Eines der vielen Originale, die im Laufe der bewegten Geschichte beim FC tätig waren, hieß Zlatko „Tschik" Čajkovski. Als Spieler kickte der technisch versierte Jugoslawe von 1955 bis 1957 bei den Kölnern, als Trainer betreute er den Klub von 1961 bis 1963 bzw. von 1973 bis 1975. Bekannt war der Tschik neben seinen Qualitäten als Spieler und Trainer auch für seine Affinität zu gutem Essen. Da ist es nicht weiter verwunderlich, dass der Meistercoach langes Warten in Gaststätten verabscheute. Daran erinnert sich auch sein ehemaliger Spieler Fritz Pott noch heute schmunzelnd: „Wenn es dem Tschik nicht schnell genug ging und er besonders hungrig war, futterte er im Mannschaftshotel auch schon mal die auf dem Tisch stehenden Töpfchen mit Senf, Zucker oder Gewürzen leer."

Auch vor großen Portionen war Tschik nicht bange. Manchmal bestellte er im Geißbockheim eine ganze Kalbshaxe, die er auch komplett verzehrte. Eine handelsübliche Kalbshaxe reicht normalerweise aus, um zwei bis drei Personen zu sättigen.

★   ★   ★

Ferner war Čajkovski für seine spontanen Aktionen bekannt. Als man 1973 zum UEFA-Cup-Spiel bei den Türken von Eskişehirspor anreiste, gab der Feinkostliebhaber am berühmten Marmarameer dem verdatterten Busfahrer die Order, das Gefährt anzuhalten, um mit der Mannschaft im wahrsten Sinne des Wortes baden zu gehen.

★   ★   ★

Eine besondere Erkältungsprophylaxe hatte der kleine Jugoslawe im Winter auf Lager. Nach dem Training erschien er an kalten Tagen gerne mit mehreren Flaschen Slibowitz im Gastraum des Klubhauses. Anschließend musste für jeden Spieler eine Tasse aufgestellt und der mitgebrachte Schnaps heiß gemacht werden. Das fertige Getränk kredenzte Tschik dann seinen Kickern und schickte sie danach zum Duschen. „Ist gut gegen Erkältung", begründete Čajkovski den kleinen Umtrunk.

Wetteinlösung: „Tschik" bekocht seine Spieler.

Auch dem Spiel oder einer Wette war das Trainer-Original nie abgeneigt. Als er 1974 eine Wette gegen die Mannschaft verloren hatte, musste er als Verlierer nicht nur für das Team kochen, sondern die Spieler und Gäste auch noch bedienen. Spielschulden sind Ehrenschulden, und so zwängte sich Tschik in Kochmütze und weiße Kluft, beschlagnahmte die Küche des Geißbockheims und servierte die Speisen anschließend der Mannschaft.

Kurios auch die Scampi-Geschichte: Weil Tschik den Spielern die Meerestiere im Hotel vor der Nase wegputzte, schmuggelten sie die Scampi ins Zimmer von Zeugwart Hans Thönnes. Plötzlich bewegte sich in einer Ecke des Raumes ein Stapel mit Trainingsbekleidung und Trikots. Kein Geringerer als der grinsende Tschik kam aus dem Kleiderberg und ließ sich die Scampi munden.

Legendär auch Tschiks radebrechende Art zu sprechen. Sätze wie „Na, was ich immerrr sagen, wirrr Deitscherrr Meisterrr" (nach der DM-Endrunde 1961/62), oder „Winschte Flugzeug stirrzen ab" (nach dem 1:8 in Dundee 1962/63) gehörten zu seinem Standardrepertoire.

Es ist der Höhepunkt vor jedem Heimspiel der Geißböcke – das gemeinsame Singen der FC-Hymne, dem aktuell sicherlich bekanntesten und beliebtesten FC-Lied. Wohl über keinen anderen deutschen Verein gibt es so viele Musikstücke wie über den 1. FC Köln.

★ ★ ★

Den Anfang machte Eduard Szilinsky. „Ede" war nicht nur ein guter Verteidiger, der sowohl für Sülz 07 als auch für den FC der Anfangstage die Fußballstiefel schnürte, er hatte auch großes musikalisches Talent und bereits für die Sülzer zum 40-jährigen Klubjubiläum im Jahre 1947 ein Vereinslied komponiert, das er nach der Fusion mit dem KBC flugs auf den 1. FC Köln umschrieb. Es hatte zunächst den schlichten Titel „Dir, 1. FC Köln", wurde aber kurz darauf in „Clublied des 1. FC Köln" umbenannt und enthielt insgesamt drei Strophen:

Schön ist das Fußballspielen.
Lacht uns im Kampfe das Glück.
Und ist der Gegner geschlagen,
kehren mit Ruhm wir zurück.
Dann hängt der Himmel voller Geigen,
freundlich schaut jeder uns an.
Und aller Hader muss schweigen,
und alles singt Mann für Mann:

Refrain:
Dir FC Köln, Dir bleib ich treu!
Rot-Weiß das lieben wir stets aufs neu!
Und wenn des Schicksals Stürme noch so heftig wehn,
wir woll'n als treue Freunde fest zusammenstehen!

Doch gibt's auch trübe Stunden,
bleiben die Siege mal aus.
Gleich scheint die Sonne geschwunden,
kaum traut man sich dann nach Haus.
Und alle Spötter verhöhnen,
unseren glücklosen Gang.
Doch dann soll er ertönen,
unser trutziger Sang!

Refrain

Drum Freunde reicht Euch die Hände,
ringsum in fröhlicher Rund.
So wie der Ball ohne Ende,
sei ohne End unser Bund.
Treu woll'n wir sein unsern Farben,
treu unserem mannhaften Sport.
Ruhm den die Alten erwarben,
ewig daure er fort.

Refrain

In den 1950er Jahren war das Singen von „Klubliedern" besonders bei Fest-lichkeiten der FC-Mitglieder sehr beliebt. So gab man im Jahre 1956 sogar ein spezielles „Liederheft" heraus, in dem neben dem von Eduard Szilinsky ver-fassten Klublied auch noch drei weitere, sogenannte „Club- und Treuelieder

So konnten die FC-Mitglieder und -Fans die Liedtexte nicht mehr vergessen. FC-Liederbuch aus dem Jahr 1956.

des 1. FC Köln" enthalten waren, welche FC-Mitglied Dr. Paul Schönberg kompo-niert und getextet hatte. Auf Tonträger ver-ewigt wurde jedoch keines der Stücke. Auch das legendäre FC-Urgestein Hans-Gerhard König hielt mit der Gründung der „FC-Singschar" im Jahre 1959 das A-cappella-Singen der Klublieder aufrecht.

In den 1960er und 1970er Jahren wurde es dann ruhig in Sachen Musik rund ums Geißbockheim, bis die Höhner unmittelbar nach dem Double 1978 ihr erstes FC-Lied mit dem Titel „Unsre Bock eß Meister" he-rausbrachten. Das als Single veröffentlichte Werk war zwar im Meisterrausch innerhalb kürzester Zeit ausverkauft, zur Kurven-hymne wurde es jedoch nicht. Und ihren Ruf als „FC-Hausband" manifestierten die Höhner auch erst später. Schon ein Jahr zuvor hatten die Bläck Fööss, das Flaggschiff der kölschen Musik-szene, erstmals ihren Titel „En unserem Veedel" veröffentlicht. Er sollte sich später, vor allem in den späten 1980er und 1990er Jahren zum beliebten, von den FC-Fans bei den Spielen gesungenen Titel entwickeln, obwohl das Lied textlich keinen Bezug zum FC hat, sondern vielmehr vom Leben und Zusammenhalt im „Veedel" (so nennt man in Köln die Stadtteile) erzählt. Bis heute hört man den Klassiker noch regelmäßig aus dem FC-Fanblock ertönen. Auch die „Schalparade" wird zu den Klängen von „En unserem Veedel" traditionell abgehalten. Die Bläck Fööss selbst sympathisieren sowohl mit der Kölner Fortuna als auch mit dem FC. Ein spezielles FC-Lied veröffentlichten sie bislang jedoch noch nicht. Vielleicht ist die Gruppe gerade deswegen bei vielen FC-Freunden so beliebt. Ebenfalls beliebt war und ist das Ramones-Cover „Müngersdorfer Stadion" („Rockaway Beach") der Zeltinger Band, einer eigenwilligen Rockgruppe aus der Domstadt rund um Bandchef Jürgen „Asi mit Niwoh" Zeltinger. Auch dieses Lied, erstmals erschienen 1979, hat im Original textlich keinerlei FC-Bezug, da in der Hauptsache das Freibad am Müngersdorfer Stadion besungen wird. Im Jahre 2002 brachte Zeltinger (kölscher Spitzname „die Plaat", wegen seiner lichten Haarpracht) aber auch eine FC-Version des Klassikers heraus, die er ab und an bei seinen in den letzten Jahren rar gewordenen Live-Auftritten zum Besten gab.

★ ★ ★

Erst 1986 waren es wieder die Höhner, die dem 1. FC Köln mit dem Titel „Unser Hätz schlät för dr FC Kölle" ein „richtiges" Lied widmeten. Präsentiert wurde es im Rahmen der Saisoneröffnung rund ums Geißbockheim am 20. Juli 1986. Obwohl es zum eigendynamischen Singen der Kurve eher untauglich ist, zählt es, zusammen mit dem ebenfalls von den Höhnern 1986 herausgebrachten „Echte Fründe stonn zosamme", dennoch zu den musikalischen Klassikern für viele FC-Freunde. „Echte Fründe stonn zosamme" ist allerdings ein reines Karnevals- bzw. Stimmungslied ohne direkt ersichtlichen Bezug zum Geißbockklub. Eine richtige Hymne, die man vor oder auch während der Spiele an- und mitsingen konnte, gab es immer noch nicht, obwohl sich einige Musikanten daran versuchten, eine solche zu etablieren. Lieder wie das 1994 veröffentlichte „FC un Geißbock" von „Durch & Durch FC featuring Anne Haigis", „Die FC-Hymne" (Go West Coverversion) von „King Size Dick" (1996) oder „Millionen lieben den FC" von „Die Zwei Usem Vürjebirch" (1996) konnten sich nicht durchsetzen.

★ ★ ★

Pünktlich zum 50. Geburtstag des 1. FC Köln brachten die Höhner ihre bis heute bei vielen FC-Anhängern beliebte Hymne mit dem Titel „Mer stonn zo Dir, FC Kölle" heraus. Das Lied, eine Coverversion des schottischen Traditionals „Loch Lomond", war seinerzeit nicht ausschließlich als Hommage an den Klub gedacht, sondern sollte auch im später tragisch endenden Abstiegskampf der Spielzeit 1997/98 zusätzliche Kräfte mobilisieren. Obwohl der FC am Saisonende erstmals in die 2. Bundesliga abstieg, etablierte sich das inzwischen in diversen Versionen (Stadionversion, Instrumentalversion usw.) verfügbare Lied zur offiziellen FC-Hymne, die vor jedem Heimspiel gespielt und von den Fans zahlreich mitgesungen wird. Gelegentlich stimmt die Kurve das Stück auch von sich aus an. Obwohl sich die Höhner inzwischen zur „FC-Hausband" entwickelt haben, darf nicht verschwiegen werden, dass ausgerechnet Frontmann Henning Krautmacher in Leverkusen-Schlebusch das Licht der Welt erblickte und seine bestehende Affinität zu Bayer 04 keinesfalls verleugnet. Hinzu kamen zahlreiche Auftritte der Höhner bei Veranstaltungen der Farbenstädter. Willi Gierlich, ehemaliger FC-Spieler (!) und früherer Pressechef von Bayer Leverkusen, hatte immer gute Beziehungen zur Band: „Ja, die Höhner habe ich immer gerne engagiert", berichtet Gierlich über den guten Draht des Werksklubs zur Stimmungskapelle. Auch Gastspiele bei der Karnevalssitzung von Borussia Mönchengladbach, wo man sich zu allem Überfluss noch die grün-weißen Schals der Gastgeber umhängen ließ, stoßen einigen FC-Anhängern übel auf. Mit Befremden registrieren viele Stadionbesucher zudem die häufigen Playbackauftritte der Höhner bei den FC-Spielen. „Urhohn" Janus Fröhlich, der inzwischen nicht mehr in der Band spielt, ist allerdings eingefleischter Geißbockanhänger.

Dass die Höhner fester Bestandteil der alljährlichen FC-Karnevalssitzung sind, ist bekannt. Kurios war jedoch ihr Auftritt am 9. November 1987: Am Schluss der Jahreshauptversammlung im Kongress-Saal der KölnMesse, zur Überraschung aller Anwesenden, präsentierte die Band nicht nur ihr „FC-Leed", sondern auch noch andere Stücke.

Nur sieben Monate nachdem die Höhner ihr „Mer stonn zo Dir, FC Kölle" der Öffentlichkeit präsentiert hatten, betraten im September 1998 die Kölschrocker von BAP das illustre Feld der FC-Lied-Komponisten. BAP-Frontmann Wolfgang Niedecken hatte seine FC-Leidenschaft zuvor mehr oder weniger im Verborgenen ausgelebt und den Geißbockklub im Lied „Ne schöne Jrooß" mit der Textzeile „…met singem Ralleystreifen Opel GT, 'ner Stehplatz-Mitte-Jahreskaat vum FC…" eher in negativem Kontext verewigt, zeigte aber in diesen sportlich schwierigen Zeiten Flagge und bekannte sich mit dem Titel „FC, Jeff Jas!" zum Traditionsklub seiner Heimatstadt. An der Entstehung des Liedes waren neben BAP auch Moderator Stefan Raab und Ulkmusiker Guildo Horn beteiligt. Wie einige andere FC-Lieder zuvor wurde der Song, den es inzwischen in drei verschiedenen Versionen gibt, zwar von vielen FC-Freunden durchaus wohlwollend angenommen, eignete sich aber nicht zum Singen in der Kurve. BAP-Chef Wolfgang Niedecken ist seit

Jahren regelmäßiger Besucher der FC-Spiele und macht auch im Rahmen der Konzerte ab und an „Werbung" für „seinen" Verein.

★   ★   ★

Mit „Come on FC" veröffentlichten die Höhner im Jahre 2003 eine weitere „FC-Hymne", die aber musikalisch und lyrisch recht gruselig daherkommt. Eine Textpassage wie „Unsre Philosophie is einfach: Jetz´ oder nie! Kölsche Power! Rhein Energie!" spricht für sich. Auch die „Karnevalsrocker" von Brings konnten mit ihrem 2008 herausgebrachten FC-Lied „FC is unser Jeföhl" die Fans nicht zum Sturm auf die Plattenläden animieren. In einigen Stücken der berühmten Bläck Fööss kommt ebenfalls der FC vor, viele weitere Bands und Musiker versuchten sich im Laufe der Jahre an FC-Liedern.

★   ★   ★

Interessante Tondokumente entstanden auch von den drei Endspielen um die Deutsche Meisterschaft mit FC-Beteiligung gegen den HSV (1960), 1. FC Nürnberg (1962) und Borussia Dortmund (1963). Hier wurde jeweils der

Originalkommentar von Kurt Brumme auf Vinyl gepresst und als Schallplatte veröffentlicht. Heute sind diese Platten Sammlerobjekte, die man nur noch bei Internetauktionen oder entsprechenden Börsen erwerben kann. Auch im FC-Museum wird einer dieser seltenen Tonträger ausgestellt.

★   ★   ★

Zur Musik gehört auch Tanz. Dies erkannte man auch beim FC, und so bot man in der Saison 1953/54 in Zusammenarbeit mit der Kölner Tanzschule Aichmann einen exklusiven Mitgliedertanzkurs an.

★   ★   ★

Raritäten: Die drei Schallplatten mit den Endspielen um die „Deutsche".

Während eines Kurztrainingslagers im ostwestfälischen Marienfeld komponierten Trainer Christoph Daum und die Mannschaft eine eigene „FC-Hymne". Das Besondere: Sie mussten das Stück in ihrer jeweiligen Muttersprache vortragen. Lediglich Abwehrspieler Pierre Womé verweigerte angeblich die Singstunde. Bereits im Wintertrainingslager (Januar 2007) im spanischen La Manga hatte Co-Trainer Roland Koch gemeinsam mit der Mannschaft den Freddy-Quinn-Klassiker „100 Mann und ein Befehl" gesungen.

★ ★ ★

Zu einem Grillfest im privaten Garten lud BAP-Chef Wolfgang Niedecken während der Saisonvorbereitung im Sommer 1999 die Mannschaft um Trainer Ewald Lienen ein. Vor dem Anpfiff des Spiels beim SC Freiburg in der Saison 2001/02 bescherten Niedecken und Kollegen den 25.000 Zuschauern einen kurzen Live-Auftritt, in dem sie ihr Stück „Aff und zo" zum Besten gaben.

★ ★ ★

Stefan Wessels, Matthias Scherz, Alexander Bade und Carsten Cullmann gingen im Sommer 2004 mit den Höhnern ins Studio, um eine Spezialversion des FC-Liedes „Come on FC" einzusingen.

★ ★ ★

Zur 1970er-Jahre-Mottofahrt des Fan-Projekts zum Spiel in Cottbus 1998/99 spendierte Guildo Horn den Teilnehmern einige Kisten seiner Nussecken.

★ ★ ★

Gemeinsam mit den Höhnern warben Bernd Cullmann, Klaus Allofs und Paul Steiner vor der Saison 1983/84 auf der Domplatte für FC-Dauerkarten.

★ ★ ★

Während seines Auftritts bei der 1. FC Köln- / FC St. Pauli-Fan-Fete am 20. April 1996 vernahm Guildo Horn die deutliche Aufforderung des Publikums: „Ausziehen!", „Ausziehen!" Um die Masse zu befriedigen, entledigte er sich seines Hemdes, das er in die kreischende Menge warf. Dumm nur, dass der Meister seinen Autoschlüssel vergessen hatte, der sich noch in der Hemdtasche befand. Damit Guildo doch noch den Heimweg antreten konnte, stellte Fanbeauftragter Rainer Mendel dem Sänger seinen Ford Escort Cabriolet zur Verfügung.

★ ★ ★

Von 1959 bis 1965 gab es beim FC sogar eine Gesangsgruppe. Unter der Leitung von Hans-Gerhard König zeigten in der sogenannten „FC-Singschar" sangesfreudige Mitglieder der Nachwuchsabteilung bei Festen und Veranstaltungen des Klubs ihr musikalisches Können. König achtete darauf, dass die Jungs nur in einwandfreiem Umfeld auftraten: „Grundsätzlich wirkt die

Singschar der FC-Jugend nur bei klubeigenen Veranstaltungen mit. Aus verqualmten Sälen und bunten Programmen wird sie ferngehalten werden", so der Stadionsprecher in den FC-*Clubnachrichten* / März 1960.

★ ★ ★

Ein begeisterter Hobby-DJ ist Ex-FC-Spieler Fabrice Ehret. Der frühere (Karriere beendet) Mittelfeldspieler hat eine große Affinität zur House-Musik und trat sogar schon in der Kölner Diskothek „Halle Tor 2" am Mischpult auf. Gemeinsam mit seinem „Kollegen" DJ-Barbaros veröffentlichte der Franzose sogar eine eigene CD mit dem Titel „Derby". „Derby" deshalb, weil Ehret beim 2:1-Derbysieg in Mönchengladbach am 4. Oktober 2008 den Führungstreffer für den FC erzielt hatte. Die Einnahmen für die CD kamen einem karitativen Zweck zugute. Auch seine Mitspieler versorgt „Faffa" mit diversen Klängen. Im Mannschaftsbus ist er für die Musikauswahl zuständig.

★ ★ ★

Als der Mannschaftsbus noch keinen CD-Player hatte, sang man selbst. Auf dem Weg zum Endspiel um die Deutsche Meisterschaft 1960 in Frankfurt gegen den HSV (2:3) vertrieben sich die Spieler die Zeit, indem sie lauthals Cowboy- und Seemannslieder sangen. Sehr zur Verwunderung des mitreisenden Journalisten Gert Bolzau.

★ ★ ★

Als die FCer Milivoje Novakovič und Mišo Brečko im Februar 2009 mit der slowenischen Nationalmannschaft in Genk gegen Belgien spielten, blieb vor dem Anpfiff nicht nur den beiden Kölnern die Spucke weg. Statt der slowenischen Hymne ließen die belgischen Organisatoren versehentlich die slowakische ertönen. Vor Beginn der zweiten Halbzeit versuchte man den Fauxpas wieder gutzumachen und ließ erneut die Hymne laufen – diesmal die richtige.

Lieder über den 1. FC Köln

- „Dir, 1. FC Köln" bzw. „Clublied des 1. FC Köln" /
  Eduard Szilinsky (1948, 1947 bereits für Sülz 07 komponiert)
- „Clublied des 1. FC Köln" (II.) / Körschgen / Dr. Paul Schönberg (1949)
- „Clublied des 1. FC Köln" (III.) / Franz Blumenberg /
  Dr. Paul Schönberg (1950)
- „Treuelied des 1. FC Köln" / unbekannter Komponist (1956)
- „Bundesligameisterlied" / Toni Thelen (1964)
- „Unsre Bock eß Meister" / De Höhner (1978)
- „FC (de Kölsche sin O.K.)" / Halver Hahn (1978)

- „Mer jon zum FC" / King Size Dick un die Fädije (1983)
- „FC-Leed – Unser Hätz schlät för dr FC Kölle" / De Höhner (1986)
- „Olé, Olé, Olé (Kölsche Version)" / Die Junge vun d'r Schäl Sick (1988)
- „FC-Lied" / Jürgen Zeltinger (1990)
- „FC-Rettungs-Lied" / Jürgen Zeltinger (1993, wurde jedoch nicht auf Tonträger veröffentlicht)
- „Glory Glory Hallejula" / Die 3 Colonias (ca. 1993/1994)
- „FC und Geißbock" / Durch & Durch feat. Anne Haigis (1994)

- „Olé FC Olé" / Die HeiWi's (1994)
- „Millionen lieben den FC" /
Die Zwei Usem Vürjebirch (1996)
- „Go West (Die FC-Hymne)" / King Size Dick (1996)
- „Ali (FC-Leed)" / Wolfgang Hildebrandt (1997)
- „Mer stonn zo Dir, FC Kölle" / Höhner (1998)
- „FC, Jeff Jas!" / BAP (1998)
- „FC-Lied" / Zeltinger Band (1998)
- „Es tut so weh" / Wise Guys (1998/99)
- „Oh FC Kölle" / Pittermännche & Co. (ca. 1999)
- „De Sonn steht huh üvver Müngersdorf" /
Kölner Jugendchor St. Stephan (2000)
- „Wir sind wieder da" / Lotte Lienen & die Lins(s)ens (2000)
- „Hey FC" / Colör (2001)
- „Mir steijen widder op!" / 1. FC Köln Fan-Klub „Em Pittermännche" (2002)
- „Come on FC" / Höhner (2003)
- „So schön ist's nur einmal – Der 1. FC Köln Aufstiegssong" / Die 3 Colonias (2003)
- „Deutscher Meister" / Wise Guys (2003)
- „Ich häng met Hätz un Siel nur am FC" / Blom und Blömcher (2003)
- „La, la, la , der Stadionsong" / Die Filue (2003)
- „Einmal FC, Immer FC – Das neue FC-Lied" / Rhein Rebellen (2005)
- „FC Kölle es okay" / Dirk & Sepp (2005)
- „1. FC Köln ist abgeschmiert (es tut so weh)" / Wise Guys (2006)
- „Et bricht mir et Hätz (der andere FC-Song)" / Bläck Fööss (2007)
- „Eine Stään, Dä Övver Kölle Steiht" / Spätzünder (2008)
- „Et jit nur ein FC Kölle" / Stefan Raab (2008)
- „FC is unser Jeföhl" / Brings (2008)
- „Die Schale" / Tinnitus (2009)
- „Kölle ist der geilste Club der Welt" / Jürgen & Libero 5 (2009)

- „Ich will wieder heim (FC-Version)" / Die Cöllne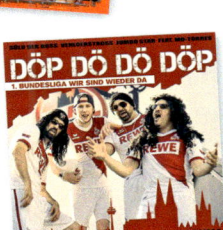
- „Für d'r FC Kölle" / Friedel Müntnich (2010)
- „Für immer FC" / Outsiders Joy (2011)
- „Wille Wille Witt (FC Fan Version)" /
  Marita Köllner (2011)
- „Das FC Fan Leid" / Dagmar Schönleber &
  Die Band Alex Flucht (2012)
- „Du bist meine Liebe, meine Stadt und mein Verein" /
  Domstürmer (2012)
- „1. Bundesliga – Wir sind wieder da" / Mo Torres (2014)
- „Steh auf, mach laut" (FC-Version) / Höhner (2014)
- „Dä FC jewennt" / Barrock (2014)
- „Ujah, Ujah, Tätärä" / Libero 5 (2014)
- „Döp Dö Dö Döp – 1. Bundesliga, wir sind wieder da" /
  Sülo & Der Boss (2014)
- „Kölsche Jung" / Brings & Lukas Podolski (2014)
- „Meine ersten 1. FC Köln Lieder" / Manfred Söntgen (2014)
- „Liebe deine Stadt" / Cat Ballou, Mo Torres & Lukas Podolski
- „Modeste Song" / Ikke Hüftgold (2017)
- „Modeste, Modeste, Anthony Modeste" / Klüngelköpp (2017)
- „FC-Hymne op Klassisch" / Norbert Conrads (2017)
- „Effzeh International" / Mo Torres (2017)

Noch mehr Liedgut

- „Noch ein Tor" / Hans Schäfer, Heinz Hornig und K.-H. Thielen (1963)
- „Fussballshow" / Stephan Engels & Paul Steiner (1982)
- „Nemm mich su wie ich ben" / Harald „Toni" Schumacher und
  die Höhner (1992)
- „Toni lass es polstern" / Toni Polster und die Fabulösen
  Thekenschlampen (1997)
- „Toni, Toni Superstar" / Paul Sramek und Toni's Friends
  (Lied über Toni Polster, ca. 1997; Über Toni Polster erschienen
  zudem noch zwei weitere Lieder NACH seiner Zeit beim FC!)
- „Mir sin Kölsche Junge" / Dirk Lottner & et Fussisch Julchen (2000)
  (Eine ähnliche Version erschien ca. 1994 zusammen mit Ralf Sturm.)
- „Die Heldensage vom heiligen Ewald" / Wise Guys (2000)

- „Lukas Podolski" / Dirk & Sascha (2005)
- „Der Lu-Lu-Lukas-Song" / Big-Brother-Jürgen & libero5 (2005)
- „Daumtown" / Pirol, Volker Wittmann (2007)
- „Pierre Littbarski" / Suspekt (2007)
- „Holt den Lukas nach Haus!" / Südstadtchor/WDR (2008)
- „Derby" / DJ Barbaros und Fabrice Ehret (2009)
- „Novagol – ein Lobgesang" / Junta Colonia (2009)
- „D'r Prinz vum FC" / Die Eifelnasen (2009)
- „Geißbock auf der Brust (Poldi kommt nach Haus)" / 5 vor 12 (2009)
- „Poldi kütt noh Hus" / Goats, Goals & the Gang (2009)
- „Lasst unsern Poldi los" / FCP-09 (2009)
- „Lukas Podolski" / The MannMannMannManns (2009)
- „Halleluja" / Brings feat. Lukas Podolski (2012)
- „Poldi bliev hee" / Palm (2012).

Hennes

Zweifellos ist Hennes das bekannteste Maskottchen des deutschen Sports. Viele Geschichten und Anekdoten rund um den Geißbock wurden im Laufe der Jahre verbreitet. Die erste richtige Aufarbeitung der „Hennes-Historie" gelang Thomas Hardt und dem Autor dieses Buches in ihrer im Dezember

Hennes I. fuhr nicht nur regelmäßig im Mannschaftsbus mit, sondern auch im PKW, wie diese Aufnahme aus dem Jahr 1950 beweist.

2007 erstmals erschienenen, großen FC-Chronik „Im Zeichen des Geißbocks". Doch auch hier dürfen alle wichtigen Fakten rund um die bisherigen
acht „Hennesse" nicht fehlen.

HENNES I. (13.02.1950 BIS 04.11.1966)

Westdeutscher Meister 1954, 1960, 1961, 1962, 1963
Westdeutscher Pokalsieger 1953, 1964
Deutscher Meister 1962, 1964

Seine Vorfahren, genauer gesagt seine Mutter,
stammte aus Neustadt an der Orla in Thüringen.
Hier griffen Mitarbeiter des auf der Flucht befindlichen, aus Köln stammenden Zirkus Williams in den letzten Tagen des Zweiten Welt-
kriegs die verängstigte Ziege am Wegesrand auf.
1949 erblickte Hennes I. das Licht der Welt. Nur
ein Jahr später, am 13. Februar 1950, schenkte
der Zirkus um die Besitzer Carola und Harry
Williams dem FC im Rahmen seiner zweiten
Karnevalssitzung im Williamsbau das Tier als
Maskottchen. Noch am selben Abend taufte
man den Bock in Anlehnung an den damaligen Spielertrainer Hennes Weisweiler auf
den Namen „Hennes". Die Legende, der ver-

Hennes I. im Jahre 1950 als Spielgefährte.

ängstigte Bock habe auf der Bühne Hennes Weisweiler angepinkelt, entspricht
übrigens nicht der Wahrheit. Ein Zuhause fand das neue Maskottchen bei Wilhelm Siepen, einem alten FC-Mitglied, der „die Geiß" auf seinem Anwesen in
der Kölner Marsiliusstraße unterbrachte. Von 1950 bis 1959 wohnte Hennes I.
bei Siepen, ehe dieser aus Altersgründen und wegen baulicher Veränderungen
sein Ehrenamt abgeben musste. Von 1959 bis 1966 verlegte das FC-Wappentier
sein Domizil nach Köln-Müngersdorf. Bei Landwirt Peter Filz in der Belvederestraße fand Hennes I. optimale Bedingungen vor. Filz fungierte in diesem
Zeitraum auch als „Hennesbetreuer". Bis Anfang der 1960er Jahre begleitete
der Geißbock die erste Mannschaft des 1. FC Köln nicht nur zu allen Heim-,
sondern auch zu fast allen Auswärtsspielen. Transportiert wurde er zunächst
im Mannschaftsbus, später im eigens angefertigten Sonderwagen, der an den
Bus gehangen wurde. Tierschutzaspekte, logistische Gründe und DFB-Gesetze
sorgten dafür, dass Hennes später nur noch bei Heimspielen eingesetzt wurde,
von Freundschaftsspielen in der Region einmal abgesehen. Hennes I. verstarb
am 4. November 1966 an Altersschwäche.

HENNES II. (26.11.1966 BIS AUGUST 1970)
Deutscher Pokalsieger 1968

Auch der zweite „Regent" stammte aus dem Zirkus Williams. Mit Hennes II. debütierte mit Günter Neumann auch ein neuer Geißbockbetreuer. Im Anhänger seines Mopeds chauffierte er seinen Schützling zu den Heimspielen. Hennes II. starb im August 1970 an den Folgen eines Schäferhundebisses. Die Legende, er sei von Gladbach-Fans vergiftet worden, entspricht nicht der Wahrheit, dies bestätigt Günter Neumann.

HENNES III. (22.08.1970 BIS JULI 1975)
Ging als erster Bock in die FC-Geschichte ein, der während seiner Amtszeit keinen Titel gewinnen konnte. Mit Hennes III., den der *Express* gesucht und gefunden hatte, begann auch die Zeit von „Bauer" Wilhelm Schäfer. Der Hobby-Landwirt aus Köln-Widdersdorf hatte Geißbock „Lieschen" im Stall stehen und taufte sie flugs auf „Hennes III." um. Neben Hennes I. war auch Hennes III. ein leidenschaftlicher Autofahrer. Nicht selten fuhr er während seiner Amtszeit im Mercedes von Wilhelm Schäfer zum Stadion oder auch zum Tierarzt. Im Sommer 1975 verstarb das Tier eines natürlichen Todes.

HENNES IV. (AUGUST 1975 BIS 13.11.1982)
Deutscher Meister 1978
Deutscher Pokalsieger 1977, 1978
Erlebte mit dem Double 1978 den größten Erfolg der Vereinsgeschichte. Ihm zu Ehren komponierten die Höhner das Stück „Unsre Bock eß Meister". Verstarb am 13. November 1982 an den Folgen einer Herzerkrankung. Kurioserweise gewann der FC am selben Tag durch ein Littbarski-Tor mit 1:0 bei den Bayern.

HENNES V. (20.11.1982 BIS JULI 1989)
Deutscher Pokalsieger 1983
Hennes V. war wie sein direkter Vorgänger fast sieben Jahre lang „im Dienst". Er ist der bis heute letzte Bock, in dessen Amtszeit der FC einen großen Titel gewinnen konnte. Verstarb im Juli 1989 eines natürlichen Todes.

HENNES VI. (AUGUST 1989 BIS 13.03.1996)
Wurde zur Saison 1989/90 ins Amt eingeführt. Das Tier litt stark unter den immer schlechter werdenden Leistungen der Kölner Kicker. Er verstarb am 13. März 1996. Die dramatische Rettung im Abstiegskampf am letzten Spieltag in Rostock erlebte er bereits nicht mehr.

HENNES VII. (15.03.1996 BIS 23.07.2008)

Erlebte in seiner Amtszeit vier Auf- und Abstiege. Musste den Tod des langjährigen Geißbockhüters Wilhelm Schäfer verkraften, der am 11. Juni 2006 verstarb. Wurde wegen der seinerzeit grassierenden Maul- und Klauenseuche in der Saison 2000/01 für die Heimspiele gegen Wolfsburg und Unterhaching „gesperrt" und durch einen leblosen Pappkameraden „gedoubelt". Ging als Fernsehstar in die Geschichte ein, trat unter anderem in der „Harald Schmidt Show", bei „TV Total" und der Krimiserie „SK Kölsch" auf, drehte 2003/04 zudem drei Werbespots für FC-Eintritts- und Dauerkarten. Wegen einer Arthrose in den Kapillargelenken wurde Hennes VII. der erste Bock, der zu Lebzeiten in Rente gehen musste. Krankheitsbedingt konnte er im Aufstiegsjahr 2008 bei den Heimspielen gegen Hoffenheim und Mainz schon nicht mehr ins Stadion kommen. Seinen Ruhestand verbrachte er im gewohnten Zuhause bei Hildegard Schäfer, der Ehefrau des verstorbenen „Bauer" Schäfer, in Köln-Widdersdorf. Im Frühjahr 2009 verschlimmerte sich sein gesundheitlicher Zustand jedoch so schwer, dass das Tier am 13. März 2009 (ein Freitag!) eingeschläfert werden musste.

HENNES VIII. (SEIT 24.07.2008)

Hieß zunächst „Berti" und später „Bock ohne Namen" und wurde bei Familie Landwehr in Bergisch-Gladbach (Romaney) geboren. Per Internetwahl auf der Klubhomepage setzte er sich gegen die Konkurrenten „Jimmy", „Elvis" und „Rocky" durch. Über 70 Prozent der wahlberechtigten FC-Mitglieder votierten für ihn. Im Rahmen der Saisoneröffnung am 3. August 2008 wurde Hennes VIII. erstmals der Öffentlichkeit präsentiert, sein Pflichtspieldebüt feierte er am 24. August 2008 beim 1:1 gegen Eintracht Frankfurt. Hennes lebte wie seine Vorgänger auf dem Anwesen von Familie Schäfer in Köln-Widdersorf. Am 17. August 2014 ist er von seinem Stall in das kleine Geißbockheim im Kölner Zoo gezogen. Dort lebt Hennes als Herdentier in artgerechter Haltung. Bei jedem Heimspiel des 1. FC Köln ist er im RheinEnergieSTADION dabei. Während seiner Abwesenheit wird auf dem kleinen Geißbockheim im Zoo eine FC-Fahne gehisst. Hennes ist auch online sichtbar: Er hat eine eigene Facebook-Seite unter der Adresse facebook.com/HennesVIII und eine Webcam in seinem Heim.

Hennes VIII. mit einem
„Double" der Firma Steiff.

Die Hennes-Betreuer

PETER-JOSEF-WILHELM SIEPEN (1950 BIS 1959)

Geboren: 27.03.1910 in Köln

Verstorben: 15.08.1996 in Bergisch-Gladbach

Betrieb in der Marsiliusstraße in Köln-Sülz einen Landhandel und verbrachte seinen Lebensabend in einem Seniorenheim in Lohmar bei Köln.

PETER FILZ (1959 BIS 1966)

War von Beruf Landwirt und betrieb einen Hof auf der Belvederestraße in Köln-Müngersdorf.

GÜNTER NEUMANN (1966 BIS 1970)

Geboren: 31.08.1927 in Grünberg / Niederschlesien

War als Arbeiter in einem Chemiewerk in Hürth tätig. Jobbte zusammen mit seiner Frau nebenbei fast 33 Jahre lang in der Gastronomie des Geißbockheims und ist bis heute ein enger Freund des legendären FC-Kochs Jupp Müller. Neumann lebt seit 1945 in Hürth-Efferen.

WILHELM SCHÄFER (1970 BIS 2006)

Geboren: 22.12.1936 in Köln

Verstorben: 11.06.2006 in Köln

Arbeitete als Gärtner bei der Stadt Köln. Hatte zudem einen landwirtschaftlichen Betrieb in Köln-Widdersdorf. Schäfer war ein besonders liebenswertkauziges, kölsches Original. Markenzeichen: Seine dreiviertellangen Hosen.

HILDEGARD SCHÄFER UND INGO REIPKA (BIS AUGUST 2017, AB AUGUST 2017 INGO REIPKA)

Ingo Reipka, geboren am 30.11.1963 in Flensburg, kam durch Zufall an das Amt des Hennesbetreuers. Als Mitarbeiter einer Transportfirma beauftragte man ihn schon im Jahre 2002, Hennes VII. ins Stadion zu chauffieren. Aus einer wurden mehrere Fahrten, und so wurde der gelernte Einzelhandelskaufmann und Wirtschaftsinformatiker nach dem Tod von Wilhelm Schäfer ab November 2006 neben Hildegard Schäfer zum Betreuer des FC-Maskottchens.

JOHANN THELEN – DER „HENNES-ERFINDER"

Die Idee, dem FC einen lebenden Geißbock als Maskottchen zu schenken, hatte nicht, wie man annehmen müsste, das Zirkusbesitzerehepaar Carola und Harry Williams, sondern Johann Thelen. Dieser arbeitete im Zirkus Williams als Direktor. Thelen machte seiner Chefin den Gedanken schmackhaft, dem FC den zukünftigen Hennes I. aus dem Zirkusbestand zu übergeben, wobei er sich der daraus resultierenden Werbewirksamkeit für seinen Arbeitgeber und für den 1. FC Köln schon damals bewusst war. Thelen, ein ausgewiesener Tierfreund, gründete nach seiner Tätigkeit bei Williams im Jahre 1951 die seinerzeit berühmte „Scala-Eisrevue", in der bis 1968 unter anderem Eislaufstars wie beispielsweise Marika Kilius und Hans-Jürgen Bäumler auftraten. Johann Thelen hatte sechs Kinder und verstarb am 2. Dezember 1968.

Geißbock-Anekdoten

Panik hatten einige Zuschauer der Krimiserie „SK Kölsch", als in einer Folge die fiktive Ermordung von Hennes gezeigt wurde. Viele von ihnen riefen angsterfüllt bei Hüter Wilhelm Schäfer an, um sich nach dem Wohlbefinden des Tieres zu erkundigen, darunter auch ein paar in Tränen aufgelöste Kinder.

★   ★   ★

Ein Karnevalswagen in Form eines Elefanten diente Hennes I. am 26. Juni 1960 als „Transportmittel". Beim „Vizemeisterumzug" durch die Straßen der Domstadt wurde ein kleiner Käfig samt Geißbock am Elefantenwagen befestigt. Mit dem Tierschutz nahm man es zu dieser Zeit noch nicht so genau.

★   ★   ★

Schon unmittelbar nachdem der FC seinen ersten Hennes hatte, brachte das Tier seinen neuen Besitzern Glück. Vom Schenkungstag am 13. Februar 1950 bis zum 7. April 1950 blieb man in sieben Spielen der Oberliga West ungeschlagen, legte eine Serie von fünf Siegen und zwei Unentschieden hin. Kein Wunder, denn man hatte den Geißbock nicht nur zu den Heim-, sondern auch zu den Auswärtsspielen mitgenommen. Erst zur damals weitesten Pflichtspielpartie in der Fremde auf der Bielefelder Alm wollte man Hennes I. die

Hennes I. bei der Vizemeisterfeier 1960 im Käfig auf einem Karnevalswagen samt Boss Franz Kremer.

Mühsal der langen Fahrt ersparen. Ohne Erfolg – die Bielefelder waren brüskiert ob des nicht mitgebrachten Geißbocks, der FC verlor das Spiel mit 1:2.

★   ★   ★

Als man dem FC bei der Karnevalssitzung im Williamsbau Hennes I. übergeben hatte, nahmen Mannschaft und Betreuer das Tier noch mit in die Gaststätte „Unkelbach" an der Luxemburger Straße, wo auch die offizielle „Taufe" stattfand. Die Köttel, die das Tier hinterließ, wurden in einem alten, zerbeulten Sektkübel aufgefangen.

★　★　★

Hennesbetreuer Günter Neumann besaß während seiner Amtszeit noch kein Auto. So chauffierte er das Maskottchen in einem Mopedanhänger nach Müngersdorf. Das sich gerne in bockiger Stimmung präsentierende Horntier ging oft nur widerwillig in den Anhänger. Ausgerechnet als die ARD im Jahre 1969 eine Reportage über den FC und sein Maskottchen drehte (Reihe „Große Fußballclubs"), wollte der Bock nicht in sein „Hennesmobil". Betreuer Neumann schob ihn nun mit Nachdruck Richtung Anhänger. Dies gefiel den ARD-Leuten gar nicht. Sie befürchteten Proteste von empörten Tierfreunden. So musste die Szene so lange wiederholt werden, bis der reiseunwillige Paarhufer freiwillig in das Gefährt kletterte.

★　★　★

Auch „Bauer" Wilhelm Schäfer setzte zuweilen auf unkonventionelle Transportmittel. Wenn kein anderes Gefährt zur Hand war, bestieg Schäfer mitsamt Bock ein Taxi. Dabei setzte sich Schäfer auf den Vordersitz während Hennes zwischen seinen Beinen Platz nahm. Der „Bauer" beschrieb es kölsch-trocken: „Beifahrertür auf, rein mit dem Bock. So könnten wir bis nach Rom fahren, kein Thema."

★　★　★

Die seit 43 Jahren im australischen Sydney lebende Erika Schulten wohnte bis zu ihrem Umzug nach Down Under in Köln-Sülz. Im Garten der Familie war Geißbock Hennes ab und an zu Gast, da man sowohl mit dem ehemaligen FC-Torwart Harry Nelles (1927 – 1948 beim KBC, 1948 – 1953 beim FC) als auch mit dem etatmäßigen Hennesbetreuer Wilhelm Siepen befreundet war. Für die Kinder war das Tier ein willkommener Spielgefährte und der seinerzeit noch lange Auto- und Busfahrten gewohnte Hennes I. stieg auch gerne mal mit ins Auto, um eine kleine Spritztour zu unternehmen.

★　★　★

„Den hätten wir manchmal gerne öfters sterben lassen", erinnerte sich FC-Manager Michael Meier im Jahre 2008 daran, wie man mit Hennes auch in Krisenzeiten hervorragend vom Tagesgeschäft ablenken kann. Tatsächlich verstarben in Meiers Amtszeiten zwei Geißböcke, nämlich Hennes IV. und Hennes VII.

★　★　★

Zwischen 1963 und 1970 residierten am Geißbockheim auch die Böcke „Oskar" und „Heinzchen". Beide Tiere waren Geschenke an den FC, als offizielle Hennesse regierten sie jedoch nie.

Während „Heinzchen" von der heute unbekannten Firma „Rolli Eis" wahrscheinlich in der Hoffnung auf Werbewirksamkeit übergeben wurde, ist die Geschichte von Oskar kurios: Der Schweizer Textilkaufmann Rudi Koller aus St. Gallen hatte das Tier im Rahmen der traditionellen Geißbockversteigerung in Deidesheim für stolze 1.370 Mark ersteigert. Oskar war der 560. Bock, der seit 1404 in der pfälzischen Kleinstadt unter den Hammer kam. Da es bei der Einreise in die Schweiz Probleme mit dem gehörnten Mitbringsel gab, kam Koller auf die Idee, den Bock dem FC zu schenken. So brachte er ihn zunächst nach Deidesheim zurück, von wo er später in den Naturpark nach Haßloch verlegt wurde und hier kurz darauf von einer kölschen Delegation, bestehend aus Geißbockheim-Gastronom Heinz Rausch und FC-Spieler Helmut Benthaus, unter großem Interesse der örtlichen Bevölkerung abgeholt und in einer Transportkiste nach Köln gebracht wurde. Am Geißbockheim hatte man für den Neuzugang bereits einen eigenen Stall errichtet.

★　★　★

Nichts gefallen ließ sich Hennes II. Ein zu Anfang seiner Amtszeit im Innenraum der Müngersdorfer Hauptkampfbahn postierter Ordner hatte die Angewohnheit, das Tier durch Ziehen an Schwanz oder Hörnern zu ärgern. Zwei Spiele lang ließ sich Hennes II. die Tiraden gefallen. Als der Quälgeist seine Angriffe auch beim dritten Heimspiel nicht einstellte, riss sich der verärgerte Bock blitzschnell von seinem Betreuer los, sprang den verdatterten Ordner an und urinierte über dessen nagelneuen Trenchcoat. Da die Attacke eine Woche vor der geplanten Kastration des Tieres geschah, war der Mantel schon allein wegen des entstandenen Geruchs ein Fall für den Mülleimer.

★　★　★

Im Sommer 1958 wurde Hennes I. zur Kurzerholung in den Kölner Zoo gebracht. Das Experiment scheiterte, da Hennes sowohl seine Artgenossen als auch die Tierpfleger massiv attackierte. Schon nach wenigen Tagen wurde er in den Dünnwalder Tierpark verlegt, wo er sich besser einlebte und vom 18. Juli bis 16. August 1958 zum Tagessatz von 2,50 Mark Urlaub machte.

★   ★   ★

Mehrfach versuchte der FC, seinen Geißbock zu den Endrundenspielen um die deutsche Meisterschaft in den 1950er und 1960er Jahren auf fremden oder neutralen Plätzen mitzunehmen. Der DFB lehnte immer ab. Mal mit der Begründung, es dürfe „kein Getier auf den Platz", mal indem man einfach keinen Passierschein für Hennes ausstellte. Einmal umging der FC das Verbot: Beim Endrundenspiel am 16. Mai 1959 in Ludwigshafen gegen FK Pirmasens ließ man Hennes I. einfach an einer Baracke hinter dem Südweststadion grasen. Glück brachte der ausquartierte Bock nicht: Man verlor mit 0:4.

★   ★   ★

Sowohl das Boulevardblatt *Express* als auch das *Geißbock Echo* veröffentlichten Starschnitte des Geißbocks. Beim *Express* war es Hennes VII., beim *Geißbock Echo* Hennes VIII. (2008/2009) und Hennes VII. (2000/2001).

★   ★   ★

Der einzige Zeitraum, in dem ein offizieller Hennes am Geißbockheim untergebracht war, war von 1966 bis 1970 (Hennes II.). Davor und danach wohnte das FC-Maskottchen immer bei seinem jeweiligen Hüter bzw. seit August 2014 im Kölner Zoo.

★   ★   ★

Ungefragt vom *Express* als Hauptpreis für ein Gewinnspiel fungieren? Darauf hatte Hennes VII. keinen Bock. Die Zeitung hatte im Dezember 2003 einen Tag mit dem FC-Maskottchen inklusive Spielbesuch verlost. Andrew Schröder aus Hürth war der zunächst glückliche Gewinner, der sich dann jedoch brutalen Attacken des Geißbocks ausgesetzt sah, der das neue Herrchen am Spielfeldrand überhaupt nicht akzeptieren wollte. Erst das Einschreiten von „Bauer" Schäfer rettete die Situation. Der Gewinner war froh, den spitzen Hörnern des angriffslustigen Geißbocks entkommen zu sein.

★   ★   ★

Auch der FC verschenkte schon einen lebenden Geißbock: Am 14. April 1992 bekam der sichtlich überraschte Harald „Toni" Schumacher nach seinem Abschiedsspiel im Rahmen einer großen kölschen Gala im „Hyatt Regency Hotel" von FC-Präsident Klaus Hartmann den Glücksbringer, dem man sogar ein eigenes Deckchen mit der Aufschrift „Tschüs Tünn" angefertigt hatte, überreicht. Toni wollte den Bock auf seinem damaligen Anwesen in Ahrdorf (Eifel) ansiedeln. Was letztlich aus dem Tier wurde, ist nicht bekannt.

★   ★   ★

Hennes I. war auch gleichzeitig der erste Regent, dessen Kopf nach dem Ableben präpariert wurde. Ab 2008 war das sehenswerte Exponat im FC-Museum

seum zu bestaunen, danach wurde es im Stadion-Fanshop und erneut im FC-Museum gezeigt, bevor es im FC-Archiv fachgerecht eingelagert wurde. Mit Hennes VII. wurde zum zweiten Mal ein Bock der „Ahnenreihe" ausgestopft. Bei den Fans sorgte dies für Diskussionen. Befürworter freut der Erhalt des geschichtsträchtigen Tieres, Gegner empfinden die Präparation als pietätlos. Am 23. Juli 2009 wurde der präparierte Hennes VII. offiziell der Presse vorgestellt. Im Eingangsbereich

Ausgestopft. Der Kopf von Hennes I. im FC-Museum sowie Hennes VII. im Geißbockheim.

des Geschäftsstellenneubaus am Geißbockheim ist das Präparat nun zu besichtigen – inklusive einer Fotogalerie seiner Vorgänger und des aktuellen Amtsinhabers.

★   ★   ★

FC-Busfahrer Hans Schimberg staunte nicht schlecht, als er mit dem Mannschaftsbus im Juli 1989 einen Tag vor dem Beginn des Sommertrainingslagers im schweizerischen Biel eintraf. Der Hausmeister der Sportschule stand schon zum Empfang bereit, um dem Gast aus Köln die Anlage zu zeigen. „Und am Ende zeig' ich dir dann noch den Ziegenstall", verkündete der Hausherr voller Stolz. Zunächst verwundert wartete Schimberg ab, in welche Kneipe man ihn nun bringen würde. Weit gefehlt. Der Hausmeister präsentierte dem überraschten Busfahrer einen neu errichteten Stall in unmittelbarer Nähe der Sportschule. „Weil wir doch fest davon ausgegangen waren, dass ihr euren Geißbock mitbringt", waren die Gastgeber traurig, dass Hennes nicht mit zu den Eidgenossen gereist war.

★ ★ ★

Der erste Hennes zum Spielen, damals noch aus Plastik, kam in der Saison 1959/60 auf den Markt.

Eine der ersten offiziellen Hennesnachbildungen wurde im Jahre 1960 von der in Neustadt bei Coburg gelegenen Spielwarenfirma „Steha" produziert und in Köln vom Kaufhof verkauft. In zwei verschiedenen Größen angeboten, entwickelte sich der aus Hartplastik bestehende Geißbock zum Verkaufsschlager. Bis ca. 1963 bot man den Kunststoffbock im Kaufhof an, dann wurde er von der Stoffvariante verdrängt. Heute ist die Figur ein begehrtes Sammlerstück.

★ ★ ★

Im April 1959 wurde Hennes I. vor seinem Umzug von Wilhelm Siepen zu Landwirt Peter Filz erneut für einige Tage im Kölner Zoo einquartiert. Immerhin 5,50 DM musste der FC pro Tag für Kost und Logis des Geißbocks zahlen.

★ ★ ★

Auf sein Privatleben zeitweilig verzichten musste Hennes VII. Der FC hatte dem Bock ab März 2003 eine Webcam im heimischen Stall installiert und übertrug die Bilder live aus Köln-Widdersorf ins weltweite Datennetz.
Dass Hennes VII. auch für zahlreiche Werbekampagnen benutzt wurde, ist hinlänglich bekannt. Während der Saison 2001/02 gefiel der Marketingabteilung von Hertha BSC Berlin eine „Henneswerbung" offensichtlich so gut, dass man sie 1:1 kopierte – statt des Geißbocks verwendeten die Berliner jedoch das eher unoriginelle Maskottchen „Hertinho".

★ ★ ★

Mit dem Beginn der Bundesliga 1963/64 übernahmen die Stoffgeißböcke das Regiment. In den 1960er, 1970er und 1980er Jahren ließ der FC die beliebten Spieltiere noch vom süddeutschen Teddyfabrikanten Clemens produzieren. Während der Jahrzehnte wurden Stoffhennesse in verschiedenen Größen und Designs hergestellt. Von der Übergröße bis zum kleinen Autofensterhennes, stehend, liegend oder die Kiddy-Variante – für jeden Geschmack der passende Bock. Heutzutage werden die Stofffiguren, die sich unveränderter Beliebtheit erfreuen, überwiegend in Fernost produziert.

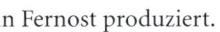

⭐ ⭐ ⭐

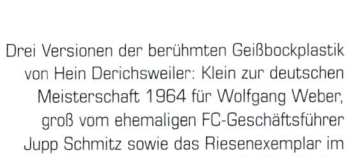

Drei Versionen der berühmten Geißbockplastik von Hein Derichsweiler: Klein zur deutschen Meisterschaft 1964 für Wolfgang Weber, groß vom ehemaligen FC-Geschäftsführer Jupp Schmitz sowie das Riesenexemplar im Geißbockheim.

Die künstlerisch wertvollste Hennes-Abbildung ist die im Jahre 1961 entstandene Geißbockplastik des Kölner Bildhauers Hein Derichsweiler (1897-1972). Noch heute steht die große Bronzefigur im Geißbockheim. Es erschienen auch einige kleinere Versionen der Plastik, die der FC beispielsweise an die Spieler der Meistermannschaften 1962 und 1964 sowie an wenige besondere Ehrengäste vergab.

Die Plastik entsteht. Hennes I. steht Künstler Hein Derichsweiler geduldig Modell.

⭐ ⭐ ⭐

2005 ließ der FC sehenswerte Gipsplastiken von Hennes VII. anfertigen und einige davon sogar in der Kölner Innenstadt ausstellen. Da die Böcke von Randalierern massiv beschädigt wurden, entfernte man sie wieder und verschenkte oder verkaufte sie anschließend.

★ ★ ★

Nachdem Kölner Fans im März/April 2008 einige Fan-Fahnen (darunter die der „Ultras MG") aus dem Gladbacher Nordpark Stadion hatten mitgehen lassen, befürchtete man beim FC als Racheakt einen Anschlag auf den seinerzeit amtierenden Hennes VII. So wurde das Tier auf seinem Hof in Köln-Widdersdorf einige Tage lang von einem Sicherheitsunternehmen bewacht, bis sich die Lage entspannte.

★ ★ ★

Während der Saison 1994/95, genauer gesagt erstmals zum Spiel gegen die Bayern, stellte der FC auch einen zweibeinigen Hennes auf die Müngersdorfer Tartanbahn. Ein junger Mann im Geißbockkostüm versuchte dabei mehr oder weniger erfolgreich die Fans in Stimmung zu bringen. Zu ihm gesellte sich ebenfalls Ende der 1990er Jahre ein großer, aufgeblasener „OBI-Bieber". Das Maskottchen des Heimwerkermarktes hatte nicht selten mit Wurfgeschoss- oder Böllerattacken aus der Südkurve zu kämpfen. Heute existiert nur noch der „Kiddy-Hennes" als Ganzkörperkostüm, der bei den verschiedenen FC-Veranstaltungen zum Einsatz kommt, um die jungen Fans zu unterhalten. Kurios: In diesem Fall ist Hennes nicht selten weiblich, denn unter dem schweren Kostüm verbirgt sich häufig eine junge Dame, die in Diensten der Marketingabteilung steht.

★ ★ ★

Für die Spendensammelaktion „Geben Sie uns den Rest", einer wohltätigen Kleingeldsammlung des Deutschen Roten Kreuzes im Oktober 2001, wurde Hennes VII. im Rahmen einer ZDF-Live-Show mit Münzen aufgewogen. Rund 90 Kilo Kleingeld mussten von den FC-Profis Dirk Lottner, Hanno Balitsch, Carsten Cullmann Jens Keller und Markus Pröll an einer Kölner BP-Tankstelle eingesammelt werden, bis das Maskottchen aufgewogen war. Um an das Geld zu gelangen, betätigten sich die Fußballer im „Blaumann" als Tankwarte.

★ ★ ★

Von Seiten der Spieler und Trainer bekam Hennes oft nicht die Aufmerksamkeit, die er vielleicht verdient hätte. Eine Ausnahme bildete Trainer Marcel Koller. Der Schweizer brachte zu seinem Heimdebüt in Müngersdorf am 22. November 2003 gegen den HSV (0:1) Hennes VII. eigens einen Bund frischer Möhren mit. Sehr zum Erstaunen von „Bauer" Wilhelm Schäfer und seinem Schützling.

Hannes Löhr und Wolfgang Overath waren zu aktiven Zeiten bekennende Hennes-Anhänger, die dem Tier auch ab und zu einen Besuch im Stall abstatteten.

Auf Kaninchen „Willi" wirkte die Anwesenheit von Hennes VII. anscheinend stimulierend. Mehrfach konnte sich die langjährige Stallmitbewohnerin mit dem männlichen Namen über Nachwuchs freuen, im Dezember 2001 erblickten gar sechs Junge das Licht der Welt. Auch der Geißbock selbst entwickelte ungeahnte Vatergefühle: „Wenn Hennes VII. nicht gerade in Sachen FC unterwegs ist, kümmert er sich stets rührend um die kleinen Karnickel", wunderte sich Bauer Schäfer seinerzeit.

Im Jahre 2002 stiftete FC-Sponsor VPV-Versicherungen Hennes VII. eine Tierlebensversicherung. Eine Ausnahme, denn normalerweise ist diese nur für Zuchtschweine, Schafe und Rinder abzuschließen.

Zu einem Einsatz als Torwart im Müngersdorfer Stadion kam Hennes IV. Beim Abschiedsspiel von Wolfgang Overath am 17. Mai 1977 führte Torhüterlegende Sepp Maier, der für die 1974er WM-Elf den Kasten hütete, das Maskottchen zum Beginn der zweiten Halbzeit zwischen die Pfosten. Hennes IV. blieb ohne Gegentor und ließ sich nach erfolgreichem Kurzeinsatz wieder gegen Maier auswechseln. Überhaupt war der Bayer ein ausgewiesener Hennes-Fan. „Bauer" Schäfer erinnerte sich später, dass Maier immer mit dem Tier rumgekabbelt und es an den Hörnern gepackt hätte. Das Ganze so intensiv, dass der Sepp manches Mal beinahe den Anpfiff verpasst hätte.

Kein Freund der FC-Cheerleader ist Hennes VIII. Vor allem vor den Pompons, im Volksmund häufig auch als „Puschel" bezeichnet, mit denen die Mädels herumwirbeln, fürchtet sich der Geißbock. „Da wird der immer ganz zappelig und nervös, wenn die mit den Dingern anfangen", berichtete Betreuerin Hildegard Schäfer.

★ ★ ★

Der Geißbock als Maskottchen

Ein alter Freund, Mitglied des 1. FC, schreibt am 14. März folgenden Brief:

„Lieber Franz! — Ich komme mit einer Bitte, laßt bitte den Geißbock sonntags vom Platz. Abgesehen von der Lächerlichkeit, ein solch großes Tier als Maskottchen mitzubringen, möchte ich nicht Zeuge der abfälligen und höhnischen Bemerkungen werden, denen unsere Mannschaft im Falle einer Niederlage auf fremden Plätzen ausgesetzt sein würde. Ausgerechnet mit Bock wurde vorigen Sonntag ein äußerst schwaches Spiel geliefert. Man hatte den Eindruck, als ob die Spieler sich mit dem Gedanken vertraut gemacht hätten, der Bock ist bei uns, uns kann nichts passieren. Durch die guten Spiele der letzten Zeit hat sich der Club die Sympathien der Kölner erobert, eine Leistung, die bei der allgemeinen Einstellung gegen den Verein nicht hoch genug gewertet werden kann. Laßt diese Sympathien nicht durch die Lächerlichkeit eines verspäteten Karnevalscherzes wieder zunichte werden.

Nimm mir bitte meine Ausführungen nicht übel, es ist im Interesse des Vereins meine innerste Überzeugung.

In alter Kameradschaft, Dein Hans Herber."

Hierzu möchte ich sagen, daß der Geißbock, der uns in einer launigen Stunde von Direktor Williams gelegentlich unserer Karnevalssitzung als Maskottchen geschenkt wurde, schon viel Freude und Glück gebracht hat, vor allen Dingen aber, so unglaublich es für manche klingen mag, hat der Bock dazu beigetragen, unsere Mannschaft und unsern Club populär zu machen. In ganz Deutschland fanden wir in der Presse Bilder, ja selbst Gedichte über unsern Ziegenbock. In Bielefeld, wo wir dann auch ohne Anwesenheit des Ziegenbocks 1 : 2 verloren haben, hat man es uns tatsächlich verübelt, daß wir den Bock nicht mitgebracht hatten. Man hat darin sogar eine Geringschätzung des Gegners gesehen, weil man sagte, die Kölner nähmen an, daß sie bei uns ohne Bock gewinnen können.

Als wir die Spielabschlüsse für unsere Süddeutschlandreise tätigten, hat einer der süddeutschen Clubs, gegen den wir später auch gespielt haben, uns wiederholt gebeten, doch unter allen Umständen den Ziegenbock mitzubringen.

Wir wissen auch, daß der Ziegenbock allein keine Garantie für den Sieg ist, wir wissen aber auch, daß wir uns, solange er leben wird, nicht mehr von ihm trennen können.

„Anti-Hennes-Brief" in den *FC-Clubnachrichten* im Juli 1950.

Nicht alle FC-Freunde waren anfangs von der Idee begeistert, einen Geißbock als Maskottchen zu haben. Das Mitglied Hans Herber schrieb im Juli 1950 sogar einen bitterbösen „Anti-Hennes-Brief" an Franz Kremer, der im Nachrichtenblatt des Vereins veröffentlicht wurde. Doch der Boss ließ sich nicht mehr vom Geißbock abbringen.

★ ★ ★

Nicht nur die Maul- und Klauenseuche (2000/01) oder Erkrankung (2007/08) sorgten dafür, dass der FC „henneslose" Heimspiele bestreiten musste. Auch Minusgrade und eine geschlossene Schneedecke (!) hielten den Geißbock am 10. Dezember 1950 vom Verlassen seines warmen Stalls ab. Zum Oberligaspiel gegen RW Oberhausen blieb Hennes I. zu Hause. Schiedsrichter Real hatte mit den Spielern weniger Einsehen und pfiff die Partie trotz der weißen Pracht an. Endstand 6:0 für den FC.

★ ★ ★

Am 11. März 1951 überraschte der Rheydter SV den FC beim Oberligagastspiel auf besondere Art: Dem von den Kölnern mitgebrachten Hennes I. wurde eine in den Rheydter Vereinsfarben dekorierte Ziege vorgesetzt. Hennes reagierte auf die Dame allerdings eher distanziert.

Auch nach dem Vorfall von Rheydt waren gefälschte Hennesse bei FC-Spielen im Umlauf. Der bekannteste ist sicherlich Rocky, ein stämmiger Geißbock aus dem Erzgebirge, der bei den Auswärtsspielen in Aue am 2. Mai 2005 (2:1 für den FC, der damit zum dritten Mal aufstieg) sowie am 25. April 2008 (3:3) auf der Tartanbahn des Erzgebirgsstadions stand. Rocky bewarb sich im Juli 2008 auch um die vakante Position des offiziellen Hennes, konnte die Gunst der Wähler aber nicht auf seine Seite ziehen. Beim Freundschaftsspiel des FC am 8. Juli 2009 in Wissen / Sieg gegen TuS Honigsessen (18:0 für den FC) tauchte plötzlich der einheimische „Charly" auf, dem man sogar ein stilechtes Deckchen gebastelt hatte.

„Ersatzböcke": „Rocky" 2008 in Aue, „Charly" 2009 in Wissen/Sieg.

★ ★ ★

Nach einigen fraglichen Schiedsrichterentscheidungen zu Gunsten des 1. FC Köln beim Oberligaauswärtsspiel in Bochum am 24. Februar 1957 wurden der mitgereiste Hennes I. und dessen Betreuer Wilhelm Siepen nach der Partie tätlich angegriffen. Nur dem besonnenen Auftreten Siepens und der schnellen Flucht in den Mannschaftsbus ist es zu verdanken, dass Geißbock und Betreuer ohne größere Blessuren davonkamen.

Zumeist wurde Hennes bei den Auswärtsspielen aber wohlwollend empfangen. So auch beim Gastspiel in Duisburg gegen den Meidericher SV (1:2) am 5. Oktober 1957. Nach lautstarken Forderungen seitens der Heim- und Gästefans musste Hennes I. in der Halbzeitpause eine umjubelte Ehrenrunde drehen.

★ ★ ★

Zum Europapokalspiel bei Nottingham Forest am 11. April 1979 sollte Hennes IV. sogar nach England transportiert werden. Zumindest wenn es nach einem englischen TV-Sender gegangen wäre, der die Sache mit Zustimmung des FC arrangiert hatte. „Am Geißbockheim stand schon eine spezielle Transportkiste und auch die Flugtickets waren schon gebucht. Doch dann haben die englischen Behörden das Ganze nicht erlaubt", erinnert sich Hildegard Schäfer.

★ ★ ★

Ganz Köln freute sich im Sommer 2009 über die Rückkehr von Lukas Podolski zum FC. Nur Hennes VIII. hatte offensichtlich noch Vorbehalte. Bei der offiziellen Saisoneröffnung verweigerte der Bock beharrlich ein von „Prinz Poldi" angebotenes Stückchen Brot.

★ ★ ★

Hier lebte Hennes 44 Jahre lang. Die „Hennes Ranch" in Köln-Widdersdorf und der Geißbockstall.

Seit August 2014 die offizielle Hennes-Heimat: das kleine Geißbockheim im Kölner Zoo.

Über die Teilnahme an einem europäischen Endspiel durfte sich Hennes V. freuen. Dank guter Logistik und dem Einsatz von Manager Michael Meier reiste Hennes zum UEFA-Pokal-Rückspiel des FC gegen Real Madrid am 6. Mai 1986 nach Berlin. Der 2:0-Erfolg reichte nach der 1:5-Hinspielniederlage nicht zum Sieg und Hennes soll das Gras im Olympiastadion auch weniger gut gemundet haben als in Müngersdorf.

★ ★ ★

Und noch mal Berlin: Als der Deutsche Meister 1. FC Köln 1962 vom siegrei-
chen Endspiel aus Berlin am Flughafen Köln-Wahn landet, wird er dort nicht
nur von tausenden Fans, der Kapelle „Ernst Reuter" und den Kölner Spielerfrauen, sondern auch von Hennes I. empfangen.

★   ★   ★

Leider galt auch der erste bekannte „Anti-FC-Gesang" gegnerischer Fans
dem berühmten Maskottchen. Der Schmähgesang „Alle Böcke beißen, nur
der Kölner (oder wahlweise „kleine") Geißbock nicht" hat seinen Ursprung
Mitte der 1950er Jahre und wurde angeblich von Anhängern der Düsseldorfer
Fortuna zuerst angestimmt.

★   ★   ★

Eine besondere Vorliebe für Zigaretten der Marke „Roth Händle" hatte Hennes II. Der damalige Hausmeister des Geißbockheims rauchte die Lungen-
jumbos und wann immer der Bock eine ganze oder auch angerauchte Kippe
ergattern konnte, ließ er sich das Rauchkraut schmecken.

★   ★   ★

Seit 2001 hat Hennes sogar eine eigene Autogrammkarte, die von Sammlern
heiß begehrt ist.

Vizemeisterschaften und Feiern

Immerhin siebenmal, 1960, 1963, 1965, 1973, 1982, 1989 und 1990 wurde der 1. FC Köln deutscher Vizemeister. Trotz der Enttäuschung wurden einige der Vizetitel dennoch groß gefeiert.

★ ★ ★

1960, nach dem verlorenen Endspiel gegen den HSV, fuhr die Mannschaft im Karnevalswagen des Rosenmontagzuges vom Bahnhof aus durch die Stadt nach Müngersdorf, wo in der Radrennbahn weitergefeiert wurde. Tausende Fans säumten dabei nicht nur den Zugweg, sondern auch die Tribünen der Radrennbahn.

★ ★ ★

Auch nachdem man im letzten Endspiel um die „Deutsche" 1963 gegen Borussia Dortmund mit 1:3 das Nachsehen hatte, bereitete die Kölner Bevölkerung der Mannschaft einen meisterlichen Empfang. Schon am Bahnhof und in den Straßen hatte sich eine große Menschenmenge versammelt. Am Geißbockheim feierten anschließend mehr als 30.000 Fans die Vizemeisterschaft bis in die frühen Morgenstunden.

★ ★ ★

Die „Vizesaison" 2001/02 von Bayer Leverkusen, als die Farbenstädter Vizemeister, Vizepokalsieger und Vizechampionsleaguesieger wurden, war für

viele FC-Fans trotz des gleichzeitigen Erstligaabstiegs des eigenen Klubs ein Grund zu großer Freude. So wurde nicht nur der Name Vizekusen geboren, sondern auch eine kreative Aktion ins Leben gerufen: Ein vom Fan-Klub „Wilde Horde" sowie anderen Fan-Klubs und dem Fan-Projekt gechartertes Flugzeug flog während des ersten Heimspiels der Werkself mit einem übergroßen Transparent über die Arena des Lokalrivalen. In großen Lettern stand dort zu lesen: „NIE DT MEISTER GRUSS US KÖLLE".

Immerhin 4.000 Anhänger kamen nach dem letzten Heimspiel der Saison 1988/89 ans Geißbockheim, um den 2. Platz in der Bundesliga zu feiern. Die Kölner DOM-Brauerei hatte 5.000 Liter Freibier gestiftet, dazu gab es Musikalisches von den Höhnern und der „Maryland Jazz Band". Sogar ein Kölschglas mit Aufdruck „1. FC Köln – Deutscher Vize-Meister 1988/89" war aufgelegt worden. Besonderen Applaus bekam Trainer Christoph Daum, der mit den Worten „In der nächsten Saison werden die Münchner vom ersten Spieltag an gejagt" genau den Nerv der Fans traf.

Die Knethaken vom Geißbockheim

Seit 1948 nimmt der 1. FC Köln die Dienste eines oder mehrerer Physiotherapeuten in Anspruch. Früher bezeichnete man diese unverzichtbaren Helfer schlicht „Masseure". Den Anfang machte Adolf Jung, der unmittelbar nach der Fusion von Sülz 07 und KBC erster FC-Masseur wurde. Er war allerdings nur nebenberuflich beim FC engagiert und arbeitete hauptsächlich im Kölner St. Hildegardis Krankenhaus.

Sein Nachfolger und zugleich erster hauptamtlicher Masseur des 1. FC Köln wurde im Jahre 1954 der aus dem heutigen Serbien stammende Mischa Sijacic. Dieser hatte zuvor die Blessuren der Spieler von Partizan Belgrad gepflegt. Der Kontakt zu den Kölnern entstand im Rahmen eines Freundschaftsspiels. Sijacic war der bislang einzige „Physio", der auf zwei Amtszeiten beim FC zurückblicken konnte, denn von 1966 bis 1968 war er ebenfalls für die Geißböcke tätig.

Von 1961 bis 1963 lag die Pflege der kölschen Kicker in den Händen des Ungarn Josef Bocsai, der sein Handwerk beim ungarischen Traditionsverein Ujpest Budapest erlernte. Bocsai lebt noch heute in Köln. Danach folgte mit Otto Hermanns (1963 bis 1966) ein enger Vertrauter des damaligen Mannschaftsarztes Dr. Peter Bohne. Von 1968 bis 1972 war Reihard Hansch der FC-Masseur. Er hat heute eine eigene Praxis in Hürth.

Nur ein Jahr (1973 bis 1974) war Günther Roth im Amt, ihm folgte der gebürtige Luxemburger Carlo Drauth (1974 bis 1976), der wiederum vom Griechen Perikles Filipou abgelöst wurde, der später auch in Köln eine eigene Praxis führte. Auch der von 1980 bis 1984 tätige Theo Müller machte sich später selbständig.

Bislang berühmtester Vertreter der „Knethakenzunft" beim FC war jedoch sicherlich Jürgen Schäfer. Von 1982 bis 1984 bereits für die A-Jugend tätig, arbeitete er 18 lange Jahre (1984 bis 2002) für die Lizenzspielerabteilung der Kölner. Vieles erlebte der sympathische Masseur während seiner FC-Zeit, der die Spieler vor und nach mehr als 700 Pflichtspielen betreute. Oft waren neben den fachlichen Qualitäten auch menschliche Attribute gefragt, wenn der „Physio" beispielsweise als Kummerkasten für die Spieler herhalten musste. Ein guter Masseur sollte auch diskret sein. Nach Jürgen Schäfer war die Fluktuation der Physiotherapeuten größer. Dirk Winter blieb nur zwei Jahre (1992 bis 1994), Peter Kuhlbach, der wie Winter schon zu Jürgen Schäfers Zeiten beim FC anfing, immerhin vier Jahre (1998 bis 2002), bevor er zum MSV Duisburg wechselte.

Von 2001 bis 2003 war der zuvor unter anderem für Fortuna Düsseldorf tätige Dirk Leminski Teil der medizinischen Abteilung der Kölner. Der heute in Köln mit eigener Praxis selbständige Baybora Acemi war zwischen 2002 und 2007 Leiter der Sportphysiotherapie. Dirk Pagenstecher (2002 bis 2008) steht mittlerweile beim 1. FC Kaiserslautern unter Vertrag. Ab 2004 knetete Sven Rinke die FC-Profis. Er wurde ab 2007 von Hans Adenauer unterstützt, einem Enkel des ersten Bundeskanzlers Konrad Adenauer. Geleitet wurde die Abteilung von „Miraculix" Dieter Trzolek, der nach 32-jähriger Tätigkeit für Bayer Leverkusen im Juni 2008 begleitet von einigem Medienrummel ausgerechnet zum rheinischen Rivalen nach Köln wechselte. Als Dieter Trzolek im Juni 2011 auf eigenen Wunsch ausschied, übernahm Klaus Maierstein (zuvor Bayern München) die Leitung der FC-Physiotherapie.

GELDSEGEN IN DER MEISTERNACHT – Es war in den frühen Morgenstunden des 30. April 1978 in der Störtebeker-Bar des Hamburger „Crest-Hotel", als die Mannschaft des 1. FC Köln sowie der Vorstand und einige Fans die am Nachmittag des Vortages gewonnene Deutsche Meisterschaft und das damit verbundene Double feucht-fröhlich feierte. Mannschaftskapitän Heinz Flohe vergaß auch in der Stunde des größten Triumphes die wertvollen Helfer im Hintergrund nicht. Spontan sammelte „Flocke" mittels eines leeren Sektkühlers im Kreise seiner Mitspieler Geld für Masseur Perikles Filipou und Zeugwart Hans Thönnes, die so auch zu einer stattlichen „Meisterprämie" kamen.

★ ★ ★

BOXCHAMPION UND MALER – Josef Bocsai kam durch politische Ereignisse in seiner Heimat Ungarn im Jahre 1956 nach Deutschland. Auf den FC wurde der Masseur durch eine Annonce aufmerksam. In seiner Jugend war Bocsai das größte Boxtalent Ungarns. Immerhin dreimal wurde er ungarischer Jugendmeister im Halbmittelgewicht und kam später auf drei Berufungen in die Seniorennationalmannschaft. Auch als Maler war Bocsai berühmt. Seine Spezialität: Porträtbilder.

★ ★ ★

DIE SERIE DARF NICHT REISSEN – Seit seinem Amtsantritt bei den FC-Profis im Jahre 1984 bis zum Ende seiner FC-Zeit im Sommer 2002 verpasste Kultmasseur Jürgen Schäfer keines der 717 Pflichtspiele. Als er nach einem schweren Fahrradunfall eine Wirbelsäulen- und Beckenstauchung erlitten hatte, ließ sich Schäfer „fitspritzen", um bei einer anstehenden Partie bei Bayern München dabei sein zu können.

★ ★ ★

„TSCHOLLI" – Immer für einen Schabernack zu haben war Dieter Trzolek. So rief er an einem schönen Septembertag im Jahre 2008 aufgeregt beim Fotografen der *Bild* an. „In unserem neuen Kneippbecken liegt ein FC-Profi drin, komm den mal fotografieren", ließ der Physiotherapeut den ahnungslosen Paparazzo wissen. Dieser eilte schleunigst zum Geißbockheim, um einige exklusive Bilder zu machen. Doch statt Petit, Geromel oder Mondragon lag in dem erst wenige Tage zuvor eingeweihten Becken nur ein Skelett. Kein Original, sondern eines, das zu Lehrzwecken in den Katakomben des FC-Klubhauses gestan-

Nicht nur Bücher: Dieter Trzolek brachte auch schon eine eigene Fußcreme auf den Markt.

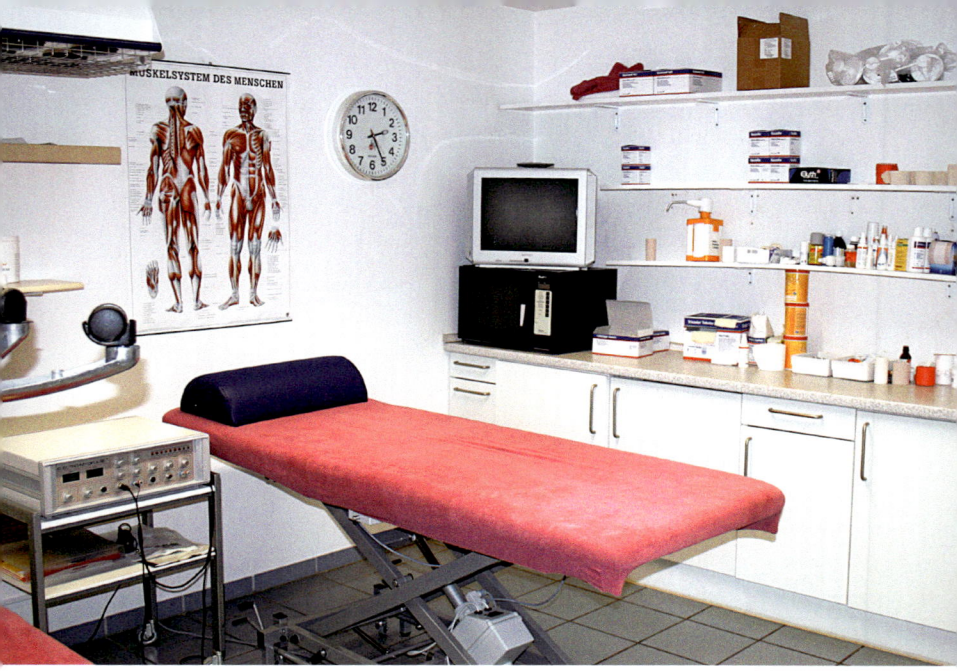

„Folterkammer" – Blick in das Reich der „Physios" im Geißbockheim.

den hatte. „Mensch, bis du hier bist, ist der schon abgemagert", meinte „Tscholli" anschließend schmunzelnd zum verdatterten Bildreporter. Trzolek, der wegen seiner umfangreichen Kenntnisse in Sachen alternativer Heilmethoden auch den Spitznamen „Miraculix" trägt, ist zudem nicht nur als Buchautor („Die natürliche Sportlerapotheke", „Handbuch der Sportverletzungen") tätig, sondern zeitweise auch als Orakel. So pendelte er vor dem Auswärtsspiel beim VfL Bochum am 13. Dezember 2008 ein FC-Mannschaftsposter aus und prophezeite anschließend einen Sieg der Geißböcke. Tatsächlich gewannen die Kölner trotz Unterzahl mit 2:1. „Man sollte nie etwas auspendeln, was man sich unbedingt wünscht. Ich spüre es, wenn ich dazu bereit bin", meinte der Kräuterkenner, der nicht als „Dauerorakel" fungieren will. Dennoch sagte Trzolek auch den Klassenerhalt 2009 voraus, den er ebenfalls über dem FC-Mannschaftsbild ausgependelt hatte.

★   ★   ★

LIVE-HEILUNG IN DER ARD – Dass Trzolek seine alternativmedizinischen Fähigkeiten beherrscht, stellte er im Dezember 2008 in der ARD-Sendung „Hart aber fair" unter Beweis. Vor den Augen von 3,35 Millionen TV-Zuschauern behandelte er eine seit Wochen stark erkältete Frau mit brennenden Ohrenkerzen aus Johanniskraut, Salbei, Kamille und Bienenwachs. „Ich kann wieder durchatmen. Das ist ungewohnt, aber es fühlt sich gut an", stellte die überraschte Patientin anschließend fest. Doch „Tscholli" ist nicht nur auf gesunde Dinge fokussiert. Zwischendurch gönnt sich der „Druide" auch gerne mal ein Zigarettchen.

★   ★   ★

Vom Wissen des gelernten Heilpraktikers profitierten auch die FC-Fans. Ab der Rückrunde der Spielzeit 2008/09 gab der Physiotherapeut im *Geißbock Echo* in der Serie „Tschollis Gesundheitstipp" den Lesern wertvolle Ratschläge. Ob Zwiebelsocken gegen Schnupfen, Nasenspülung mit Salz und Zitrone oder Senf gegen Halsschmerzen, für jedes Zipperlein hat Trzolek eine alternative Behandlungsmethode auf Lager. Auch die Spieler kommen in den Genuss der etwas anderen Therapieformen des Gesundheitsfachmanns. Vom selbst gemixten Powerdrink über Murmeltieröl bis zur Blutegelbehandlung gibt es das volle Programm.

★   ★   ★

Handfest wurde es im Sommertrainingslager 2008 in Kärnten: Als Hans Adenauer einem weiblichen Hotelgast wegen Rückenbeschwerden eine harmlose Massage verpasste, flippte FC-Spieler Aleksandar Mitreski grundlos aus. Mit den Worten „Lass unsere Frauen in Ruhe" ging der Mazedonier plötzlich auf den überraschten Masseur los, sodass es angeblich zu einem Handgemenge kam. Mitreski, der später zum 1. FC Nürnberg wechselte, wurde vom FC mit einer Abmahnung samt Geldstrafe belegt.

★   ★   ★

MEISTERMIXTUR – Auch Masseur Josef Bocsai wusste, wie er die Geißböcke auf Trab bringen konnte. In der Halbzeitpause des Endspiels um die Deutsche Meisterschaft 1962 servierte er den Spielern eine Mixtur aus je 30 Orangen und Zitronen, „gewürzt" mit jeder Menge Traubenzucker. Offensichtlich mit Erfolg – der FC holte erstmals den Titel.

★   ★   ★

SOGAR EIN EX-NATIONALSPIELER KNETETE DIE GEISSBÖCKE – Mischa Sijacic war den FC-Verantwortlichen um Franz Kremer erstmals im November 1952 aufgefallen. Bei einer Freundschaftsspieltour in Jugoslawien gegen Partizan (0:4) und Roter Stern Belgrad (1:7) wurden die Kölner vor Ort von Partizan-Masseur Sijacic betreut. Man war von dessen Künsten so beeindruckt, dass man ihn zwei Jahre später in die Domstadt lockte und verpflichtete. Kurios: Mischa Sijacic bestritt als Akteur von Partizan Belgrad mehrere Spiele für die Jugoslawische Fußball-Nationalmannschaft (die genaue Zahl ist leider nicht übermittelt), bevor er sich endgültig dem Masseurberuf widmete.

★   ★   ★

FC-MASSEURE SEIT 1948

1948 – 1954	Adolf Jung
1954 – 1961	Mischa Sijacic
1961 – 1963	Josef Bocsai
1963 – 1966	Otto Hermanns
1966 – 1968	Mischa Sijacic
1968 – 1972	Reinhard Hansch
1972 – 1973	Günther Roth
1973 – 1976	Carlo Drauth
1976 – 1980	Perikles Filipou
1980 – 1984	Theo Müller
1984 – 1986	Perikles Filipou
1984 – 2002	Jürgen Schäfer (war ab 1982 schon für die A-Jugend tätig)
1992 – 1994	Dirk Winter
1998 – 2002	Peter Kuhlbach
2001 – 2003	Dirk Leminski
2002 – 2006	Bernd Restle
2002 – 2007	Baybora Acemi
2002 – 2008	Dirk Pagenstecher
2004 – 2012	Sven Rinke
2007 – 2010	Hans Adenauer
2008 – 2011	Dieter Trzolek
2/2010 – 6/2010	Andrea Reale
2010 – 2011	Carsten Fiedler

Perikles Filipou (mit Zigarette) hat bei der Meisterfeier 1978 keine Chance gegen die Havanna von Herbert Hein.

AB 2011	Klaus Maierstein
7/2011 – 6/2015	Michael Schuhmacher
2012 – 6/2016	Julian Holtz
AB 6/2015	Thorsten Klopp (bereits seit 7/2010 im FC-Nachwuchsbereich tätig)
AB 7/2016	Paul Schiedges (bereits seit 2007 im FC-Nachwuchsbereich tätig)

[089] „Wir danken unseren Förderern und Sponsoren..."
– alle FC-Trikotsponsoren

01.01.1979 – 31.12.1981	Pioneer (Unterhaltungselektonik / Japan)
01.01.1982 – 31.05.1985	Doppel Dusch (Körperpflege / Firma Beiersdorf / Hamburg)
01.06.1985 – 31.12.1987	Daimon (Batterien / seinerzeit Dart & Kraft Konzern / USA)

01.01.1988 – 30.06.1991	Samsung (Elektronik / Südkorea)
01.07.1991 – 30.06.1993	Citibank (Bank / Kreditinstitut / Düsseldorf)
01.07.1993 – 30.06.1994	Pepsi (Erfrischungsgetränke / Purchase, USA, bzw. Neu-Isenburg, Burgbrohl / Deutschland)
01.07.1994 – 30.06.1999	Ford (Ford Werke AG Automobile / Köln)
01.07.1999 – 30.06.2003	VPV-Versicherungen (Versicherungen / Stuttgart / Köln)
28.07.2003 – 31.05.2005	Funny Frisch (Knabbergebäck / Firma Intersnack / Köln)
01.07.2005 – 30.06.2007	Gerling (Versicherungen / Hannover / Köln)
SEIT 01.07.2007	REWE (Verbrauchermärkte / Touristik / REWE Group / Köln)
BIS ZUM 31.12.1979	bestritt der 1. FC Köln seine Spiele mit werbefreiem Trikot.

Die Ausrüster

1948 – 1963	diverse Hersteller, unter anderem Leuzela und Palme; Schuhausrüster: adidas (seit 1950)
1963 – 1965	Palme; Schuhausrüster: adidas
1965 – 1973	Jacques Fath (nur Design), Le Coq Sportif, Palme; Schuhausrüster: adidas
1973 – 1976	Le Coq Sportif; Schuhausrüster: adidas
1976 – 1985	adidas (zeitweilig wurden Ende der 1970er Jahre auch „Erima"-Trikots vom FC getragen, Erima gehörte ab 1976 komplett zu Adidas); Schuhausrüster: adidas
1985 – 2002	Puma; Schuhausrüster: Puma
2002 – 2005	Saller; Schuhausrüster: Puma (2002/03), Nike (2003/04, über Firma Sport Hacke), 2004/05: Freie Schuhwahl der Spieler (die meisten spielten in Schuhen von Nike oder adidas)
2005 – 2008	adidas; Schuhausrüster: adidas
2008 – 2012	Reebok (Seit Januar 2006 ist Reebok Bestandteil der adidas AG); Schuhausrüster: Reebok
2012 – 2018	Erima
AB 2018	Uhlsport

★ ★ ★

Die Begegnungen der Saison 1947/48 bestritt der 1. FC Köln in den „Trikots" von Sülz 07 (die Fusion hatte während der laufenden Spielzeit stattgefunden). Hierbei handelte es sich um schlichte, weiße Oberhemden zum Knöpfen samt Kragen. Da die Farbe Weiß Teil der Vereinsfarben war und man zudem kaum finanzielle Mittel hatte, entschied man sich, zunächst die Spielkleidung der Sülzer zu übernehmen. Erst ab der Saison 1948/49 hatte der FC sein erstes „eigenes", ebenfalls komplett weißes Trikot.

Die Spielvereinigung Sülz 07 in der Saison 1946/47 in ihren „weißen Hemden". Im selben „Trikot" spielte der FC unmittelbar nach der Fusion von Sülz und KBC.

Ab und an gab es auch „spezielle" Trikots. Während der Zeit als „Ford" Hauptsponsor war, bewarb man kurzfristig die Modelle „Ka" und „Galaxy" mit einem speziellen Flock auf dem Trikot. Die Galaxy-Werbung trug der FC 1995/96 beim Heimspiel gegen Leverkusen, die Ka-Werbung 1996/97, unter anderem beim Heimspiel gegen Schalke.

„Come on FC", lautete das Motto von Hauptsponsor „Funny Frisch". Zur Rückrunde der Saison 2003/04 sollte Aufbruchstimmung im Abstiegskampf vermittelt werden. Dies wurde auch durch einen entsprechenden Aufdruck auf der Trikotbrust unterstrichen. Mit einem 1:0-Sieg im Derby gegen Gladbach gelang der Auftakt. Dennoch stiegen die Kölner am Saisonende zum dritten Mal aus der 1. Bundesliga ab.

★ ★ ★

Zum Spiel gegen Bayer Leverkusen am 26. September 2009 (0:1) machte der FC mit ungewöhnlicher Trikotwerbung auf sich aufmerksam: Statt des üblichen REWE-Logos zierte der Schriftzug des Frauenmagazins *Laviva* das Spielkleid der Kölner.

★ ★ ★

„Mein Freund ist Ausländer" – kurioses FC-Trikot für den DFB-Aktionstag. Heute ist das Shirt ein begehrtes Sammlerstück.

Zum DFB-Aktionstag gegen Rassismus liefen die Geißböcke (wie alle anderen Bundesligateams auch) beim Spiel gegen Bayer Uerdingen (5:0) am 12. Dezember 1992 mit einem Sondertrikot auf. Statt des normalen Werbeflocks hatte man das Motto „Mein Freund ist Ausländer" aufgeflockt.

★ ★ ★

Im März 1977 unterbreitete Speiseeishersteller „Langnese" dem FC ein gut dotiertes Angebot, um auf die Trikotbrust der Geißböcke zu kommen – Präsident Peter Weiand lehnte die Offerte ab.

★ ★ ★

Als letzter Verein der Bundesliga verkauft der FC im Januar 1979 seine Trikotbrust an Pioneer. Eine Million Mark bringt der Kontrakt mit dem japanischen Elektronikunternehmen pro Jahr. Damit hat der FC den bestdotierten Trikotwerbevertrag der Bundesliga.

★ ★ ★

Mediterranes Klima, Sonne, Urlaubsfeeling – genau das Richtige, dachte sich der FC-Vorstand vor der Spielzeit 2005/06, als man mit einer Firma namens „Satena Holding" in Sachen Hauptsponsoring verhandelte. Für den Urlaub auf der Mittelmeerinsel

Das Ende der blanken Brust. Bernd Schuster mit dem „Pioneer-Trikot".

Zypern sollten die Geißböcke auf der Trikotbrust werben. Doch Satena hatte offensichtlich geblufft, denn der zypriotischen Tourismusbehörde war das Unternehmen nicht bekannt. Aufgedeckt wurde alles von der WDR-Lokalzeit. Kurios: Im Garten des Herrn, der den Kontakt zum FC hergestellt hatte, flatterte ausgerechnet die Fahne von Erzrivale Borussia Mönchengladbach. So kam die mit 4,3 Millionen Euro per Anno fixierte Zusammenarbeit nicht zustande. Statt der Insel Zypern präsentierte man zum Saisonstart die Versicherungsgruppe Gerling als neuen Hauptsponsor.

★ ★ ★

Im Juni 1962 verwendete die SPD Filmsequenzen der FC-Meisterfeier in einem Wahlwerbespot zur NRW-Landtagswahl. Dies sorgte beim FC-Vorstand für Unmut, der sofort eine entsprechende Richtigstellung in der Presse veröffentlichte und sich auf die „absolute Neutralität des Sportes" berief.

★ ★ ★

Als „Ford" 1994 Trikotsponsor des 1. FC Köln wurde, mussten die Geißböcke an die Firma „Pepsi" eine Abfindung zahlen, da der Vertrag mit dem Cola-Produzenten noch ein Jahr gültig gewesen wäre.

★ ★ ★

Unstimmigkeiten mit dem Schuhausrüster sind nicht nur eine Erscheinung des modernen Fußballs. Als FC-Spielgestalter Jupp Röhrig beim Endrundenspiel gegen Tasmania Berlin am 4. Juni 1960 in Schuhen von Puma spielt, erhält er einen „bösen" Anruf von Adidas-Chef Adi Dassler, der das „Vergehen" von Röhrig am TV beobachtet hatte. Der FC wurde seinerzeit schon von Adidas ausgerüstet.

[091] Werbung (1)

Aktive und ehemalige FC-Spieler als Geschäftsleute

In der Saison 1962/63 präsentieren sich die geschäftstüchtigen FC-Spieler mittels einer gemeinsamen Annonce in den *Clubnachrichten*.

Etliche FC-Spieler betätigten sich im Laufe der Jahre mehr oder weniger erfolgreich als Geschäftsleute. Vor allem in den 1950er und 1960er Jahren versprach eine Tankstelle gute Gewinnmöglichkeiten. Hans Schäfer war der erste „Tankwart" unter den kölschen Kickern. Am 28. März 1956 eröffnete er seine Shell-Tanke auf dem Lindenthalgürtel. Zur Eröffnung kamen neben dem kompletten FC-Vorstand auch Schäfers Mannschaftskameraden. Parallel arbeitete „die Knoll" auch in der Geschenk- und Werbeartikelfirma von Franz Kremer. Mehr als fünf Jahre später stieg auch Hansi Sturm in den Benzinverkauf ein. Sein „Gasolin"-Geschäft befand sich in der Neuenhöfer Allee / Ecke Hermeskeiler Straße. Zwei Tage nachdem der FC zum ersten Mal Deutscher Meister geworden war, eröffnete auch Torwart Fritz Ewert am 14. Mai 1962 eine Shell-Tankstelle in der Rhöndorfer Straße. Auch andere Akteure waren vor oder nach ihrer FC-Zeit als Geschäftsleute tätig, wie nachstehende Auflistung beweist.

STEPHAN ENGELS: Die meisten FC-Fans kennen Stephan Engels als Spieler. Zeitweilig betätigte sich der „Stef" jedoch in einem ganz anderen Metier. In Niederkassel-Rheidt (ganz in der Nähe seiner Heimat Mondorf) eröffnete er während der Spielzeit 1984/85 ein Herrenmode-Fachgeschäft, dessen Geschäftsführung die Schwester des Nationalspielers übernahm. Heutzutage ist das Geschäft allerdings nicht mehr existent.

Selbst das FC-Mitgliederjahresheft berichtete über die Geschäftseröffnung von Stephan Engels Modeladen.

GÜNTER SCHEMMERLING: Lottoannahmestelle in Bad Godesberg

HANS GRAF: Autoteile- und Zubehörhandlung, Luxemburger Straße, Köln

JUPP RÖHRIG: Tabakwaren, Zeitschriften, Lottoannahme, FC-Karten- und Souvenirverkauf, Luxemburger Straße, Köln

LEO WILDEN: Tabakwaren, Zeitschriften, Lottoannahme, FC-Karten- und Souvenirverkauf. Führte zeitweilig drei Geschäfte, später Inhaber zweier Lottoannahmestellen, deren Leitung er seiner Tochter übergeben hat. Dazu zeitweilig selbständig im Spirituosengroßhandel tätig. Sein berühmtestes Geschäft befindet sich auf der Luxemburger Straße und wird gerne mit dem früheren

Das Geschäft von Leo Wilden auf der Luxemburger Straße.

Laden von Jupp Röhrig verwechselt. Ein Irrtum, denn in Röhrigs ehemaligem Geschäft befindet sich heute eine chemische Reinigung.

GERHARD „GERD" IHNS: Fahrradgeschäft, Luxemburger Straße, Köln

PAUL MEBUS: Herrenmodegeschäft, Luxemburger Straße, Köln

STEPHAN LANGEN: Gaststätte „Weinstube zum Geißbock", Luxemburger Straße, Hürth

JÜRGEN GLOWACZ: War 1974/75 Inhaber einer Lottoannahmestelle auf der Venloer Straße in Köln, führte später ein ähnliches Geschäft auf der Neusser Straße. In den 1980er Jahren unter anderem als Gastwirt tätig. Er betrieb das italienische Restaurant „Florian" auf dem Eifelplatz und das „Café Toto" am Quartermarkt. Später betätigte sich der heutige FC-Vizepräsident im Elektrogerätegroßhandel. Mit letztlich mäßigem Erfolg.

CHRISTIAN MÜLLER: Führte zwischen 1962 und 1966 die frühere Lottoannahmestelle von Jupp Röhrig. Als Müller zum Karlsruher SC wechselte, übernahm erneut Röhrig das Geschäft. Ab 1973 betrieb er eine Versicherungsagentur in Niederaußem.

KARL-HEINZ RIPKENS: Eröffnete 1962 in Köln eine chemische Reinigung mit Lottoannahme. Später betrieb „der Jries" eine Firma für Malerarbeiten und Industrieanstriche.

THOMAS ALLOFS: Recycling- und Entsorgungsbetrieb „Lück und Allofs", Düsseldorf

ALPAY: Stieg nach seiner Zeit beim FC in den Handel mit Luxusautos ein.

RALF AUßEM: Tabakwaren- und Lottoannahme, Neusser Straße, Köln

CHRISTIAN BREUER: Schreibwarenladen in Aachen

FRANZ BRUNGS: Tabakwaren- und Zeitschriftenladen in Nürnberg

WALTER BUTSCHEIDT: Betrieb drei Tabakwarengeschäfte in Trier.

HERBERT DÖRNER: Betrieb in Bonn die Gaststätte „Zwitscherstube".

HANS-GEORG-DREßEN: Inhaber eines mobilen Fußballcamps für Kinder und Jugendliche

RUDOLF „RUDI" EDER: Führte zunächst eine Kneipe mit FC-Kartenvorverkauf. Danach viele Jahre lang Inhaber der Vereinsgaststätte des Bonner SC.

PETER EHMKE: Inhaber der Firma „Pro Sicherheit" (Sicherheitsdienste) in Gelsenkirchen

KLAUS FISCHER: Betreibt eine mobile Fußballschule.

KARL-HEINZ GEILS: Fahrschule in Ritterhude / Niedersachsen

JÖRG GERLACH: Inhaber eines Sanitärbetriebes in Frechen

THOMAS HÄßLER: Mitinhaber des Münchner Musiklabels „MTM-Music"

HANS-OTTO HIESTERMANN: Betreibt eine Tennisschule in Tübingen / Baden-Württemberg.

STEPHAN HOCHGESCHURTZ: War Büdchenbesitzer (Kiosk) in Köln.

HEINZ HORNIG: Schon seit 1973 im Werbeartikelbereich tätig, selbständig seit 1983. Führt bis heute die „Heinz Hornig KG" in Köln. In den 1960er Jahren (ab 09.11.1966) hatte Hornig zudem eine eigene Tankstelle in Köln in der Nähe des Müngersdorfer Stadions.

JÜRGEN JENDROSSEK: Lottoannahmestelle, Neusser Straße, Köln

HANS-JOSEF „JUPP" KAPELLMANN: Betreibt als Arzt eine orthopädische Gemeinschaftspraxis in Rosenheim / Bayern.

JENS KELLER: Inhaber der „Jens Keller Fußballwelt", Exklusiv Importeur von Fußballtoren

THOMAS KROTH: Führt die Spielerberatungs- und Vermarktungsagentur „Pro Profil" in Dortmund.

DETLEV LAUSCHER: Betrieb eine Spezialfirma für Türen, Tore und Zargen in der Schweiz.

HANNES LÖHR: Zeitweilig Geschäftsführer einer Tennishalle in Frechen.

MANFRED MANGLITZ: War häufig selbständig, beispielsweise als Diskothekenbesitzer auf dem Kölner Hohenzollernring, Tankstellenbesitzer und Investmentberater. In der Kieler Altstadt betrieb er die Gaststätte „Old London." Auch in Spanien war „Cassius" als Gastronom tätig.

GÜNTER MÜHLENBOCK: Hatte ein Architektenbüro in Bad Münstereifel.

DIETER MÜLLER: In Maintal-Hochstadt befindet sich die Kinder- und Jugendfußballschule des ehemaligen Torjägers. Eröffnete zudem 1977/78 in Hausen bei Offenbach ein Sportartikelgeschäft, ein weiteres kam im Oktober 1979 in Bergheim hinzu.

OTTO NETELER: Selbständiger Steuerberater in Köln

WALTER NUßBAUM: Besaß in Bonn eine eigene Tankstelle.

WOLFGANG OVERATH: Betrieb ab 1967/68 Jahren eine Agentur der „Nürnberger Versicherungen". Unter anderem auch im Immobilienbereich selbständig.

ANTON „TONI" POLSTER: In den 1990er Jahren Tankstellenbesitzer in Wien

FRITZ POTT: In den 1960er Jahren (Eröffnung 17.01.1963) noch Inhaber eines Sportgeschäftes im Höninger Weg, Köln, betreibt der „gute Pott" heute eine Gebäudereinigungsfirma.

DIETER PRESTIN: Hat eine Versicherungsagentur in Pulheim bei Köln.

HELMUT RAHN: War unter anderem selbständiger Autohändler in Essen.

WOLFGANG RIEMANN: Versicherungsagenturbesitzer in Trier

JÜRGEN RUMOR: War 1967/68 Inhaber eines Tabakwaren- und Spirituosenfachgeschäftes in Köln, betrieb später zwei chemische Reinigungen in Berlin.

BERND RUPP: Führte eine Versicherungsagentur in Wiesbaden.

WILFRIED SANOU: Führt eine Fußballschule in Ouagadougou / Burkina Faso.

FERENC SCHMIDT: Betreibt seit 2003 eine Jugendfußballschule in Wülfrath.

BENNO SCHMIED: War Besitzer zweier Gaststätten in Finnentrop (Sauerland).

KARL-HEINZ SCHNELLINGER: Während seiner FC-Zeit Geschäftspartner im Geschenkartikelbereich von FC-Boss Franz Kremer

HARALD „TONI" SCHUMACHER: Betrieb in Köln die Sport-Consultingagentur „Sports First".

HEINZ SIMMET: War Inhaber eines Malergeschäftes in Köln

ADRIAN SPYRKA: Hat zusammen mit seiner Ehefrau eine Werbeagentur in Wiesbaden.

GEORG STOLLENWERK: Ist seit vielen Jahren Inhaber einer Kartonagenfabrik in Gemünd / Eifel.

GERD STRACK: Besaß von 1980 bis 1985 eine Lottoannahmestelle, die dann von Leo Wilden geführt wurde. Betreibt heute mit seiner Ehefrau ein Kinderschuhfachgeschäft in Köln-Braunsfeld.

KARL-HEINZ STRUTH: Betrieb zusammen mit seinem Sohn eine Elektrofirma bei Karlsruhe.

KARL-HEINZ THIELEN: Seit vielen Jahren als lizenzierter Spielerberater tätig.

RENÉ TRETSCHOK: Inhaber einer Fußballschule in Bitterfeld-Wolfen / Sachsen Anhalt

ALEXANDER VOIGT: Betreibt ein „Büdchen" (Kiosk) auf dem Hohenzollernring in Köln.

GORAN VUCEVIC: Hatte zeitweilig ein eigenes Café in Split / Kroatien.

GERHARD WELZ: Selbständiger Gastronom der Gaststätte „Zum Schlürfchen" in Bad Wildungen

BENNY WENDT: Führte einen Maurerbetrieb in seiner Heimat Schweden.

DR. DENT. FRANZ WICHELHAUS: Betrieb viele Jahre lang eine eigene Zahnarztpraxis in Mönchengladbach.

JÜRGEN WILLKOMM: Betreibt eine Versicherungsagentur in Jüchen bei Grevenbroich.

MICHAEL WOLLITZ: Selbständiger Autovermittler in Brakel / Nordrhein-Westfalen

CHRISTIAN WOLSKI: Inhaber einer Praxis für Physiotherapie in Bonn

ANTON „TONI" REGH: Zeitweilig Tankstellenbesitzer (1966) und Kneipenwirt in Euskirchen

HERBERT ZIMMERMANN: Übernahm im April 1980 die Lottoannahmestelle von Jürgen Glowacz.

★   ★   ★

Am 24. Januar 1960 bestritt Hans Schäfer sein 500. Spiel (Pflicht- und Freundschaft) für den 1. FC Köln. Zu Ehren Schäfers organisierten Mitspieler, Vorstand und Fans einen Autokorso von mehr als 100 Fahrzeugen, der geschlossen zum Volltanken an die Tankstelle des Kapitäns an der Ecke Dürener Straße / Lindenthalgürtel fuhr. Auch Hansi Sturm wurde an seiner Tanke „Opfer" eines Autokorsos: Im März 1966 veranstalteten zahlreiche FC-Fans einen Autokorso vom Geißbockheim zu Sturms Tankstelle in der Neuenhöfer Allee. Aus gutem Grund: Das Konditionswunder hatte soeben sein 500. Spiel im FC-Trikot absolviert.

★   ★   ★

Während der Saison 1985/86 plante FC-Abwehrhüne Paul Steiner die Eröffnung einer Kneipe in der Kölner Innenstadt. Dies war dem Vorstand um Peter Weiand ein Dorn im Auge, da man einen Leistungsabfall des Verteidigers befürchtete. Eine Unterlassungserklärung sollte Steiner sogar schriftlich vorlegen. Am Ende gab „Paule" nach und verwarf seine Pläne.

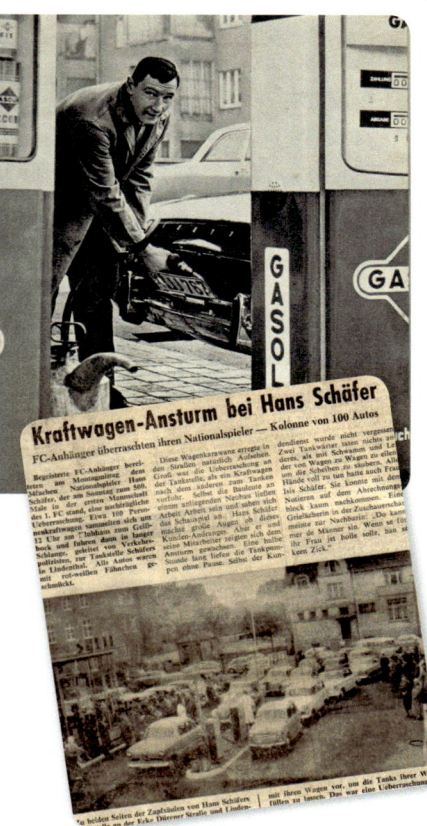

Oben: Hansi Sturm 1964 als Tankwart.
Unten: Die FC-Fans honorieren das 500. Spiel von Hans Schäfer für die Geißböcke mit einem Autokorso zu dessen Tankstelle, worüber auch die Presse berichtete.

Wilde Horde Köln 1996

Er ist der bei den Anhängern umstrittenste Fanklub des 1. FC Köln – die „Wilde Horde Köln 1996". Was ist das für eine Gruppe, über die innerhalb der FC-Fanszene so leidenschaftlich diskutiert wird?

★ ★ ★

KÖLN ALS KEIMZELLE DER ULTRA-BEWEGUNG IN DEUTSCHLAND – Mitte der 1990er Jahre sah man in Köln erstmals eine bis dahin in der Domstadt und auch in Deutschland nahezu unbekannte Fan-Bewegung – die Ultras. Ähnlich wie die gleichnamigen Vorbilder in Italien legte man großen Wert auf bedingungslosen, lautstarken und farbenfrohen Support der eigenen Mannschaft. Kreative Gesänge, Fahnen und Doppelhalter, Choreografien oder der Einsatz von Pyrotechnik gehörten zum Repertoire. Im November 1995 gründete sich mit den „Ultras CCAA" die erste FC-Ultra-Gruppierung. Die italienischen Gruppen wollte man allerdings nicht kopieren, sondern vielmehr einen eigenständigen, kölschen Stil prägen. Die im Block 24 im Oberrang Süd des alten Müngersdorfer Stadions ansässige Gruppe von rund 30 Fans war zunächst kein Fanklub, sondern ein Zusammenschluss verschiedener aktiver Fanklubs wie „Refrath", „De Cologne" oder „Mülheim Ruhr".

★ ★ ★

WILDE HORDE – Einige Mitglieder der Ultras CCAA, die mit der Entwicklung der Gruppe nicht mehr zufrieden waren, gründeten am 7. Dezember 1996 die „Wilde Horde". Für den Namen entschied man sich, da man sich zum einen von anderen Gruppen abheben und zum anderen auch einen deutschen Namen haben wollte. Auch die Wilde Horde war im Block 24 beheimatet und präsentierte, anfangs noch gemeinsam mit den Ultras CCAA, die ersten richtigen Choreos in Müngersdorf, wie beispielsweise gegen Leverkusen am vorletzten Spieltag der Saison 1996/97. Als eigenständige Gruppe richtig in Erscheinung trat die „WH" nach dem ersten Abstieg des 1. FC Köln im Jahre 1998. Die ersten zwei Jahre in der zweiten Liga können als erste Blütezeit bezeichnet werden, wobei das Ultra-Dasein von damals nicht mit dem heutigen Standard verglichen werden kann. Im Zuge des Stadionneubaus kamen mehr und mehr FC-Fans, die sich der Mentalität der Ultras verschreiben wollten. Inzwischen zählt die Gruppe 800 Mitglieder, wovon 100 dem aktiven Kreis zuzuordnen sind. Ebenfalls mit dem Neubau entschied sich die Gruppe für einen Standortwechsel vom Oberrang in den Unterrang der Südkurve, in dem sie bis heute ihre knapp 250 Dauerkarten verwaltet. Spätestens jetzt übernahm die WH endgültig die Führung der aktiven Fanszene des 1. FC

Köln, wobei sich die Gruppe, entgegen der Meinung einiger Kritiker, nie als bessere FC-Fans betrachten wollte.

CHOREOGRAFIEN – Die Choreografien, zumeist zu den Lokalduellen gegen Mönchengladbach oder Leverkusen, aber auch aus besonderen Anlässen, wurden hierbei immer größer und aufwendiger. Mittlerweile sind sie regelmäßiger Bestandteil und kommen auch dem Verein zugute, der hiervon in vielerlei Hinsicht profitiert. Über 10.000 Euro kostet heutzutage eine Choreo, die den hohen Ansprüchen der Gruppe gerecht wird. Die Kosten hierfür werden aus der Kasse der Gruppe sowie aus Spenden der FC-Fans getragen. Mehrere Monate, von der Planung bis zur Durchführung, können vergehen, bis die WH eine ihrer überdimensionalen Choreografien auf die Südkurve zaubert.

UMSTRITTEN: DIE „CAPOS" – Die WH stellt auch die „Vorsänger", auch „Capi" genannt, die auf dem Zaun vor der Kurve, mit dem Rücken zum Spielfeld stehend, die Gesänge für die Kurve anstimmen. Über die Vor- und Nachteile der Capi wird innerhalb der Fanszene seit Jahren leidenschaftlich diskutiert. Überhaupt polarisiert kein anderer Fanklub die Anhänger so

stark wie die WH. Gründungsmitglieder befinden sich nach einer Spaltung im Jahre 2009 keine mehr in der Gruppe. Besonders auf junge FC-Fans übt die Gruppe jedoch immer noch eine hohe Anziehungskraft aus. Mitglied kann im Prinzip jeder werden, der sich zu 100 Prozent mit dem 1. FC Köln und den Zielen der Gruppe identifiziert. In den „harten Kern" zu kommen ist jedoch nicht so leicht. „Es gibt viele Kriterien, die hierbei eine Rolle spielen", sagt das langjährige Mitglied Stephan Schell, „insbesondere die Freundschaft unter den Mitgliedern im aktiven Kreis ist in diesem Zusammenhang jedoch am wichtigsten." Da man innerhalb der Gruppe keinesfalls immer einer Meinung ist, werden strittige Themen intern diskutiert, demokratisch abgestimmt und nach außen als Positionierung der Gruppe vertreten. Als „Supporters Köln e. V." ist die WH auch ein eingetragener Verein. Die Führungsstruktur sieht vor, dass die aktiven Mitglieder der Gruppe den Weg vorgeben und für die Gruppe elementare Dinge demokratisch entscheiden. Geselligkeit und familiärer Charakter sind der Gruppe sehr wichtig. Mindestens einmal wöchentlich trifft man sich im gruppeneigenen Raum in Bickendorf, wobei gemeinsame Unternehmungen abseits des Spieltags ebenfalls auf der Tagesordnung stehen. Neben der akustischen und optischen Unterstützung im Stadion gibt es noch weitere Dinge, die die WH organisiert. So findet zum Beispiel im Sommer das all-

jährliche Fanturnier „Südkurven-Cup" statt, und man versucht mit öffentlichen Szenetreffpunkten, Organisation von Sonderzügen und Szene-Mottofahrten möglichst viele FC-Fans auf einen gemeinsamen Nenner zu bringen.

★　★　★

KARITATIV – Mit „Horde Karitativ" machte man durch soziale Aktionen wie Kleider- und Spielzeugsammlungen für Kölner Kinder und Obdachlose oder Blutspenden auf sich aufmerksam. Die letzten beiden Jahre konzentrierte man sich auf Essensspenden für den Kalker Kinder-Mittagstisch. Um „der sozialen Verantwortung gegenüber unserer Stadt gerecht zu werden", sagt hierzu WH-Mitglied Stephan Schell.

★　★　★

FREUNDSCHAFTEN, FEINDSCHAFTEN UND ZIELE – Sportliche Rivalitäten bestehen naturgemäß zu Mönchengladbach, Leverkusen und Düsseldorf. Ein brüderschaftliches Verhältnis pflegt man zu den „Supras Auteuil", einer Ultra-Gruppierung von Paris SG. Oberstes Ziel der WH ist die akustische und optische Unterstützung des 1. FC Köln. Viele Dinge sehen die Ultras allerdings kritischer als andere Fans. Dementsprechend werden Kritik und Missstände nicht verschwiegen, sondern durch Transparente und Publikationen angesprochen.

★　★　★

AKTUELLE SITUATION – Zweifelsohne gab es nicht nur positive, sondern auch negative Impulse aus den Reihen der Wilden Horde, die nicht zuletzt auch die Medien in der letzten Zeit für das Thema Ultras sensibilisiert haben. Spätestens nach den Geschehnissen auf dem Rastplatz Siegburg erfuhr die Gruppe massiven Gegenwind aus allen Kanälen, kam in den „Genuss" von Hausdurchsuchungen, und auch der Fanklubstatus wurde ihr vom 1. FC Köln entzogen. Die Gruppe entschied sich daraufhin, für einige Zeit dem

Stadion fernzubleiben, kehrte aber zur Saison 2012/13 zurück und versucht seitdem, einige Sachen besser zu machen. „Wir befinden uns gerade am Anfang eines Wegs, den wir, so gut es geht, gemeinsam mit allen FC-Fans gehen möchten. Dies erfordert jedoch, dass man innerhalb der FC-Gemeinschaft Dialoge eingeht und sich dabei vor allen Dingen gegenseitig respektiert wie auch akzeptiert", erklärt Stephan Schell von der Wilden Horde. Nachdem die Homepage in der Sommerpause mit einer ausführlichen Erklärung zur Vergangenheit, Gegenwart und Zukunft online ging, konnte man die Gruppe bei den ersten Pflichtspielen mit ihren gewohnten Kurvenelementen wieder ausfindig machen.

Eine Bootsfahrt ...  **[094]**

Anfang der 2000er Jahre veranstaltete man beim FC vor jeder Saison eine Mannschafts-Bootsfahrt auf dem Rhein als Gelegenheit für Spieler samt Anhang, Vorstand und Funktionsteam, sich in lockerer Atmosphäre besser kennenzulernen. So legte die „Rheinperle" im Juli 2004 pünktlich um 20 Uhr ab. Nicht dabei war Matthias Scherz, der ein paar Minuten später gekommen war und nun in den Genuss kam, Köln in der Dämmerung vom Rheinufer aus bewundern zu dürfen. Kurzerhand fuhr „Matthes" dem Boot mit dem Auto hinterher. An der Anlegestelle Porz konnte Scherz dann unter dem Applaus der Mitspieler zusteigen.

★   ★   ★

Kurios auch die vom Fanklub „Wilder Süden" organisierte Bootstour. Zum letzten Heimspiel der Saison 2000/01 reiste man von Worms den Rhein herunter bis nach Köln.

★   ★   ★

Auch FC-Fan Marcel Göd veranstaltet regelmäßig Schifffahrten zu FC-Heimspielen. Jeweils am letzten Spieltag geht es von Linz am Rhein nach Köln. Dabei werden die mitreisenden Anhänger sogar mit Live-Musik unterhalten.

★   ★   ★

Mannschaftstour auf dem schönen Rhein im Sommer 1966: An einem Schiffsanleger warten von links Matthias Hemmersbach, Anton „Toni" Regh und Anton „Toni" Schumacher auf das bestellte Boot.

Die erste „FC-Schifffahrt" der Klubhistorie fand am 24. Juli 1949 statt. Unter dem Motto „Wir reisen r(h)ein in die Oberliga" fuhr man rheinaufwärts von Köln nach Andernach. Im Preis von 4,50 Mark waren für die rund 1.000 teilnehmenden FC-Mitglieder samt Anhang zwei Musikkapellen enthalten. Die Schifffahrt der FC-Familie war zugleich eine Art Aufstiegsfeier – gut zwei Monate zuvor war man in die Oberliga West aufgestiegen.

Mitgliederrekrutierung in Nitra – verschlossene Türen in Tiflis

Fahrten in den Ostblock waren in den 1980er Jahren immer ein besonderes Abenteuer. Das UEFA-Cup-Spiel im slowakischen Nitra (Endstand 1:0 für

Auch in Nitra gab es Andenken zu ergattern: Ticket der Partie bei „Plastika".

den FC) am 27. September 1989 sollte jedoch nur für die rund 200 Fußballfreunde aus der DDR abenteuerlich werden. Sie wurden an der Grenze von den Grenzsoldaten aufs Extremste gefilzt, einigen sogar die Einreise in die damalige ČSSR verweigert. Die, die durchkamen, durften sich auf reichlich FC-Souvenirs freuen. Etliche Kartons mit FC-Fanartikeln hatten die Kölner mitgebracht, die sie an die Fans aus der DDR, aber auch an die Anhänger der Heimmannschaft von Plastika Nitra verteilten. Besonders emotional war der Trip in den Westen der Slowakei für FC-Spieler Falko Götz. Götz, der 1983 aus der DDR geflüchtet war, indem er sich bei einem Spiel seines Klubs BFC Dynamo Berlin in Belgrad abgesetzt hatte, traf erstmals seit sechs Jahren seine Verwandten wieder.

★   ★   ★

Einen ganz besonderen Service hatte sich der FC für das Gastspiel in Nitra einfallen lassen. Jeder aus der DDR angereiste Fußballfreund konnte sich in eigens ausgelegten Listen eintragen und wurde danach kostenlos als Mitglied des 1. FC Köln geführt. Exakt 100 Ostdeutsche machten von dem Angebot Gebrauch. Lange musste der FC die ostdeutschen Neumitglieder nicht gesondert führen. Fast genau ein Jahr später endete die Existenz der DDR mit der deutschen Wiedervereinigung. Wie viele von ihnen danach noch dem Verein treu blieben, ist nicht bekannt.

★   ★   ★

Apropos DDR: Als in der Nacht vom 9. auf den 10. November 1989 die Berliner Mauer fiel, war man auch beim FC beeindruckt. Zum nächsten Bundesligaheimspiel der Geißböcke am 18. November 1989 gegen Eintracht Frankfurt hatten alle DDR-Bürger freien Eintritt. Die, die den Weg in die Domstadt gefunden hatten, bekamen eines der besten Bundesligaspiele aller Zeiten in Müngersdorf zu sehen. Obwohl der FC gegen die Frankfurter mit 3:5 verlor, gab es atemberaubenden Offensivfußball von beiden Mannschaften mit Kampf, Technik, Tempo und acht Toren.

★   ★   ★

Die UEFA-Cup-Partie bei Spartak Moskau am 28. November 1984 musste wegen des kältesten Novembers, den die sowjetische Hauptstadt seit 99 Jahren erlebt hatte, im georgischen Tiflis ausgetragen werden. Da den Georgiern die Mannschaft aus Moskau alles andere als sympathisch war, unterstützten sie die Kölner frenetisch. Trotz der Anfeuerung verlor der FC mit 0:1. Nachdem der Hinflug dank einer drei Stunden dauernden Flugzeugdurchsuchung durch den Zoll in Moskau schon äußerst holprig verlaufen war, trauten die FCer, als sie nach dem Spiel zu später Stunde am Flughafen von Tiflis ankamen, ihren Augen nicht. In tiefer Dunkelheit lag der komplette Airport einsam und verlassen vor ihnen. Erst nach langem Suchen konnte ein schlafender Hausmeister in einem Nebengebäude gefunden werden. Mit müden Augen öffnete dieser der Kölner Reisegesellschaft die Türen, der Flug Richtung Westen konnte endlich starten. Fernsehkommentator Günter-Peter Ploog brachte es anschließend auf den Punkt: „Das glaubt uns zu Hause kein Mensch."

Spielerfrauen

Der Prototyp der Spielerfrau war zweifellos Bernd Schusters Ehefrau Gaby. Bei Vertragsverhandlungen saß sie grundsätzlich mit am Verhandlungstisch und soll Hennes Weisweiler zu der Aussage „Wat will dat Luder da schon widder" hingerissen haben.

★   ★   ★

Angela, Hennes I. und Icke in trauter Dreisamkeit.

Spielerfrau Angela Häßler war nicht auf den Mund gefallen. Genau wie Gaby Schuster handelte auch Angela Häßler für ihren Mann, von dem sie inzwischen getrennt ist, Verträge aus.

★   ★   ★

Gaby fand eine würdige „Nachfolgerin" in Bianca, der besseren Hälfte von Bodo. Als jugendliche Fans ihren Mann nach dem Training mit „Bodo, kann ich ein Autogramm haben" ansprachen, antwortete die selbstbewusste Spielerfrau mit „Für Euch immer noch der Herr Illgner". Auch beim Wechsel des Torwarts zu Real Madrid im Jahre 1996 führte die Blondine die Verhandlungen mit den Königlichen. Sepp Maiers Vorwurf in der *Sport Bild*, Bodo sei weniger konzentriert, seit er Bianca kenne, konterte diese per Leserbrief an das Springer-Blatt. Als Schriftstellerin (gemeinsam mit ihrem Mann) errang sie mit dem 2005 erschienenen „fiktiven Tatsachenroman" „Alles" einen Negativrekord: Mit nur knapp 700 verkauften Exemplaren wurde das Werk das mit Abstand am wenigsten verkaufte FC-Buch bzw. Buch eines aktiven oder ehemaligen FC-Spielers.

★   ★   ★

Auch Sonya Weiser machte auf sich aufmerksam. Soeben frisch mit Patrick verheiratet, logierte sich die Spielerfrau in einem Hotel im Nachbarort des im Februar 1993 in Portugal stattfindenden FC-Trainingslagers ein. Die Sache flog auf und Patrick handelte sich einigen Ärger von Mannschaftsführung und Presse ein. Ein Jahr später bezog Frau Weiser im erneut in Portugal stattfindenden Wintertrainingslager sogar direkt im Teamhotel ein Zimmer – genau wie Bianca Illgner. Da blieb selbst dem erfahrenen Coach Morten Olsen die Spucke weg.

★   ★   ★

Nachdem der FC das letzte Endspiel um die Deutsche Meisterschaft am 29. Juni 1963 mit 1:3 gegen Borussia Dortmund verloren hatte, platzierten sich die zahlreich mitgereisten Spielerfrauen spontan vor der Kabine ihrer Männer, wobei einigen der Damen die Tränen in den Augen standen.

Neues von den Geißböcken – die wichtigsten Publikationen des 1. FC Köln [097]

1) CLUBNACHRICHTEN

Verantwortliche Redakteure / Schriftleiter:
- Heinz Erping 1948 – 1951
- Julius Laugomer 1951 – 1955
- Hermann Immel 1956 – 1961
- Hans-Gerhard König 1961 – 1971

1. FC Köln Nachrichtenblatt
(1948 – 1951)
Der Geißbock – Club-Nachrichten 1. FC Köln
(1951 – 1955)
Clubnachrichten 1. FC Köln
(1956 – 1971)

2) GEISSBOCK ECHO

(1957 – 1972, seit 30.03.1974, dazwischen:
Bundesliga Zeitung 20.09.1972 – 16.03.1974)

Verantwortliche Redakteure / Schriftleiter:

- Hermann Immel: 1957 – 1960
- Hans-Gerhard König: 1960 – 1972, 1974 – 1986
- Karl-Heinz Thielen: (Bundesliga Zeitung, 1972 -1974)
- Holger Rathke: 1986 – 1991
- Rolf Dittrich: 1991 – Dezember 2003
- Oliver Büser: 2004 – November 2006
- Götz Großhans: November 2006 – August 2009
- Frederic Latz: September 2009 bis November 2013
- Simon Pröber: ab November 2013

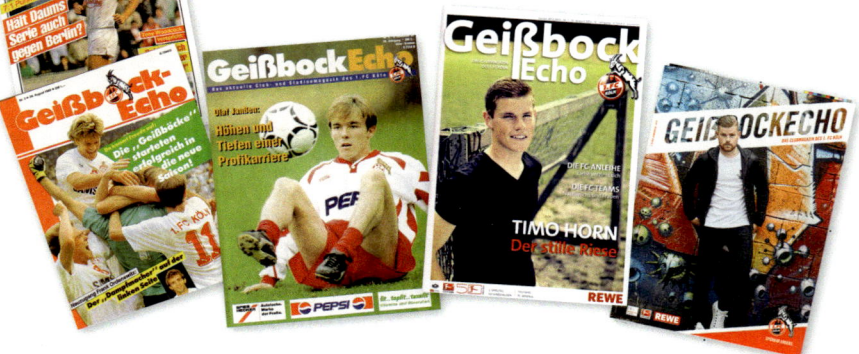

3) PROGRAMMHEFTE ZUR FC-KARNEVALSSITZUNG UND ZUM GEISSBOCKCUP

Karnevalsprogramm: seit 1949 (seit Ende der 1980er Jahre jährlich erschienen). Geißbock Cup: seit 1982.

4) MITGLIEDERJAHRESHEFTE

(ab 1956/57 unregelmäßig, seit 1970/71 jährlich, ab der Saison 2011/12 nicht mehr als Printversion veröffentlicht)

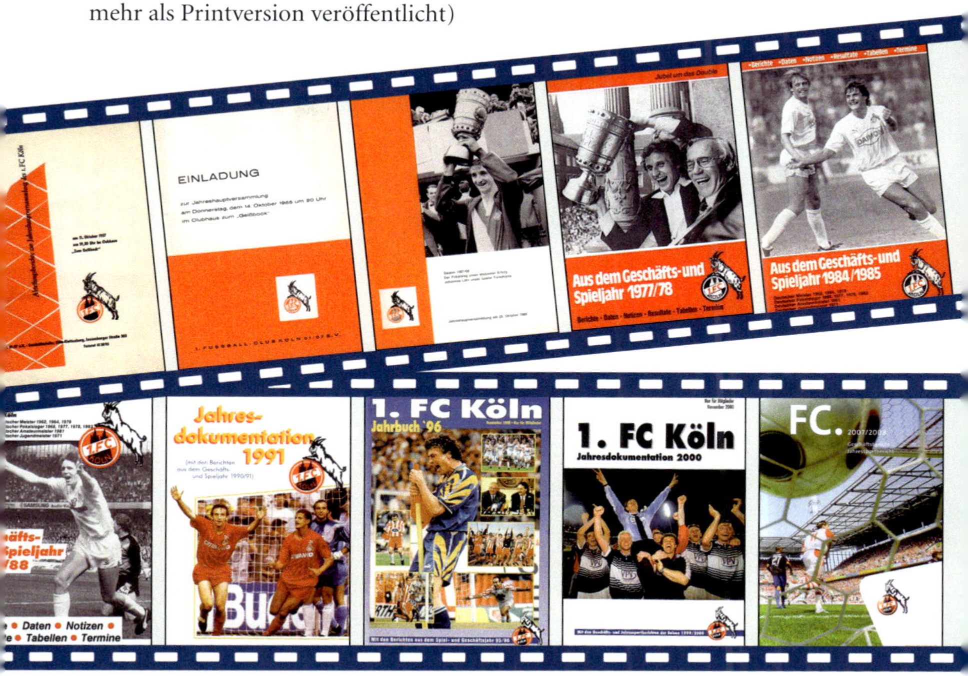

5) WEITERE FC-VERÖFFENTLICHUNGEN

FC-Jugend-News / Kunden News / Business News / Mitglieder News
FC-Jahrbuch
2001/02 bis 2005/06, 2007 vom *Geißbock Spezial* abgelöst, 2011 erschien wieder ein FC-Jahrbuch.
Geißline (FC-Jugendmagazin)
1996 bis 1998.
Kölsch Live
22. Februar 1992 bis heute.
Geißbock Info
2006 bis heute.
Business Echo
ab 2017

[098] „Tarzan" und „Toni" als Lebensretter

Im April/Mai 1982 unternimmt der 1. FC Köln eine Gastspielreise nach Marokko. Die Freundschaftsspiele gegen WAC Casablanca und Maghreb AS Fes gewinnen die Geißböcke mit 5:2 und 5:0. Aufregung kommt eher in der Freizeit auf. Beim Baden im Atlantik schwimmt Stephan Engels zu weit ins Meer und gerät in akute Seenot. Am Strand brutzeln Gerry „Tarzan" Ehrmann und

„Toni" Schumacher in der Sonne und amüsieren sich über die ausgefeilte Schwimmperformance des Mitspielers. Dass sich der „Steff" in höchster Gefahr befindet, ahnen die beiden Torhüter nicht. „Gerry Ehrmann rief noch im Spaß, ich solle meine Rolex rüberwerfen, dann würden sie mich rausholen. Aber dann merkten sie, dass ich wirklich in Schwierigkeiten war, und sprangen ins Wasser und holten mich da raus. Die waren beide fix und fertig. Ich auch, aber mit den Nerven", berichtet Engels über „Baywatch" beim FC.

★ ★ ★

Auch 1958 gaben die „FC-Beach-Boys" eine gute Figur ab. Am Schwimmbad der Sportschule Hennef präsentieren von links Fritz Ewert, Rudolf „Rudi" Eder (oben), Günter Mühlenbock und Hansi Sturm ihre Astralkörper.

Bei der Geburt getrennt (2)

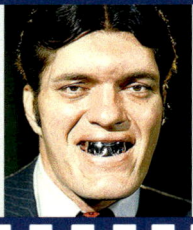 

Richard Kiel
alias „Beißer" aus
„James Bond" und
André Oliveira de
Lima („André").

Nächtliche Möbellieferung am Geißbockheim [100]

FC-Koch Jupp Müller staunte nicht schlecht, als er eines frühen Morgens in den 1990er Jahren von seiner Wohnung im Geißbockheim auf den vorderen Parkplatz des Clubhauses schaute. Ein Unbekannter hatte dort zahlreiche Möbelstücke abgestellt. Noch bevor ein Pressevertreter auf dem Gelände erschien, kümmerte sich FC-Platzwart Hansi Dentinger im Morgengrauen um die Entsorgung des Mobiliars. Später stellte sich heraus, dass es sich um Möbel eines damaligen FC-Mitarbeiters handelte, die dessen offensichtlich erboster Ex-Schwiegervater nachts am Geißbockheim deponiert hatte.

„Vince" und das Känguru-Benzin [101]

23. März 1985: Nach dem Auswärtsspiel beim VfB Stuttgart (1:3) hat FC-Busfahrer Hans Schimberg gerade an einer Autobahnraststätte getankt. Beim anschließenden Auffahren auf die Autobahn würgt er den Motor ab, so dass der Bus zwei große Sätze nach vorne macht und sich das in den Ablagen befindliche Gepäck im Bus verteilt. Alle Insassen erschrecken sich – bis auf den kleinen schottischen Angreifer Vincent „Vince" Mennie: Aus der letzten Sitzreihe meldet er sich spontan mit seiner schottisch-deutschen Krächzstimme zu Wort: „Ey Schimberg, haste Känguru-Benzin getankt?!"

Immer für einen Spaß zu haben: der Schotte Vincent Mennie,
beim FC von Juli 1982 bis Dezember 1985.

[102]

FC-Eintrittskarten und Dauerkarten im Wandel der Zeit

Vom simplen Papierticket zum Abreißen oder Knipsen zur elektronischen Einlasskontrolle. Die Karte, mit der man Zutritt ins Müngersdofer Stadion erhält, änderte häufig ihr Gesicht.

Auch mit gefälschten Eintrittskarten hatte der FC zu kämpfen. Während der Saison 1950/51 tauchen bei einigen Spielen Imitationen auf.

Seit der Spielzeit 1986/87 führt der FC die Bedruckung der Eintrittskarten in Eigenregie durch.

Seit 1992 ist die Eintrittskarte zu den FC-Spielen auch gleichzeitig ein Fahrausweis für alle öffentlichen Verkehrsmittel im Bereich des VRS (Verkehrsverbund Rhein-Sieg).

★ ★ ★

Ein elektronisches Einlasssystem gibt es bei den FC-Heimspielen seit Saisonbeginn 2004/05. Zur selben Spielzeit hatten Dauerkarteninhaber auch die Möglichkeit, ein persönliches Metallschild an ihrem Platz anbringen zu lassen. Gut 1.200 nutzten diese zum Preis von 50 (Nichtmitglieder), bzw. 30 Euro (Mitglieder) nicht ganz billige „Verewigung".

★ ★ ★

Udo Wilde ging als erster Inhaber einer lebenslänglichen Dauerkarte in die FC-Geschichte ein. Der Kölner Gastwirt („Flora 6") hatte im Sommer 2003 einen entsprechenden Antrag an den Verein gestellt. Finanziell einigte man sich schnell und seither hat Wilde, der in den 1980er Jahren schon die Fankneipe „Hattrick" betrieb und zeitweilig Busauswärtsfahrten organisierte, in Block W16, Reihe 1, Platz 3 eine lebenslängliche Sitzplatzgarantie. Später machte der FC-verrückte Gastronom mit dem Kauf eines ehemaligen Gefängnisbusses auf sich aufmerksam, mit dem er zu den Auswärtsspielen reist.

In den 1990ern und Anfang der 2000er Jahre verschenkte der FC einmal jährlich Freikarten an die Studienanfänger der Universität Köln, der Kölner Fachhochschulen und der Deutschen Sporthochschule. In Zeiten akuter Ticketknappheit ist es um die fast schon traditionelle Aktion aber eher ruhig geworden.

★ ★ ★

Zur Spielzeit 1994/95 brachte der FC die Dauerkarte erstmals als Einzelkarte zum Abknipsen heraus. Allerdings war sie auf demselben Papier gedruckt wie die Tageskarten, was zu schnellem Verschleiß führte. Ein Jahr später produzierte man das Abo-Ticket dann erstmals in Plastik.

★   ★   ★

Zur Spielzeit 1948/49 berechnete der 1. FC Köln nach der Währungsreform seine Eintrittskartenpreise erstmals in D-Mark. Teuerstes Ticket war der Sitzplatz Tribüne für 2 Mark (Mitglieder 1,50). Der Stehplatz war für 1 Mark (Mitglieder 50 Pfennig) zu haben. Gleichzeitig gab es beim FC erstmals Dauerkarten. Zunächst wurden nur Sitzplatzdauerkarten zum Preis von 50 und 40 Mark angeboten.

★   ★   ★

Als erster Klub im deutschen Profifußball führte der 1. FC Köln zur Saison 1998/99 die Auswärtsdauerkarte ein, die inzwischen viele Nachahmer hat.

★   ★   ★

Zur Saison 1984/85 konnte man seine FC-Dauerkarte auf Wunsch auch per Rate abzahlen. Die Zahl der verkauften Dauerkarten stieg durch diese Möglichkeit jedoch nicht.

★   ★   ★

Ein ungewöhnliches „Prämiensystem" präsentierte der FC seinen Dauerkartenkunden zur Saison 2002/03, nachdem man im Vorjahr zum zweiten Mal abgestiegen war. Für jeden Punkt, den die Profis im Verlauf der Spielzeit in der 2. Bundesliga sammelten, wurde den Karteninhabern 50 Cent (bei Stehplätzen 25 Cent) gutgeschrieben. Am Saisonende konnte der Betrag auf die neue Dauerkarte angerechnet oder als Fanartikelgutschein genutzt werden. Bei am Ende 65 Punkten konnten sich die Sitzplatzinhaber über 32,50 Euro und die „Steher" über 16,25 Euro freuen.

★   ★   ★

In den 1980er Jahren warb auch „Toni" Schumacher für FC-Dauerkarten.

DAUERKARTENVERKAUF 1. FC KÖLN SEIT 1948/49
(soweit ermittelbar)

1948/49	50
1949/50	82
1957/58	518
1958/59	527
1959/60	828
1960/61	943
1962/63	1.024
1963/64	1.195
1964/65	1.473
1966/67	1.431
1967/68	1.350
1969/70	1.736
1971/72	1.516
1973/74	1.979
1974/75	2.047
1975/76	2.617
1976/77	2.953
1977/78	3.274
1978/79	3.623
1979/80	2.252
1980/81	2.218
1981/82	2.061
1982/83	1.982
1983/84	1.561
1984/85	1.500
1991/92	3.000
1992/93	3.500
1993/94	5.000
1994/95	7.000
1997/98	6.900
1998/99	6.800, Auswärtsdauerkarte: 207
1999/00	8.000, Auswärtsdauerkarte: 250
2000/01	15.200, Auswärtsdauerkarte: 300
2001/02	18.700, Auswärtsdauerkarte: 350
2002/03	15.400, Auswärtsdauerkarte: 400
2003/04	23.500, Auswärtsdauerkarte: 443
2004/05	20.000, Auswärtsdauerkarte: 430

2005/06   25.500, Auswärtsdauerkarte: 500
2006/07   22.500, Auswärtsdauerkarte: 500
2007/08   25.000, Auswärtsdauerkarte: 500
2008/09   25.000, Auswärtsdauerkarte: 500 (beide vom Verein begrenzt)
2009/10   25.000, Auswärtsdauerkarte: 500 (beide vom Verein begrenzt)
2010/11   25.000, Auswärtsdauerkarte: 500 (beide vom Verein begrenzt)
2011/12   25.000, Auswärtsdauerkarte: 500 (beide vom Verein begrenzt)
2012/13   25.000, Auswärtsdauerkarte: 500 (Auswärts-DK vom Verein begr.)
2013/14   25.000, Auswärtsdauerkarte: 500 (beide vom Verein begrenzt)
2014/15   25.000, Auswärtsdauerkarte: 650 (beide vom Verein begrenzt)
2015/16   25.000, Auswärtsdauerkarte: 650 (beide vom Verein begrenzt)
2016/17   25.500, Auswärtsdauerkarte: 550 (beide vom Verein begrenzt)
2017/18   25.500, Auswärtsdauerkarte: 550 (beide vom Verein begrenzt)

[103] Am Rosenmontag wird nicht trainiert

Ein besonders cholerischer Vertreter der Trainerzunft war Gyula Lorant, der von Juni 1971 bis zum 4. April 1972 Chefcoach der Geißböcke war. Seine Launen waren berühmt und berüchtigt. Auch das FC-Funktionsteam bekam dies zu spüren. So legte er sich mit Zeugwart Hans Thönnes an, der aus Verärgerung über den Ungarn seinen Posten räumte. Erst als Lorant entlassen wurde, kam Thönnes wieder zu seinem FC zurück.

★ ★ ★

Zu der Zeit, als Lorant zum FC kam, war es üblich, dass ein Mitarbeiter der Gastronomie des Geißbockheims vor Heimspielen im Mannschaftsbus mitfuhr, um Tee und Gebäck für die Spieler und Stadionsprecher König nach Müngersdorf zu bringen. Diese Aufgabe wurde zumeist Günter Neumann zugeteilt. Neumann war von 1966 bis 1970 auch „Hennesbetreuer" und jobbte nebenbei bis zum Jahr 2000 in der Gastronomie des FC-Klubhauses. Als Neumann beladen mit Aufgussgetränk und Backwaren den Bus betrat, rastete Lorant aus und schmiss den verdatterten Teelieferanten kurzerhand aus dem Fahrzeug. Vergeblich wartete Hans-Gerhard König, der den mit Honig gesüßten Tee zur Ölung der Stimmbänder benötigte, auf sein gewohntes Getränk. Kurz vor dem Anpfiff dann der Anruf im Geißbockheim mit der Order, den Tee schnell ins Stadion zu liefern. Doch Günter Neumann hatte auch seinen Stolz und weigerte sich, die Kannen nochmals zu verladen. So musste alles von einem Taxi abgeholt werden, das erst zur Halbzeitpause an seinem Bestimmungsort ankam.

Lorants nur 11-monatige Amtszeit bei den Geißböcken endete spektakulär. Nachdem er Präsident Oskar Maaß bei einem Pokalspiel bei den Bayern als „alte, fette Sau" bezeichnet hatte, erfolgte drei Tage später die Kündigung.

Einer guten Zigarre war der ungarische Trainer nie abgeneigt. Bei einem Krankenbesuch bei dem an schwerer Grippe erkrankten Heinz Flohe qualmte Lorant dem in der Horizontalen liegenden Mittelfeldspieler kurzerhand das ganze Zimmer voll, „Flocke" nahm es mit Humor.

Lorant verstarb während eines Spiels seines Klubs PAOK Saloniki an den Folgen eines Herzinfarktes. Als sein Freund, der griechische Volkssänger Christos Sirpos davon erfuhr, brach auch er tot zusammen. Ein 36-Jähriger PAOK-Fan sprang vor Kummer über Lorants Tod aus dem 6. Stock eines Wohnhauses und verstarb an seinen schweren Verletzungen.

Als Spieler war Lorant Weltklasse. Bei der WM 1954 befand er sich im Team der Ungarn, das sich erst im Finale den Deutschen geschlagen geben musste.

Am Rosenmontag 1972 setzte Lorant trotz dieses kölschen Feiertages Training an. Vergeblich – keiner der Spieler erschien zu der Übungseinheit und der überraschte Übungsleiter stand mutterseelenallein auf dem Trainingsplatz.

[104] Sammler, Souvenirs, Glaube und Devotionalien

Als die ehemalige kolumbianische Nummer eins, Faryd Mondragon, im Sommer 2007 seinen Vertrag in Köln unterschrieben hatte, führte ihn sein Weg nicht zuerst ins Hotel oder in die Arme eines dubiosen Beraters. „Mondi"

steuerte direkt zielstrebig auf den FC-Fan-Shop zu, um dort mehr als 80 Trikots und viele weitere Souvenirs zu kaufen, die er an Freunde in Kolumbien verschenkte.

Mondragon hat jedoch nicht nur eine Vorliebe für Fanartikel. Er ist auch strenggläubig. So ließ sich der Torwart ein Handtuch weihen, in der Kabine hat er sogar einige Marienfiguren.

Faryd Mondragon ließ sich sogar seinen Namen in die Fußballschuhe sticken.

★ ★ ★

Fanatischer Sammler von Swatch-Uhren war Pierre Littbarski. Mehr als 400 der Schweizer Zeitmesser hatte Litti während seiner FC-Zeit zusammengetragen. Den Uhrentick verband er mit dem Aberglauben: „Immer wenn wir verloren haben, ziehe ich mir eine neue Uhr an."
Nicht nur Uhren, auch Schallplatten weckten bei Litti die Sammelwut. Bevor die gute alte Platte von der CD abgelöst wurde, hatte Litti mehr als 5.000 der Vinyl-Scheiben gesammelt. Hinzu kam noch eine gigantische VHS-Videosammlung von rund 3.000 Kassetten.

★ ★ ★

Auch dem Kameruner Pierre Womé hatten es die schmucken FC-Trikots angetan. Anfang Mai 2009 kaufte der Abwehrspieler 50 Exemplare für Freunde und Bekannte.

★ ★ ★

Toni Polster dokumentierte seinen Glauben während seiner FC-Zeit durch ein Bild des heiligen Antonius, das er an seinem Spind in der Kabine angebracht hatte.

★   ★   ★

Wolfgang Overath brachte im Mai 2009 seine Dankbarkeit gegenüber Gott zum Ausdruck, indem er über den weltberühmten Jakobsweg pilgerte. Frei nach dem Motto „Ich bin dann mal weg"…

★   ★   ★

Auch Heinz Flohe hatte Ende der 1970er Jahre einen Uhrensammeltick. Ihm hatten es die berühmten Schwarzwälder Kuckucksuhren angetan.

★   ★   ★

FC-FANARTIKELKATALOGE IM WANDEL DER ZEIT

Zur Saison 1982/83 erschien erstmals ein FC-Fanartikel-„Katalog". Dieser war eine Art Faltblatt, auf dem exakt 53 Artikel aufgeführt waren. Alternativ konnte man die Devotionalien auch im Gastraum des Geißbockheims erwerben.

★　★　★

Auf Lebensmittel setzte die FC-Marketingabteilung während der Saison 1996/97. So brachte man nicht nur die „1. FC Köln Nudeln", „Geißbock Schlückchen" (Likör) und den „FC-Senf", sondern in Zusammenarbeit mit der Firma Küppers Kölsch auch ein „1. FC Kölsch" heraus.
Im selben Jahr produzierte die Firma „Schauff" in Kooperation mit den Geißböcken ein „FC-Fahrrad", das man, ganz in den Vereinsfarben gehalten, für schlappe 999,- Mark erwerben konnte. Um die Palette komplett zu machen erschien im Oktober 1996 das erste Handy im FC-Look.

★　★　★

Würzig wurde es 1997/98. Fünf verschiedene Soßen-Dips, wie beispielsweise „1. FC Köln Knoblauch-Kräuter" wurden an den Fan gebracht. Auch 2002/03 gab es herzhafte Fanartikel: FC-Sponsor „Remagen" brachte Wurstwaren mit Geißbocklogo auf den Markt.

★　★　★

Erster FC-„Fanartikel" überhaupt war eine emaillierte Anstecknadel mit Klubwappen, die es ab Herbst 1948 in der Geschäftsstelle, an der Mitgliederkasse am Stadion und in der Gaststätte „Müller" zu kaufen gab.

★   ★   ★

Auch im März 2001 gab es wieder einen nahrhaften Fanartikel – Sponsor Kamps brachte das „FC-Brot" heraus.

★   ★   ★

Pünktlich zur Saison 1992/93 gab der FC in Zusammenarbeit mit der Firma „Douglas" sein erstes, eigenes Parfüm heraus. Zum Verkaufsschlager wurde das „effcé cologne" (Verkaufspreis 39 Mark) jedoch nicht, obwohl es nach

Testsieger, aber kein Verkaufsschlager: Das FC-Parfüm.

einem „Fußball-Parfümtest" des Pay-TV-Senders Premiere auf Platz 1 landete, vor der Konkurrenz aus Bayern, Dortmund, Hamburg, Kaiserslautern und Schalke.

In derselben Spielzeit brachten die Kölner auch die erste und bislang einzige Telefonkarte an die Fans. Stolze 60 Mark musste für die an öffentlichen Telfonzellen zu verwendende Karte hingeblättert werden – bei nur 6 (!) Mark Gesprächsguthaben.

★   ★   ★

Auch beim SSV Reutlingen fand man offensichtlich Gefallen an Bekleidungsstücken mit dem springendem Geißbock. Als nach dem Heimspiel gegen die Reutlinger am 10. November 2002 der Bus der Schwaben von Randalierern beschädigt wurde, lieh der FC dem SSV seinen Bus. Als Busfahrer Michael Liebetrut das Gefährt wieder zurückbekam, stellte er fest, dass die Reutlinger die im Bus gelagerten Jacken und Koffer als „Andenken" behalten hatten.

★   ★   ★

Während der Saison 1997/98 ermittelte das Fan-Projekt in einer Umfrage den sinnlosesten FC-Fanartikel. Auf Platz 1: Nudeln, Platz 2: Kondome, Platz 3: Das orange-rote „Wabentrikot", von vielen Anhängern auch als hässlichstes FC-Trikot aller Zeiten bezeichnet.

★   ★   ★

Eine Armbanduhr, eine Ledertasche, eine Geldbörse und ein Skatspiel erhielt jeder Spieler der Nationalmannschaft Kameruns vom 1. FC Köln im August 1960. Die Zentralafrikaner weilten als Gäste der Geißböcke in der Domstadt. Das zuvor ausgetragene Freundschaftsspiel entschieden die Gastgeber mit 6:2 zu ihren Gunsten.

Franz Kremer überreicht die Erinnerungsgeschenke an die Nationalmannschaft Kameruns. Darüber berichtete sogar e ne in französischer Sprache erscheinende kamerunische Zeitung.

★ ★ ★

Im Dezember 1997 eröffnete der FC als erster Bundesligist einen „Fan-Artikel-Shop" eigens für Neugeborene. Seitdem werden in der Klinik Köln-Holweide Strampler, Schnuller, Lätzchen und Stoffgeißböcke für den FC-Nachwuchs angeboten.

★ ★ ★

An diverse Fahrzeuge von FC-Sponsor Ford im FC-Look hatte man sich ja schon gewöhnt. Im Sommer 2009 gab es erstmals den „FC-Fanroller" im Angebot. Die 50ccm-Variante zu 1.099 Euro oder 125 ccm für 1.299 Euro.

★ ★ ★

Ein besonderes Hobby hatte Trainer Hanspeter Latour. Der sympathische Schweizer, dem die Kölner Boulevardpresse den Namen „Bergdoktor" verpasste, war leidenschaftlicher Sammler von Elefantenfiguren. Als dies die FC-Fans gewahr wurden, bombardierte man Latour innerhalb kürzester Zeit mit unzähligen Miniaturdickhäutern. Noch heute besteht ein nicht unerheblicher Teil von Latours privater Elefantenherde aus Geschenken, die er während seiner gut zehnmonatigen Amtszeit als FC-Coach im Jahre 2006 bekommen hat.

★ ★ ★

Zur Saison 2009/10 war sogar das „1. FC Köln Haus" im Angebot, passend in den Vereinsfarben gehalten und mit FC-Wappen auf dem Garagentor.

1. FC KÖLN Haus

▶ **Jeder Mensch kann etwas besonders gut – wir bauen Häuser!**

www.massivhaus-mittelrhein.de/fckoeln

★   ★   ★

Puppen in der jeweiligen Landestracht waren das Sammelgebiet von FC-Torwart Fritz Ewert. Immer wenn er mit den Geißböcken oder der Nationalmannschaft im Ausland unterwegs war, besorgte sich der Keeper eine entsprechende Spielzeugpuppe.

★   ★   ★

Die Kunst hat es dem ehemaligen „Flankengott" Harald Konopka angetan. Seit den 1970er Jahren sammelt der heute als Vertreter tätige Konopka Gemälde verschiedener, teilweise berühmter Maler.

★   ★   ★

Einen Schuhtick hat Lukas Podolski. Alle wichtigen Fußballschuhe seiner Karriere, vor allem von der WM und EM, sammelt Poldi in einer speziellen Vitrine.

★   ★   ★

Einen besonderen Glücksbringer hatte Ex-FC-Abwehrspieler Christopher Schorch im rechten Fußballschuh: Unter der Sohle befand sich ein Foto seines Vaters.

[105] Unmoralisches Angebot

Günter Schemmerling hätte eigentlich eine Bilderbuchkarriere beim 1. FC Köln hinlegen können. Immerhin 15 Pflichtspieltore hatte der von TuRa Bonn gekommene Angreifer in seiner ersten Saison (1951/52) bei den Geißböcken erzielt. Doch zu einer zweiten Saison kam es nicht. Der Lokalrivale Preußen Dellbrück machte dem Torjäger ein unmoralisches Angebot und stellte, um dieses zu untermauern, ein nagelneues Auto vor Schemmerlings Haustür. Der Stürmer erlag der Verlockung und wechselte auf die rechte Rheinseite. „Ich hätte mal schön beim FC bleiben sollen", sieht Schemmerling die Sache heute etwas anders.

Besser machte es Leo Wilden. Bevor der spätere Nationalspieler zum FC wechselte, hatte auch er ein Angebot von Viktoria Köln, vormals Preußen Dellbrück. Wildens Vater war jedoch vom FC überzeugt und versprach dem Filius ein Auto, falls dieser sich für eine Unterschrift beim 1. FC Köln entscheiden sollte. Leo musste nicht lange überlegen. Er entschied sich für den FC und somit auch für einen nagelneuen Ford Taunus.

[106] Nummernsalat statt Tore

Die Rückennummer 55 war die Wunschnummer von Attila Tököli, als dieser zur Saison2004/05 zum FC kam. Diese Schnapszahl war den Herren von der DFL dann doch ein wenig zu viel und so legten sie ihr Veto ein. So musste der ungarische Nationalstürmer zwangsweise das Shirt mit der Nummer 9 nehmen. Ob es an der falschen Rückennummer lag, dass Tököli zu nur vier Pflichtspieleinsätzen kam und nicht ein Tor erzielen konnte? Oder war der damalige Teamchef der Nationalmannschaft Ungarns, Lothar Matthäus, schuld am Transferflop? Schließlich hatte „Loddar" den Angreifer auf FC-Nachfrage wärmstens empfohlen.

[107] Torjäger

394 Tore erzielte Dieter Müller während seiner FC-Zeit (1973 – 1981) in Pflicht- und Freundschaftsspielen für die Geißböcke. Damit belegt er Rang drei der ewigen FC-Torschützenliste. Vor ihm rangieren Hans Schäfer mit 501 Treffern und Hannes Löhr mit 421 Toren (auch hier Pflicht- UND Freundschaftsspiele!).

Luftaufnahme des neu erbauten Geißbockheims aus dem Jahr 1953.

GEISSBOCKHEIM

- Erbaut auf dem im frühen 19. Jahrhundert errichteten „Fort VI b". Seit 1926 diente das „Fort VI b" der Spielvereinigung Sülz 07 als Klubhaus.
- Bis 1953 fungierte das „Fort VI b" als Vereinsheim des 1. FC Köln.
- Bereits 1949 bildet der FC ein Sonderkonto zur „Schaffung einer Großsportanlage".
- Im Sommer 1951 beginnen mit der Anlage eines Rasenplatzes die Bauarbeiten zur Errichtung des FC-Sportparks.
- Im Frühjahr 1952 wird der Grundstein zum Bau des Geißbockheims gelegt.
- Am 12. September 1953 wird das Geißbockheim feierlich eröffnet. Die Gesamtbaukosten betragen rund 250.000 DM.
- Im Juni 1959 erhält das Geißbockheim eine zentrale Ölheizung. Zwei neue Rasen- und ein neuer Aschenplatz werden angelegt. Zusätzlich beginnt man mit dem Bau der Sporthalle und der Befestigung des Parkplatzes. Auch die Außenterrasse und der Anbau für die Jugendabteilung entstehen.
- August 1959: Umzug der FC-Geschäftsstelle ans Geißbockheim.
- 12./13. Mai 1962: Meisterfeier rund um das Geißbockheim. Über 50.000 Fans feiern den ersten deutschen Titelgewinn der Kölner. Die Titelfeiern finden ab diesem Jahr am Geißbockheim statt.

Blick in den Thekenraum des Geißbockheims. Seltene Farbaufnahme aus dem Jahr 1965.

- 30. Mai 1977: Nach dem DFB-Pokalsieg reißen begeisterte Fans die alte Theke ab, die daraufhin erneuert wird. Noch im selben Jahr finden umfangreiche Renovierungsarbeiten statt.
- 11. Juni 1983: Der letzte Titel des FC, der DFB-Pokalsieg 1983 wird im kleinen Kreis gefeiert.
- 3. Januar 1994: Der Fan-Shop im Erdgeschoss des Geißbockheims wird eröffnet. Zugleich wird auch der Eintrittskartenvorverkauf in das neue Geschäft verlegt. Zuvor waren die Fanartikel im Gastbereich des Klubhauses verkauft worden.
- Sommer 1997: Erweiterungsbau Lizenzspieler (Grundsteinlegung 13.08. 1997), eine gesonderte Etage für die Jugendabteilung entsteht, Vergrößerung des Fan-Shops.
- Februar 2000: Nach Umbau und Renovierung der Gasträume wird das Geißbockheim wiedereröffnet.
- 20. Juli 2003: Letzte offizielle Saisoneröffnung am Geißbockheim, die ab Sommer 2004 am RheinEnergieStadion durchgeführt wird.

- 27. April 2009: Die FC-Geschäftsstelle zieht vom RheinEnergieStadion (seit 2004) in das neue Verwaltungsgebäude ans Geißbockheim.
- Dez. 2013/Jan. 2014: erneute Umbau- und Renovierungsarbeiten. Dabei wurde die Einrichtung des Geißbockheims dem Stil der FC-Geschäftsstelle angepasst sowie ein Aufzug eingebaut, der auch behinderten Fans den Besuch der Gastronomie ermöglicht.

Oben: In den 1980er Jahren entstanden und bei den Fans sehr beliebt: Die Fotowand mit den Meisterspielern im Gastraum des Geißbockheims, die bei der Renovierung 1999/2000 leider entfernt wurde.
Unten: Tradition und Moderne – vor dem Altbau entstand der 2009 eingeweihte, neue Verwaltungstrakt der FC-Geschäftsstelle.

ALLE PÄCHTER UND GESCHÄFTSFÜHRER DER GASTRONOMIE DES GEISSBOCKHEIMS AUF EINEN BLICK:

12.09.1953 bis Juli 1961	Eheleute Trautvetter
Juli 1961 bis 07.12.1968	Heinz und Anni Rausch
07.12.1968 bis März 1972	Hans-Julius und Gertrud Röth
März 1972 bis 30.06.1992	Andre und Helga Lescroart/ Herbert Noack
01.07.1992 bis 10.02.1998	Rudolf Kositzky/Herbert Noack
10.02.1998 bis Dezember 1999	Herbert Noack
Dezember 1999 bis Dezember 2013	Eugen Glöckner
ab Januar 2013	Rolf Bechtold

Küchenchef 1965 bis 2000	Josef „Jupp" Müller
Davor und danach häufig wechselnd.	

Diese Zusammenstellung stellt nur einen kleinen Ausriss der umfangreichen Geschichte des Geißbockheims dar.

★　★　★

FRANZ KREMER STADION

- Baubeginn: Frühjahr 1966. Endgültige Fertigstellung sämtlicher Bauarbeiten: 3. August 1971 mit dem Freundschaftsspiel 1. FC Köln - AS Monaco (1:1). Offizieller Name: „Jugend- und Amateurstadion" bzw. „Amateurstadion". Die Bauarbeiten verzögerten sich aufgrund der angespannten finanziellen Situation des 1. FC Köln.

- 11.11.1977: Im Rahmen einer Feierstunde anlässlich des 10. Todestages von Franz Kremer wird das Stadion in Anwesenheit von Witwe Liselotte Kremer und Präsident Peter Weiand in „Franz Kremer Stadion" umbenannt.

- 30.09.1979: DFB-Pokal-Zweitrundenspiel 1. FC Köln - Altona 93 10:0 vor 5.777 Zuschauern.

- 01.09.1984: DFB-Pokalerstrundenspiel 1. FC Köln - Stuttgarter Kickers 8:0 vor 3.485 Zuschauern.

- 1984/85: In der Tribüne werden Umkleideräume und Toiletten installiert.

- 2005/2006: Umbau den Regionalligabedingungen entsprechend, mit abgetrenntem Gästebereich, Gästekasse und Gästeparkplatz.

- 2007: Einbau Rasenheizung.

Rund ums Geißbockheim

Im Winter 1956 kam es im Geißbockheim zu einem Kaminbrand. Die Staatsanwaltschaft Köln ermittelte daraufhin gegen Franz Kremer wegen „fahrlässiger Brandstiftung". Nur wenige Wochen später wurde das Verfahren eingestellt, da eine mangelhafte Wartung durch den Schornsteinfeger den Brand verursacht hat.

★ ★ ★

In den 1960er Jahren gab es am Geißbockheim auch einen Ponyverleih samt Süßwaren- und Souvenirverkauf in stilechter Hütte.

Mai 1963: Auf der Terrasse des Geißbockheims werden eine Minigolfanlage und das bei den Fans besonders beliebte „Schwarzwaldhäuschen" eingeweiht.

Ab Mai 1963 befand sich auf der Terrasse des Clubhauses eine Minigolfanlage sowie ein „Schwarzwaldhäuschen", das von den Fans auch „Schießbud" genannt wurde. Neben dem Geißbockheim gab es ab 1966 auch einen Ponyverleih, der in den 1970er Jahren wieder geschlossen wurde.

★ ★ ★

In den 1960er Jahren (ab 1961/62) wohnte FC-Spieler Karl-Heinz Thielen im Geißbockheim. So hatte er von allen Akteuren den kürzesten Weg zum Training.

★ ★ ★

1993/94 wurde das Clubhaus zeitweilig zur Radiostation umfunktioniert. Die Sendung „Verlängerung" von Radio Köln ging live aus dem Geißbockheim „on Air".

★ ★ ★

Nach dem 5:3-Sieg in Hannover am 8. Mai 2000 gelang dem FC der erste Wiederaufstieg in die 1. Bundesliga. Auch für die Spieler wurde es eine lange Aufstiegsnacht, die mit einer Feier zusammen mit den Fans im Geißbockheim und in der Diskothek „Palm Beach" endete. Masseur Jürgen Schäfer traute seinen Augen nicht, als er am nächsten Morgen als Erster in den Lizenzspielertrakt kam. Sechs Spieler lagen dort auf diversen Massagebänken und schliefen laut schnarchend ihren Rausch aus.

★   ★   ★

15.000 DM Bargeld und die letzten dem Verein noch verbliebenen Goldmünzen vom Double 1978 erbeuteten Einbrecher, die Anfang September 1993 über das Terrassendach in die FC-Geschäftsstelle im Geißbockheim eingedrungen waren. Dabei hatten sich die Gauner mit einem Tornetz abgeseilt und den noch aus Franz Kremers Zeiten stammenden Safe aufgeschweißt. Hierzu mussten die Einbrecher eine 50 Meter lange Gasleitung verlegen.

★   ★   ★

Im Sommer 2000 wurden auf dem Trainingsplatz vor dem Geißbockheim Flugzeugteile, Fliegerbomben und Granatreste aus dem Zweiten Weltkrieg entdeckt und vom Kampfmittelräumdienst entfernt.

★   ★   ★

Große Unzufriedenheit herrschte im FC-Umfeld zum Beginn der Saison 1990/91. Vor allem auf den Vorstand um Präsident Dietmar Artzinger-Bolten, der in der Sommerpause Erfolgstrainer Christoph Daum ohne ersichtlichen Grund gefeuert hatte, fokussierte sich der Unmut der Fans. Nachdem bei den Heimspielen bereits „Vorstand raus"-Rufe zu hören waren, eskalierten am 1. September 1990 die Ereignisse. Der FC hatte gerade auf dem Gladba-

Fühlt sich bis heute im Geißbockheim wohl: Wolfgang Overath, hier an Karneval 1968 beim Albern mit dem Personal.

cher Bökelberg 2:2 gespielt, als eine Gruppe von rund 50 Männern das Geißbockheim betrat. Nachdem Getränke bestellt und serviert waren, wurden wie auf Kommando die Tischdecken samt Geschirr heruntergezogen. Blitzartig wurden Stühle durch den Gastraum und in die Glasvitrinen mit alten Wimpeln und Pokalen geworfen. Dabei skandierten die Randalierer „Vorstand raus". Auch die Telefonsäule sowie weiteres Mobiliar und Geschirr gingen zu Bruch. Verängstigt brachten sich die anwesenden Gäste und das Personal in Sicherheit. Ein Hilfskoch, der die Randalierer aufhalten wollte, bekam Augen und Nase blutig geschlagen. Nach wenigen Minuten war der Spuk beendet und die Gruppe flüchtete über die Terrasse in Richtung Wald. Es entstand ein Schaden von mehr als 10.000 DM.

★ ★ ★

In den 1970er und 1980er Jahren war es eine feste Institution: Das traditionelle Fischessen am Aschermittwoch im Geißbockheim. Zwischen 200 und 300 Personen nahmen daran alljährlich teil.

Das künstlerisch besonders wertvoll gestaltete Plakat zum traditionellen Fischessen im Geißbockheim.

Europacup gemischt

In einem erstklassigen Hotel waren Mannschaft und Betreuer des 1. FC Köln im Rahmen des UEFA-Pokal-Viertelfinalhinspiels bei Sporting Lissabon am 5. März 1986 untergebracht. Dennoch war Abwehrkante Karl-Heinz Geils offensichtlich die großzügige, neben dem Bett installierte „Nachttischlampe" zu hell. Da „Kalle" aber auch nicht ganz im Dunkeln sein wollte, deckte er das leuchtende Ungetüm mit einem Handtuch ab. Bei der Lektüre einer Sportzeitung übermannte den Verteidiger die Müdigkeit und er schlummerte ein. Geschockt waren Geils und die in den umliegenden Zimmern untergebrachten Mitspieler, als plötzlich mitten in der Nacht starker Brandgeruch in Zimmer und Flur zu riechen war und der schrille Feuermelder das ganze Hotel weckte. Das am Abend über die Lampe gelegte Handtuch hatte Feuer gefangen und stand samt seiner näheren Umgebung lichterloh in Flammen. Glücklicherweise konnte der Brand rechtzeitig gelöscht werden, ohne dass Personen zu Schaden kamen. Auch Kalle Geils kam mit dem Schrecken davon.

Trainer Georg Keßler wollte den nächtlichen Feuerschreck anscheinend noch übertreffen. Nach dem Abschlusstraining in der portugiesischen Hauptstadt ordnete er an, die feucht gewordenen Trainings- und Fußballschuhe auf eigenwillige Art zu trocknen. Jeder Spieler sollte seinen Haarfön anstellen und diesen in die klammen Treter stecken. In einem unweit des Hotels gelegenen Elektrogeschäft wurden noch flugs einige Verlängerungskabel erworben, damit dem Wunsch des „Sir" entsprochen werden konnte. Wenige Minuten später rauchten nicht nur die Schuhe, auch sämtliche Haartrockner hatten ihren Geist aufgegeben. Der gleiche Laden, der zuvor noch die Kabel verkauft hatte, freute sich nun über weiteren Umsatz, da 20 neue Föhne angeschafft werden mussten.

Auch im „Fanhotel", in dem die FC-Schlachtenbummler anlässlich des Europapokalhalbfinalhinspiels bei Nottingham Forest im April 1979 untergebracht waren, ereignete sich ein Brand, als nachts plötzlich die Hotelküche in Flammen stand. Das Feuer konnte gelöscht werden, während die Kölner Fans sowie die anderen Gäste vorsorglich evakuiert worden waren.

Invasion: Als der FC sich im Mai 2017 erstmals seit 25 Jahren wieder für einen europäischen Wettbewerb qualifizierte, pilgerten mehr als 20.000 (!) FC-Fans zum ersten Europa-League-Spiel am 14. September 2017 gegen Arsenal nach London – bis dato einmalig in der FC-Historie.

Nachdem der FC am 16. April 1986 durch ein 3:3 im Halbfinalrückspiel des UEFA-Cups beim KSV Waregem im belgischen Kortrijk erstmals ein europäisches Endspiel erreichte, kamen wegen der im Rahmen der Partie stattgefundenen Zuschauerausschreitungen schon während der anschließenden Feier im Mannschaftshotel Gerüchte um eine Platzsperre für den FC im Finale auf. Diese Gerüchte sollten sich später bewahrheiten. Dieter Prestin erinnerte sich Jahre später in einem Kölner Boulevardblatt: „Nach durchzechter Nacht waren einige der FC-Spieler so frustriert, dass sie mit sechs Mann ihr Hotelzimmer im 2. Stock komplett zerlegten und die Einzelteile bestehend aus Flaschen, Gläsern, Stühlen und Tischen in einen kleinen Teich vor dem Hotel warfen. Vom Vorstand gab es anschließend zwar einen ordentlichen Rüffel, aber keine Strafen."

[111] Nackte Kölner in Japan

Nur einen Tag nach dem legendären Pokalfinale 1973, das der FC gegen den Erzrivalen Borussia Mönchengladbach mit 1:2 verlor, reisten die Kölner erst-

mals in der Vereinsgeschichte ins ferne Japan. Im Land der aufgehenden Sonne steckte der Fußball noch in den Kinderschuhen und die FC-Spieler waren richtige Superstars, allen voran Wolfgang Overath, der mit lauten „Overatto, Overatto"-Sprechchören gefeiert wurde. Jedes der drei im Rahmen der Tour ausgetragenen Freundschaftsspiele wurde live im japanischen TV gezeigt. Einen ganz exklusiven Blick auf die Kicker aus Deutschland erhaschten einige jugendliche

Berühmte Gäste: Ankündigungsplakat zum FC-Gastspiel in Japan 1973.

Zuschauer beim Spiel in Tokio. Sie hatten bemerkt, dass der Umkleide- und Duschtrakt des Stadions nur im unteren Bereich mit blickdichtem Glas besetzt war, im oberen Drittel aber freien Blick ins Innere gewährte. Die cleveren Japaner, die von Natur aus eher eine kleine Statur haben, bildeten mehrere Räuberleitern und schon war die Sicht auf die nackten Fußballer frei. Die Spieler nahmen die plötzlich auftauchenden „Spanner" grinsend zur Kenntnis. Als man eine Woche später, erneut in Tokio, zum letzten Spiel antrat, hatten die Organisatoren offensichtlich Wind von der unverhofften Attraktion bekommen. Sämtliche Fenster des Kabinentrakts waren jetzt mit alten Zeitungen zugeklebt. FC-Torwart Gerhard Welz wollte den Japanern den Spaß nicht verderben. In einem unbeobachteten Moment entfernte der immer zu Scherzen aufgelegte Keeper noch vor der Partie die aufgeklebten Zeitungen.

★　★　★

Katzenfleisch? Skeptische Blicke von Bernd Cullmann und Wolfgang Weber während der Japan-Tour 1973.

Überhaupt war die 1973er Japan-Tour ereignisreich. In den berühmten heißen Quellen von Hakone gingen Mannschaft und Vorstand samt Präsident Oskar Maaß im wahrsten Sinne des Wortes baden. Aufregung herrschte lediglich nach dem Besuch eines koreanischen Restaurants. Die dargereichten Speisen schmeckten merkwürdig säuerlich und man war sich nicht sicher, von welchem Tier das verzehrte Fleisch wohl stammen würde.

Armdrücken mit Flocke

Ein beliebtes Spiel unter den FC-Spielern und einigen Mitarbeitern war in den 1970er Jahren das Armdrücken. Einer der Besten in dieser Disziplin war Heinz Flohe, der sich auch privat für Kraftsport, genauer gesagt für das Ringen interessierte. An einem Gegner scheiterte jedoch auch Flocke immer wieder. FC-Chefkoch Jupp Müller war auch mit größter Anstrengung nicht niederzudrücken. Der Eifler schien unmenschliche Kräfte zu haben. Ebenfalls in den 1970er Jahren veranstaltete der FC zeitweilig am Geißbockheim ein Sommerfest für die Mitglieder. Beim Sommerfest im August 1974 hatte ein anwesender Fan schon mehrere FC-Spieler im Armdrücken vernichtend geschlagen und wurde übermütig. „Hier drückt mich keiner runter", tönte der Kraftprotz. „Was wetten wir, dass ich hier doch noch einen finde, der dich schlägt?", forderte Heinz Flohe das Großmaul heraus. „Ich verwette meine goldene Armbanduhr darauf, dass

du keinen findest", war der Gast siegessicher. Also schlich Flocke in die Küche zu Jupp Müller. „Jupp, unten kannst du dir eine goldene Uhr verdienen. Musst nur beim Armdrücken gewinnen." Der Chefkoch wollte zunächst nicht, ließ sich aber überreden. Ohne Probleme bezwang Jupp Müller den Kontrahenten und wollte zunächst die „Siegprämie" nicht annehmen. Doch Flocke wachte streng darüber, dass die Uhr ordnungsgemäß ihren Besitzer wechselte.

Beim in den 1970er Jahren regelmäßig stattfindenden FC-Sommerfest wurde den Mitgliedern einiges an Unterhaltung geboten.

HINTER DEN EISERNEN VORHANG – Heinz Flohe war der erste Bundesligafußballer, der im DDR-Fernsehen anlässlich einer Sendung über die bevorstehende WM 1978 in Argentinien zu Wort kam. Per Telefon interviewt, hörten Millionen Fußballfans im anderen deutschen Staat die Stimme des FC-Kapitäns.

EIN HERZ FÜR DIE FANS – …bewies Flohe, als der FC-Tross zu nächtlicher Stunde nach dem DFB-Pokalsieg 1978 ans Geißbockheim zurückkam. Einige Hundert Anhänger hatten auf dem Parkplatz ausgeharrt, um auf die Rückkehr ihrer Lieblinge zu warten. Im Klubhaus hatte man jedoch nur ein internes Bankett vorgesehen. Nicht so „Flocke", der kurzerhand die Türen öffnen und die Fans ins Innere strömen ließ. Rund 1.200 Liter Kölsch gingen innerhalb kürzester Zeit über die Theke, unablässig machte der DFB-Pokal die Runde. Einige Fans nutzten die Gelegenheit, um Tischdecken mit Vereinsemblem und Dekorationsstücke mitgehen zu lassen. Selbst die auf dem Dach gehisste FC-Fahne wurde von einem Souvenirjäger entwendet.

Seltenes Fotodokument: Gartenparty für Spieler und Betreuer im Garten von Franz Kremer im Sommer 1962. Am oberen Tisch ist der „Boss" im modischen, weißen Anzug zu sehen.

Gartenparty [113]

In den 1960er Jahren waren sie bei den FC-Spielern samt Frauen sowie den Mitarbeitern außerordentlich beliebt – die Gartenpartys bei Präsident Franz Kremer. Im Garten seines Anwesens in der Franzstraße, im schönen Kölner Vorort Lindenthal, lud der Boss gelegentlich zum Feiern ein. Dabei stand den Gästen nicht nur die Grünanlage, sondern auch ein geschmackvoll eingerichtetes Gartenhäuschen zur Verfügung. Noch heute sind diese Festlichkeiten vielen ehemaligen Spielern in guter Erinnerung. Selbstverständlich achtete Franz Kremer darauf, dass es kulinarisch an nichts mangelte, und so wurden die Speisen von einem Koch zubereitet. Organisiert wurden die Gartenpartys von Geißbockheim-Gastronom Heinz Rausch. Rückwärtig grenzte Kremers Garten an das Gebäude der Berufsfeuerwehr. Die jeweils Dienst habenden Floriansjünger holte der Boss zu deren Freude kurzerhand mit in die Festgesellschaft. Auch die musikalische Unterhaltung kam nicht zu kurz. Bei der Gartenfete im Juni 1962 ließ Kremer den seinerzeit bekannten Schlagersänger Bruce Low auftreten. Da die Geißböcke einen Monat zuvor erstmals Deutscher Meister geworden waren, gab es zum Abschluss noch für jeden Spieler eine goldene Armbanduhr mit auf den Heimweg.

Auch Pierre Littbarski erfreute seine Mitspieler sowie das Funktionsteam mit einer alljährlichen Grillparty im Garten seines Anwesens in Weilerswist. Dazu ließ sich Litti auch immer das ein oder andere Spiel einfallen. Beliebt war beispielsweise das Wasserballturnier im Pool des Hausherrn. „Wir mussten nur immer etwas Wasser rauslassen, damit Horst Heldt und ich mitspielen konnten", witzelte Litti nach einer der Gartenfeten.

[114] Rasenprobleme

Früher war er weit über die Stadtgrenzen der Domstadt hinaus berühmt: der erstklassige Rasen der Kölner Hauptkampfbahn. Vor allem im 1923 eingeweihten „Urmodell", von dem der FC im Sommer 1971 in die Radrennbahn umzog, hatte man einen für die damalige Zeit außerordentlich guten Spielteppich. Auch das Nachfolgemodell, die am 12. November 1975 eingeweihte „Betonschüssel", verfügte in der Regel über eine ordentliche Wiese. Erst mit der Fertigstellung des neuen Müngersdorfer Stadions (RheinEnergieStadion, endgültige Fertigstellung am 31.01.2004 mit dem Heimspiel gegen Borussia Mönchengladbach), begannen die Rasenprobleme. Durch die Bau- und Dachkonstruktion bekommt das Grün zu wenig Luft und Licht. Kopfschüttelnd verfolgten die Zuschauer die oftmals mehr rutschenden als laufenden FC-Kicker. Mehrfach musste der Rasen ausgetauscht werden, so auch im August 2006. Besonders hart traf es die Spielfläche im Winter der Saison 2008/09. Erstmals nach Ewigkeiten gab es in Köln wieder jede Menge Frost und sogar eine geschlossene Schneedecke, die fast anderthalb Wochen liegen blieb. Durch den auf dem Stadiondach liegenden Schnee, Dauerfrost und eine teilweise defekte Rasenheizung wurde dem Platz, der nun fast gar kein Licht mehr bekam, richtig zugesetzt. Beim Rückrundenauftakt gegen den VfL Wolfsburg (1:1) glich der Rasen mehr einem Treibsandacker als einem Bundesligaspielort. So musste die Grasfläche Anfang Februar 2009 nach dem letzten Austausch im Jahre 2006 erneut komplett erneuert werden. Rund 100.000 Euro Kosten verschlang die Aktion. Geliefert wurde das Grün von der Firma Pfeiffer aus Willich, zu deren Kunden neben Manchester United, Bayern München und Ajax Amsterdam auch das Bundeskanzleramt gehört.

Mondlandschaft mitten in Müngersdorf. Im Winter 2008/09 musste der Rasen des Stadions erneut komplett ausgetauscht werden. Trotz „Fotografierverbots" durch die KSS (Kölner Sportstätten GmbH) entstand dieses eindrucksvolle Foto.

Die Torjägerkanone

Im März 2007 geisterte eine kuriose Versteigerung eines bekannten Internet-auktionshauses durch die Presse. Die im Jahre 2004 erhaltene *kicker*-Torjä-gerkanone des Brasilianers Ailton wurde von einem ehemaligen Berater des Spielers wegen angeblicher Schulden zum Kauf angeboten. Erst nach einer einstweiligen Verfügung, die Ailton vor Gericht erreicht hatte, konnte die Auktion vorzeitig beendet werden.

Auch die Kanone eines FC-Torschützenkönigs ist nicht mehr in dessen Be-sitz. Das Exemplar, das Klaus Allofs für seine 26 in der Saison 1984/85 erziel-ten Treffer vom bekannten Sportmagazin überreicht bekam, steht heute nicht etwa in Bremen, sondern im Rheinland. Dafür verantwortlich ist Kurt Hei-artz, seit Kindesbeinen leidenschaftlicher FC-Fan und Sammler. Bis der ge-lernte Landwirtschaftsmaschinenmechaniker aus Düren vor einigen Jahren erkrankte, fuhr er zu fast jedem FC-Spiel. Auch zu einigen Spielern pflegte Heiartz, vor allem in den 1970er und 1980er Jahren, gute Kontakte. So wusste er auch, dass Klaus Allofs großer Pferdeliebhaber ist. Nach einem erfolgrei-chen Spiel schenkte Heiartz dem Angreifer ein altes Pferdegeschirr. Darüber freute sich Allofs so sehr, dass er dem überraschten FC-Anhänger spontan seine Torjägerkanone vermachte. Viele Jahre lang stand das seltene Erinne-rungsstück im Wohnzimmerschrank des Düreners und wurde gehegt und gepflegt. Inzwischen hat Heiartz das „Geschütz" an den Bestand des FC-Mu-seums, in dem bereits die 1968 an Hannes Löhr vergebene Kanone ausgestellt wird, übergeben.

★ ★ ★

ALLE FC-BUNDESLIGA-TORSCHÜTZENKÖNIGE

1968 Johannes Löhr (27 Tore)
1977 Dieter Müller (34 Tore)
1978 Dieter Müller (24 Tore)
1985 Klaus Allofs (26 Tore)
1989 Thomas Allofs (17 Tore)

2005 Lukas Podolski
(2. Bundesliga, 24 Tore)
2008 Milivoje Novaković
(2. Bundesliga, 20 Tore)

Stand mehr als 24 Jahre lang in Düren: Die 1985 gewonnene Torjägerkanone von Klaus Allofs.

[116] Mit Rauch besiegelt

Beim FC konnte sich der als Sturmhoffnung gekommene, spätere 69-fache Nationalspieler Preben-Elkjaer Larsen nicht durchsetzen. Immerhin gelang es dem Dänen, Hennes Weisweiler zu verblüffen. Obwohl gerade mal 18 Jahre alt, steckte sich der Angreifer nach der Vertragsunterzeichnung beim FC im Sommer 1976 in Anwesenheit von Weisweiler und Manager Kalli Thielen erstmal genüsslich eine Zigarette an. Da staunte selbst „Don Hennes" Bauklötze.

Auch beim Zocken sorgte Larsen für erstaunte Gesichter. Als Präsident Peter Weiand die Lizenzspieler im November 1976 ins Aachener-Spielcasino einlud, kaufte sich „Larry", so sein Spitzname, Jetons für 300 Mark, nur um kurze Zeit später 1.000 Mark zu gewinnen und grinsend das Casino zu verlassen.

[117] Den 60. Geburtstag zweimal gefeiert

Im Jahre 2008 feierte der 1. FC Köln offiziell seinen 60. Geburtstag. Neben einem Aufsehen erregenden Jubiläumsfilm veröffentlichte man auch ein edles Jubiläumsmagazin. Am 3. August 2008 dann der Höhepunkt der Feierlichkeiten: Im Rahmen der Saisoneröffnung spielte ein Team aus FC-Legenden in Müngersdorf. Abends fand im Geißbockheim eine festliche Gala für geladene Gäste statt, bei der sich massig FC-Prominenz tummelte und Präsident Wolfgang Overath das Bundesverdienstkreuz verliehen wurde.

Somit dürften die Kölner wohl der einzige Klub auf der Welt sein, der seinen 60. Geburtstag zweimal feierte. Denn im Juli 1961 beging man bereits schon einmal das 60. Wiegenfest. Damals legte man einfach das Gründungsdatum des ältesten FC-Vorgängervereins, des KBC, zugrunde. Dieser wurde am 12. Juni 1901 aus der Taufe gehoben. Grund genug, sechs Jahrzehnte später ausgiebig zu feiern. Bei einer morgendlichen Zusammenkunft wurden Reden gehalten und die bis heute im Klubhaus stehende Geißbockplastik des Künstlers Hein Derichsweiler präsentiert. Am Nachmittag bestritt die Lizenzspielermannschaft ein Jubiläumsspiel gegen ZSKA Sofia (4:0), bevor abends im Gürzenich das Tanzbein geschwungen wurde. Dem Anlass ent-

Eigens aufgelegter Jubiläumswimpel aus dem Jahr 1961.

sprechend erschien auch eine in Leinen gebundene Festschrift in 5.000er Auflage. Abgerundet wurden die Feierlichkeiten von einem Altherrenturnier und
einem Herrenabend.

★ ★ ★

Blick in den fest-
lich geschmückten
Saal des Geiß-
bockheims bei der
ersten „60-Jahr-
Feier" 1961.

Mit einem Open-Air-Konzert auf dem Kölner Roncalli-Platz feierte der FC
am 23. April 1988 offiziell seinen 40. Geburtstag. Mehr als 10.000 Fans hatten
sich eingefunden, um musikalischen Darbietungen der „Höhner", „Paveier"
und „De Junge vun dr Schäl Sick" zu lauschen. Zudem waren diverse Spieler
als Talkgäste anwesend. Dazu passte, dass die Geißböcke am Nachmittag das
Derby in Mönchengladbach mit 1:0 gewonnen hatten. Am 8. Mai 1988 feierte
auch die „Prominenz": Der FC hatte zu einer festlichen Gala in den Zirkus
Roncalli geladen.

★ ★ ★

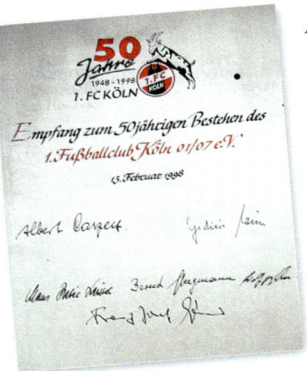

Auch der 50. FC-Geburtstag wurde mehr oder weniger zweimal gefeiert. 1951 veröffentlichte der FC zum Jubiläum eine
für die damalige Zeit sensatio-
nelle Festschrift, 1998 wurde die
50. Wiederkehr der Fusion von
Sülz 07 und KBC mit einer Gala
im Geißbockheim sowie einem
Empfang im Rathaus und der Veröf-
fentlichung eines Jubiläumsmagazins begangen.

★ ★ ★

Zum 70. FC-Geburtstag im Jahre 2018 lockt eine große Jubiläumsausstellung
ins Kölner Sport- und Olympiamuseum.

[118] Straftraining morgens um 4

Im Februar 1987 bezieht der 1. FC Köln ein Trainingslager in Israel. Hier kommt es zu Freundschaftsspielen gegen Maccabi Haifa und Borussia Mönchengladbach. Beide Spiele werden mit 5:4 n. E., bzw. 5:2 gewonnen. Nach dem Sieg gegen Gladbach gibt Trainer Daum, der erst gut vier Monate als Chefcoach im Amt ist, der Mannschaft Ausgang. „Bitte liegt alle spätestens um 1.00 Uhr im Bett", gibt Daum den Spielern mit auf den Weg. Doch auch nachts um viertel vor vier waren noch mindestens sechs Profis nicht zurück. Der junge Trainer kochte vor Wut. Wenig später ertönte auf dem Hotelflur eine laute, leicht alkoholisierte Stimme mit dänischem Akzent und klopfte an jede Tür: „Aufstehen! Straftraining! Raus aus den Betten!" Erst weigerten sich einige der pünktlich zurückgekommenen Spieler, doch letztlich marschierten alle verschlafen zum Strand, um einen vierzig Minuten langen Dauerlauf über sich ergehen zu lassen. Morten Olsen war am Abend in einer Tel Aviver Kneipe hängen geblieben und hatte den Zapfenstreich überzogen, die Sache aber so auf eine ungewöhnliche Art wieder aus der Welt geschafft.

[119] Siegerliste der Kölner Hallenturniere

02.03.1963	Bayer Leverkusen (AH)
12.12.1982	1. FC Köln
07.01.1984	Bayer Leverkusen
05.01.1985	Fortuna Köln
04.01.1986	1. FC Köln
11.01.1987	Borussia Mönchengladbach
10.01.1988	1. FC Köln
07.01.1989	1. FC Köln

07.01.1990	Spartak Moskau
06.01.1991	VfB Stuttgart
12.01.1992	VfB Stuttgart
10.01.1993	Fortuna Köln
09.01.1994	Dinamo Tiflis
08.01.1995	1. FC Köln
07.01.1996	1. FC Köln
05.01.1997	Slavia Prag
02.01.2006	Eintracht Frankfurt
05.01.2009	1. FC Köln

Interessant: Die ersten Hallenturniere überhaupt bestritten die FC-Lizenz-spieler in der Winterpause der Saison 1971/72 in Dormund und Remscheid.

Westdeutscher Meister

Insgesamt fünfmal wurde der FC Westdeutscher Meister (1954, 1960, 1961, 1962, 1963). Da die Kölner die letzten vier Titel vor Einführung der Bundes-liga nacheinander gewannen, wurde ihnen vom Westdeutschen Fußballver-band das sogenannte Meisterbuch, ein von den Kölner Werkschulen herge-stellter „Wanderpreis", zum Geschenk gemacht.

Das berühmte Meisterbuch des Westdeutschen Fußballverbandes ist heute im FC-Besitz.

[121]   Gefährliche Hobbys

Mitte der 1960er Jahre pflegte Toni Regh ein kurioses Hobby. Der Verteidiger, der während seiner FC-Zeit aber auch auf anderen Positionen eingesetzt wurde, hatte sich dem Motorsport, genauer gesagt dem Rallyefahren, verschrieben. Reghs Co-Pilot war Rüdiger Schmitz, späterer Berater von FC-Größen wie Harald „Toni" Schumacher, Roland Gerber, Pierre Littbarski und Heinz Flohe. Als der FC-Vorstand Wind vom gefährlichen Hobby des Abwehrspielers bekam, verbot man ihm, weiterhin durchs Gelände zu brettern.

Toni Regh sollte nicht der letzte FC-Profi sein, der „Hobbyverbot" bekam. Auch Torwart Gerd Welz wurde Opfer der Spaßbremsen im Geißbockheim. Der Keeper hatte sich während der Saison 1972/73 für stolze 8.000 Mark ein Reitpferd gekauft, mit dem er durch den Stadtwald galoppierte. Das war Präsident Oskar Maaß zu gefährlich. So blieb Welz nichts anderes übrig, als den edlen Rappen zu verkaufen.

Dem Muskelaufbau diente das zeitweilige Hobby von Heinz Flohe – er betätigte sich im Euskirchener Gewichtheberverein.

Aggressiver ging es bei Nemanja Vucicevic zu. Der serbische Dribbelkünstler besuchte regelmäßig eine Kampfkunstschule in Köln-Höhenberg.

Nicht nur auf dem Platz ging Raubein Alpay gerne in die Luft. Auch privat hob der türkische Abwehrspieler zuweilen ab. Schon lange im Besitz eines Flugscheines nutzte Alpay seine Freizeit, um als Flugkapitän im Cockpit über den Wolken zu entspannen.

Unterschreib mal wieder – FC-Autogrammkarten im  Wandel der Zeit

Seit dem 1. Dezember 1962 hatte der FC einen sogenannten Autogramm-Onkel. Ferdinand Schopen war für die Beantwortung der unzähligen Autogrammanfragen zuständig.

Mitte der 1970er Jahre übernahm den Job zeitweise eine weibliche „Autogrammdame". Genau wie ihr Vorgänger übte auch Jacqueline Lauber ihre Tätigkeit ehrenamtlich aus.

Seit den 1980er Jahren werden Autogrammwünsche von der FC-Geschäftsstelle beantwortet. Bis zu drei Autogrammkarten werden gratis im frankierten Rückumschlag an Fans und Sammler verschickt. Wer mehr will, kann in den Fan-Shops auch ganze Sätze mit allen Spielern samt Funktionsteam käuflich erwerben.

[123] Der FC und der „Vater des Wirtschaftswunders"

Ludwig Erhard, bekannt als zweiter Bundeskanzler (1963 – 1966) und „Vater des Wirtschaftswunders", war von März 1967 bis zu seinem Tod am 5. Mai 1977 Mitglied des 1. FC Köln. Der aus Franken stammende, ehemalige Bundeswirtschaftsminister (1949 – 1963) hatte eigentlich eine Affinität zum 1. FC Nürnberg. Da ihn seine politische Tätigkeit jedoch nach Bonn verschlagen hatte, entwickelte sich bei Erhard auch eine große Sympathie zum 1. FC Köln. Oft war der beliebte CDU-Politiker bei den Spielen in Müngersdorf zu Gast und tauschte dann mit FC-Boss Franz Kremer Zigarren aus. Sowohl Erhard als auch Kremer waren leidenschaftliche Zigarrenraucher.

Ludwig Erhard 1965 zu Gast im Geißbockheim beim angeregten Plausch mit Fritz Pott, Jürgen Rumor, Toni Regh, Matthias Hemmersbach und Hansi Sturm (von links).

Als erster deutscher Fußballmeister überhaupt wurden die Geißböcke nach ihrem Titelgewinn im Jahre 1964 von einem bundesdeutschen Regierungschef empfangen. Ludwig Erhard ließ es sich nicht nehmen, die Mannschaft im großen Kabinettsaal des Bonner Palais Schaumburg zu begrüßen.

★ ★ ★

Auch andere Politiker wie Altkanzler Willy Brandt (SPD), der frühere Bundestagspräsident Richard Stücklen (CSU), der ehemalige Regierungssprecher Conrad Ahlers (SPD), Innenminister Hermann Höcherl (CSU) oder Otto Graf Lambsdorff (FDP) bewunderten in Müngersdorf regelmäßig die Fußballspiele der Geißböcke; auch wenn sie vielleicht keine Fans waren, so hatten sie zumindest große Sympathien für den FC.

Kartenpannen [124]

Mit einem solchen Besucherandrang hatten die FC-Verantwortlichen nach dem ersten Bundesligaabstieg 1998 nicht gerechnet. Als man zum ersten Heimspiel in der 2. Bundesliga die SpVgg Unterhaching zu Gast hatte, waren 21.000 Fans nach Müngersdorf gekommen, doch nur wenige Kassenhäuschen hatten geöffnet. Unmittelbar vor dem Anpfiff drängten sich noch mehr als 2.000 Zuschauer vor der Arena. Kurios: Neun Tage später gegen den SSV Ulm waren erneut weit über 20.000 Besucher zur Betonschüssel gepilgert und das peinliche Schauspiel wiederholte sich. Unzählige Fans mussten notgedrungen umsonst ins weite Rund gelassen werden. Fassungslos beobachtete sogar Präsident Albert Caspers, der als nachgewiesener Perfektionist solche Situationen kaum kannte, das Trauerspiel an den Stadiontoren.

★ ★ ★

Neu waren die Kartenpannen jedoch nicht. Schon zum Messepokalhalbfinale gegen den FC Valencia am 14. Mai 1964 hatte man wegen einer 1:4-Pleite im Hinspiel nur fünf Kassenhäuschen geöffnet. Mehr als 25.000 FC-Anhänger glaubten jedoch an ein Wunder und waren nach Müngersdorf gekommen. Die wenigen geöffneten Ticketverkaufsstellen wurden von den Fans regelrecht überrannt, unzählige Zuschauer verschafften sich im Durcheinander ohne zu zahlen Zutritt zur Hauptkampfbahn.

★ ★ ★

Beim Heimspiel gegen den MSV Duisburg am 2. Februar 1972 drängten aufgrund mangelnden Ordnungsdienstes und zu wenig besetzter Kassenhäuschen mehrere Tausend Zuschauer ohne Ticket in die Radrennbahn. Dem FC enstand ein Einnahmeverlust von rund 20.000 Mark.

Sitzung, Orden und Alaaf – alles rund um den Karneval [125]

DIE FC-SITZUNG – Seit ihrer Premiere am 14. Februar 1949 ist sie aus dem Klubleben des 1. FC Köln nicht mehr wegzudenken – die traditionelle Karnevalssitzung. Von 1949 bis 1956 fand die Sitzung im inzwischen nicht mehr existierenden Williamsbau des Zirkus Williams am Grüngürtel an der Aachener Straße statt. Der Williamsbau, vom Zirkusbesitzerehepaar Carola und Harry Williams erbaut und im Juli 1947 eingeweiht, war ein sogenannter halbfester Winterbau, der rund 2.500 Menschen Platz bot und seinerzeit der größte Veranstaltungssaal Kölns war. Seit der Sitzung am 25. Februar 1957 waren die Sartory-Säle Austragungsort der FC-Sitzung, bevor man 2013 ins Kölner Maritim Hotel umzog und die Sitzung zugleich offiziell zur Kostümsitzung umdeklarierte. Seither erscheinen auch Mannschaft, Trainer und Funktionsteam komplett kostümiert. Selbst die unvergessene Trude Herr hatte 1957 bei der FC-Sitzung einen ihrer ersten Auftritte. Auch die Kartennachfrage war zu allen Zeiten extrem hoch, sodass nicht alle Ticketwünsche erfüllt werden konnten. Ein Zustand, der bis heute anhält. Die Karnevalssitzung brachte dem FC bekanntlich auch sein Maskottchen, als man am 13. Februar 1950 Geißbock Hennes I. überreicht bekam. Nur zweimal in ihrer Geschichte wurde die Veranstaltung abgesagt. 1962 waren die Hamburger Sturmflut, bei der 315 Menschen ums Leben kamen, sowie das Grubenunglück in der Schachtanlage „Luisenthal" im Saarland, bei dem 299 Bergleute starben, Grund für die Absage. Der bereits produzierte Orden wurde eingelagert und später mit einem Zusatzschild versehen. So konnte er im Rahmen der 1963er Sitzung an die Narren vergeben werden. 29 Jahre später, im Jahre 1991, fiel die FC-Sitzung, genau wie der Kölner Rosenmontagszug, dem zweiten Golfkrieg zum Opfer. Anfangs als gesellschaftliches Ereignis für die FC-Familie, also in erster Linie die Vereinsmitglieder gedacht, ist die Sitzung inzwischen ein Stelldichein von Prominenz und Sponsorenvertretern. Viele ehemalige Spieler und Trainer werden alljährlich gesichtet, wenn der FC zum närrischen Treiben bittet. Bereits in den 1950er Jahren nahmen ehemalige Spieler weite Anreisen in Kauf, um bei der FC-Sitzung dabei zu sein. Auch die Lizenzspielermannschaft samt Trainer- und Funktionsteam gehört zum festen Bestandteil der Veranstaltung.

★ ★ ★

DER FC-KARNEVALSORDEN – Zu den Highlights des „FC-Karnevals" zählt der alljährlich vom Verein herausgegebene Karnevalsorden. Immer mit einem FC-Motiv versehen, bezog sich der Orden zeitweilig auch auf Aktuelles: 1950 wurde der Aufstieg in die Oberliga West thematisiert. Da dieser extrem schnell vergriffen war, wurde ein zweites Modell mit anderem Motiv nachproduziert.

★ ★ ★

HENNESPREMIERE – Dem 50-jährigen Vereinsjubiläum (gerechnet von der KBC-Gründung 1901) war der 1951er Orden gewidmet. Zusätzlich tauchte auf diesem Orden auch erstmals Geißbock Hennes auf. „Über jede Hürde bis zur Meisterwürde" lautete das Motto 1953. Hiermit sollte auf den immer größer werdenden sportlichen Erfolg des 1. FC Köln hingewiesen werden. 1955 durchlief man nach Jahren des Aufschwungs ein Tief, was der Orden trotzig mit „Mer kumme widder" kommentierte. „10 Jahre 1. FC Köln" – logisch, dass auf dem 1958er Modell die erste Dekade FC-Geschichte gewürdigt wurde. Auf die Elf als Mannschaft, das elfjährige Klubbestehen und die 11. Sitzung des Vereins bezog sich der Orden 1959 mit der Aufschrift „3 x 11". 1961 gab es wieder ein Jubiläum zu feiern – 60 Jahre 1. FC Köln (erneut gerechnet von der KBC-Gründung). Auch auf den Orden der Jahre 1998 (50 Jahre FC) und 1978 (30 Jahre FC) wurden Jubiläum thematisiert. Der 1962er bzw. 1963er Orden (siehe Text „FC-Sitzung") dürfte Franz Kremer besonders gut gefallen haben. Mit dem Satz „Jetz wollen se all" wurde auf die Tatsache hingewiesen, dass jetzt auch die Vereine in die bald startende Bundesliga wollten, die sich zuvor jahrelang mit Händen und Füßen dagegen gewehrt hatten.

★ ★ ★

STADION – Oft war auch das Kölner Stadion Thema des Ordens. 1964 hätte man gerne eine größere Arena gehabt („Loss mer et jet größer trecke"), 1966 waren bereits Neubaupläne vorhanden. Das nie umgesetzte „Schulten Modell" mit der Aufschrift „Mer kriegen et doch" zierte den

Orden. „Ich well eruss" hieß es 1972 in Anspielung auf das Provisorium Radrennbahn. Als 1975 die neue Müngersdorfer Hauptkampfbahn fertiggestellt war, machte man die Freude hierüber auch auf dem Orden deutlich: „Wünsche werden wahr", war dort zu lesen. 2002 und 2006 war das im Jahre 2004 eingeweihte RheinEnergieStadion zu sehen. Nicht selten äußerte der Orden auch konkrete Wünsche. „Mir gläuve an Märchen un Wunder – 1. FC Deutscher Meister 1968" bewahrheitete sich leider ebenso wenig wie das gewünschte Double 1983 unter dem Motto „Et wör wie em Märchen". Immerhin gewannen die Geißböcke wenigstens den DFB-Pokal. Auch 1987 wurde von Schale und Pokal geträumt: „Jede Jeck dräump anders" – es blieb leider beim Traum. 1994 war man schon realistischer. Dass man in den UEFA-Cup wohl nur noch mit magischer Unterstützung gelangen konnte, war auch dem Ordenmacher bewusst. Der abgebildete UEFA-Cup war eingerahmt vom Motto „Hokus Pokus – Kölsche Zauberei".

★　★　★

CAJKOVSKI UND WEISWEILER – Zweimal wurde einem FC-Trainer die Ehre zuteil, auf dem Orden abgebildet zu sein. 1974 war es „Tschik" Čajkovski, der als bekennender Spaßvogel und Karnevalsfan bestens zum Thema passte. Drei Jahre später zierte Hennes Weisweiler als spanischer „Don Hennes" das karnevalistische Erinnerungsstück. Dass der 1. FC Köln auch international eine bekannte Größe war und ist, wollte der Orden auch nicht verschweigen. Das 200. internationale Spiel der Geißböcke wurde auf dem 1971er Exemplar gewürdigt, mehr als 300 internationale Vergleiche auf der Version des Jahres 1979. Oft schloss sich das Ordenthema auch dem offiziellen Motto des Kölner Karnevals an. Dreimal (2000, 2001, 2002) produzierte man sogar einen eigenen „Damenorden". Heute sind vor allem die älteren FC-Orden begehrte Sammlerstücke.

★　★　★

– In Folge einer Wette gelang FC-Fan Harry Gommersbach, der einige Jahre auch im FC-Fanshop arbeitete, das Unmögliche. Der Sammler schaffte das Kunststück, sämtliche Orden des 1. FC Köln, die jemals hergestellt wurden, aufzutreiben.

★ ★ ★

1964 war Leo Wilden Ehrengast auf einem der Festwagen des Kölner Rosenmontagszuges. Pikant: Auf dem Wagen wurde ausgerechnet der für die damals astronomische Transfersumme von 1,3 Mio. Mark zustande gekommene Transfer seines ehemaligen Mitspielers Karl-Heinz Schnellinger nach Italien karikiert.

★ ★ ★

11.11.1999: Komplett kostümiert bestritt die Mannschaft das morgendliche Training. Chefcoach Ewald Lienen wurde von den Spielern kurzerhand als Napoleon verkleidet und bekam ein T-Shirt mit dem Aufdruck „Ich Chef, Du nix". Hierbei entstand ein kurioses Mannschaftsbild, das die Mannschaft Lienen zu dessen 46. Geburtstag überreichte.

★ ★ ★

Zoff bei der FC-Karnevalssitzung 1985: Den bevorstehenden Ausrüsterwechsel von Adidas zu Puma will Harald „Toni" Schumacher wegen eines Privatvertrages bei Adidas nicht mitmachen. Der bei der Sitzung anwesende Puma-Chef Armin Dassler verkündete von der Bühne großzügig, dass man auf Schumacher verzichte und ihn dem „FC schenke". So übertölpelt reckte

Auch bei der Karnevalssitzung 1963 ließen sich „Tschik" und seine Jungs nicht vom Zocken abhalten.

Toni seine Adidas-Schuhe in die Höhe und weigerte sich, mit Dassler die Bühne zu betreten. „Ich gehöre niemandem. Also kann mich auch niemand verschenken. Ich bin doch nicht der Affe im Zoo", schimpfte der Torwart und verließ fluchtartig das närrische Treiben.

★ ★ ★

3 Mark betrug der Eintritt zur ersten FC-Karnevalssitzung am 14. Februar 1949 im Kölner Williamsbau. Die Sitzungsleitung hatte Hubert Camps. Mit 2.500 Jecken war die Sitzung restlos ausverkauft.

★ ★ ★

Zwei Tage nach dem sensationellen 2:1-Erfolg des FC bei den Bayern am 21. Februar 2009 fuhr Trainer Christoph Daum von den Massen umjubelt auf einem Prunkwagen des Kölner Rosenmontagszuges mit.

★ ★ ★

Neben der seit Jahrzehnten überaus erfolgreichen Karnevalssitzung versuchten die FC-Verantwortlichen im Mai 1995 mit der „FC-Gala" einen weiteren gesellschaftlichen Höhepunkt zu etablieren. Zum Eintrittspreis von 140 Mark gab es unter anderem ein Feuerwerk und musikalische Darbietungen von Roland Kaiser und Boney M. Obwohl mehr als 800 Gäste in den Kristallsaal der Köln Messe gekommen waren, wurde die Veranstaltung nicht wiederholt.

Ewige Tabellen

Bis zum 26. November 1983 war der FC Spitzenreiter in der ewigen Tabelle der ersten Bundesliga, bevor man vom FC Bayern München endgültig überholt wurde. Erstmals mussten die Kölner den Platz an der Sonne nach dem 9. Spieltag der Saison 1983/84 an die Bayern abtreten, konnte ihn aber nur einen Spieltag danach durch einen 2:0-Heimsieg über die Münchner zwischenzeitlich zurückerobern. Heute steht der FC auf Platz 8 des ewigen Klassements. Auch in der ewigen Tabelle der 2. Bundesliga ist der FC vertreten und belegt dort den 39. Platz.

★ ★ ★

In der ewigen Tabelle der UEFA Europa League belegte der FC im Oktober 2017 Platz 22.

Zézé [127]

José Gilson Rodriguez, besser bekannt als „Zézé", war nicht nur der erste Brasilianer beim FC, er galt auch als spektakulärster FC-Neuzugang der Saison 1964/65. Doch der Mann vom Zuckerhut setzte sich nicht durch. Legendär waren seine Angst vor Schnee und Kälte. Nach nur knapp einem Jahr ging Zézé in seine Heimat zurück. Etwas Gutes hatte die Zeit in der Domstadt für den brasilianischen Angreifer dennoch: Vom seinerzeit berühmten „FC-Zahnarzt" Hans Köll ließ sich Zézé acht erkrankte Zähne entfernen.

★ ★ ★

Im Januar 2000 kam Zézé auf Einladung des WDR und des 1. FC Köln in die Domstadt zurück. Neben dem Besuch der Sendung „Sport im Westen" und eines FC-Freundschaftsspiels in Köln-Porz stand auch ein Wiedersehen mit alten Mannschaftskameraden wie Heinz Hornig, Wolfgang Weber und Karl-Heinz Thielen auf dem Programm.

★ ★ ★

60.000 Mark kostete den FC die Verpflichtung von Zézé. „50.000 Mark Ablöse und 10.000 Mark Handgeld", so Franz Kremer in einem Interview mit dem ZDF am 25. Juli 1964.

★ ★ ★

Zézé ist in Brasilien übrigens die Verniedlichung des Namens Josef, also „Josefchen".

★ ★ ★

Die kölsche Sprooch lernte Zézé schnell. Bei der Karnevalssitzung 1965 sang er unter tosendem Applaus des Saales das „Kölle Allaaf".

[128] Das Meisterwerk

Im Jahre 1964/65 produziert Carol Serbu anlässlich des 60. Geburtstags von Franz Kremer den 60-minütigen Dokumentarfilm „60 Jahre Franz Kremer – ein Leben für den 1. FC Köln". Der Streifen wird erstmals am 30. Juli 1965 präsentiert, dem Tag, an dem Kremer sein 60. Wiegenfest mit 400 geladenen Gästen im Geißbockheim feiert. Der Präsident und seine Gäste sind begeistert ob des Streifens, der ihnen auf der Leinwand vorgeführt wird. Der Film zeigt zugleich das Leben Franz Kremers und die Entwicklung des 1. FC Köln. Film- und Kamerafachmann Serbu, seit 1965 FC-Mitglied und später Schwiegervater von Jürgen Glowacz, war dem FC jahrelang eng verbunden und galt als Vater der Videoanalyse. Schon in den 1960er Jahren begann er, Mitschnitte von den FC-Spielen zu machen, die er dann den jeweiligen Trainern für

Carol Serbu, ein Meister der Kamera. Eine davon war im FC-Museum zu sehen.

Sichtungszwecke zur Verfügung stellte. So war der FC der erste deutsche Klub, der mit dieser Methode arbeitete. Ausgerechnet das Meisterwerk des am 21. April 2008 verstorbenen Ungarn über das Leben von Franz Kremer wurde, bis auf die erwähnte Geburtstagsfeier sowie eine FC-Jahreshauptversammlung, an deren Ende man ebenfalls den Film vorführte, nie der Öffentlichkeit gezeigt. Einige Ausschnitte tauchen lediglich im ebenfalls sehr guten Film zum 60-jährigen FC-Jubiläum (2008) auf. Die wenigen FC-Fans, die das beeindruckende Werk bislang in voller Länge sehen durften, können sich also glücklich schätzen.

Zahlen

Höchster Pflichtspielsieg: 05.10.1965 (H) 13:0 gegen Union Luxemburg (europäischer Messe-Pokal)

★ ★ ★

Höchste Pflichtspielniederlagen: 04.02.2003 (A) 0:8 gegen FC Bayern München (DFB-Pokal) und 05.09.1962 (A) 1:8 gegen FC Dundee (Europapapokal der Landesmeister)

★ ★ ★

Höchster Bundesligaheimsieg: 08.11.1969, 8:0 gegen FC Schalke 04, 08.09.1979, 8:0 gegen Eintracht Braunschweig

★ ★ ★

Höchster Bundesligaauswärtssieg: 30.10.1965 6:0 gegen Tasmania Berlin

★ ★ ★

Höchste Niederlage in der Bundesliga: 15.05.1971 (A) 0:7 gegen FC Bayern München

★ ★ ★

Höchste Siege in der 2. Bundesliga: 28.01.2005 (H) 8:1 gegen Wacker Burghausen, 07.10.2002 (H) 7:0 gegen Union Berlin

★ ★ ★

Höchste Niederlage in der 2. Bundesliga: 18.02.2007 (A) 0:5 gegen Rot-Weiss Essen

★ ★ ★

Höchster Sieg der Vereinsgeschichte: 01.07.1994 (A) Freundschaftsspiel gegen SSV Bornheim 26:0

★ ★ ★

Bis heute gültiger Zuschauerrekord bei einem Bundesligaspiel: 26.09.1969 Hertha BSC Berlin – 1. FC Köln 1:0 = 88.075 Zuschauer

★ ★ ★

Die meisten Tore in einem Bundesligaspiel: Dieter Müller, 6 Tore am 17.08.1977 beim 7:2-Heimsieg gegen Werder Bremen. Bei der Partie war das Fernsehen nicht zugegen, sodass von den Rekordtreffern keine bewegten Bilder existieren.

★ ★ ★

Das 1.000. FC-Bundesligator erzielte Bernd Cullmann am 4. März 1978 beim 1:1 in Berlin gegen die Hertha. Als erster Klub durchbrechen die Kölner die 1.000er-Schallmauer.

★ ★ ★

Das 1.000. Tor der deutschen Länderspielgeschichte markiert Heinz Flohe am 17. November 1976 in Hannover gegen die ČSSR.

★ ★ ★

Das 1000. FC-Bundesligaspiel fand am 19. Februar 1993 in Müngersdorf gegen den 1. FC Kaiserslautern statt, der FC verlor mit 0:3.

★ ★ ★

Zur Saison 1995/96 wurde die Drei-Punkte Regel auch in der Bundesliga eingeführt. Den ersten „Dreier" der Vereinsgeschichte holte der FC jedoch im UI-Cup. Am 15. Juli 1995 war nach dem 1:0-Erfolg gegen den slowenischen Klub NK Rudar Velenje der dreifache Punktgewinn gesichert. Die ersten drei Punkte in der Bundesliga holten die Kölner am 29. August 1995 nach einem 3:2-Heimsieg über den HSV.

★ ★ ★

70.000 Mark erhielt der 1. FC Köln vom Fernsehen für die zeitversetzte Übertragung des Europapokalheimspiels gegen den FC Barcelona (2:2) am 2. April 1969.

★ ★ ★

Exakt 68 Meter betrug die Entfernung zum Tor, als Dirk Lottner mit einem sensationellen Weitschuss das zwischenzeitliche 3:1 der Geißböcke im Halbfinale gegen Universidad de Chile bei der „Copa Santiago", einem Turnier in Chile, erzielte. Endstand: 3:2. Der FC konnte die im Februar 1999 ausgetragene Veranstaltung nach einem 4:1-Sieg über Lausanne Sports auch gewinnen.

★ ★ ★

Das heißeste Spiel der FC-Geschichte ereignete sich am 9. August 2003 bei der 1:2-Heimniederlage gegen den 1. FC Kaiserslautern. Exakt 39 Grad Celsius wurden am Anstoßpunkt des Müngersdorfer Stadions gemessen.

★ ★ ★

123 Stunden benötigte Künstler Horst Baden, um das eindrucksvolle Mosaik im Eingang zum Businessbereich des Müngersdorfer Stadions im Jahre 2003 zu fertigen.

★ ★ ★

2,47 Mio. FC-Fans gibt es angeblich bundesweit laut einer bereits im Jahre 2001 durchgeführten Studie des Meinungsforschungsinstituts „Emnid".

★ ★ ★

7 (!) Tage dauerte die Hochzeit von Verteidiger Moses Sichone im Sommer 2001, bei der mehr als 500 Gäste nach sambischer Tradition eine Woche lang verköstigt wurden. Unter den Gästen befand sich auch Teamkollege Andrew Sinkala.

★ ★ ★

12 Tore des Monats erzielte Lukas Podolski und ist damit alleiniger Rekordhalter. Neun der zwölf Treffer gelangen ihm als FC-Spieler.

In der Mannschaftswertung beim Tor des Monats belegen die Geißböcke übrigens mit 33 Plaketten den dritten Platz hinter dem FC Bayern (52) und den deutschen Nationalmannschaften (54). (Stand: Oktober 2017)

Mit seinem Tor zum 3:2-Endstand am 5. Juni 2011 im Finale der deutschen B-Juniorenmeisterschaft gegen Werder Bremen wurde FC-U17-Mittelfeldspieler Lukas Scepanik bislang jüngster Torschütze des Monats.

★ ★ ★

19 seiner legendären Doppelpacks (2 Tore in einem Spiel) erzielte Toni Polster während seiner FC-Zeit. Daher auch der Spitzname „Toni Doppelpack".

★ ★ ★

Drei FC-Fans in rot-weißer Fanmontur sprangen nach dem Gewinn des Doubles 1978 von der Kölner-Hohenzollernbrücke in den Rhein. Dies löste eine Rettungsaktion der Wasserschutzpolizei und Feuerwehr samt Hubschraubereinsatz aus. Vergeblich, die „Brückenspringer" hatten sich bereits aus eigener Kraft in Sicherheit gebracht und waren untergetaucht, um Ersatzansprüchen aus den Rettungsmaßnahmen zu entgehen.

★ ★ ★

Acht Meter stürzte ein Zuschauer von der Haupttribüne des Volksparkstadions bei der Partie HSV – 1. FC Köln am 5. November 1983 (2:2) in die Tiefe. Wie durch ein Wunder kam der 42-Jährige Landwirt mit einem Fußbruch davon.

★   ★   ★

300 Mark setzte Harald „Toni" Schumacher vor der UEFA-Cup-Partie beim FC Barcelona am 5. November 1980 bei einem Münchner Wettbüro auf einen Auswärtssieg seiner Mannschaft. Der FC gewann sensationell mit 4:0 und der „Tünn" neben der Siegprämie noch 3.000 Mark Wettgewinn.

★   ★   ★

37 ½ ist die ungewöhnliche und seltene Schuhgröße von Wilfried „Willi" Sanou, der damit diverse Ausrüster viele Jahre zur Verzweiflung trieb.

★   ★   ★

837-mal (Stand: August 2017) wurden die insgesamt 45 Nationalspieler des 1. FC Köln seit dessen Gründung in die A-Nationalmannschaft des DFB berufen. Damit liegt der FC hinter Bayern München auf Rang zwei der „Abstellungstabelle".

★   ★   ★

6 aus 49 lautet die Lotto-Spielformel des deutschen Lotto- und Totoblocks. Der ehemalige FC-Präsident (1973-1987), Peter Weiand, der viele Jahre im Vorstand des Nordwestlotto tätig war, wirkte maßgeblich an dessen Entwicklung und Einführung in der Bundesrepublik Deutschland mit. Das beliebte „Spiel 77" ist sogar eine Erfindung von Zahlenfachmann Weiand.

★   ★   ★

In 24 Sprachen wurde Harald „Toni" Schumachers Buch „Anpfiff" übersetzt und avancierte zum meistverkauften Sportbuch der Welt.

★   ★   ★

Sechs Monate auf Bewährung verordnete das Kölner Amtsgericht einem Mann, der am 1. Mai 2004 beim Spiel des 1. FC Köln gegen Bayern München (1:2) aus dem Oberrang der Nordtribüne eine Glasflasche in Richtung Bayern-Torwart Oliver Kahn geworfen hatte. Aufgrund von Zeugenaussagen konnte der Werfer ermittelt werden.

★   ★   ★

4.860 Karten bekam der FC vom DFB für das Endspiel um die Deutsche Meisterschaft 1962 in Berlin gegen den 1. FC Nürnberg. Das Olympiastadion hatte seinerzeit eine Kapazität von knapp 90.000 Zuschauern.

★   ★   ★

400 Millionen Menschen verfolgten weltweit das Halbfinale im Europapokal der Landesmeister zwischen Nottingham Forest und dem 1. FC Köln (3:3) am 11. April 1979 an den TV-Geräten. Nur in Deutschland wurde die Partie nicht übertragen.

★ ★ ★

1,5 Mio. Mark gab Pierre Littbarski dem 1. FC Köln im August 1987 als zinsloses Darlehen, um seine Rückkehr von Racing Paris zum FC zu realisieren. Insgesamt 3,9 Mio. Mark mussten die seinerzeit klammen Geißböcke an die Franzosen überweisen, um den verlorenen Sohn an den Rhein zurückzuholen.

★ ★ ★

21.000 Zuschauer kamen zum Auftakttraining der Saison 2009/10 am 26. Juni 2009 ins RheinEnergieStadion, um den von Bayern München zurückgekommenen Lukas Podolski und das neue Trainergespann Zvonimir Soldo / Michael Henke zu sehen. Ein Rekord – nie waren bis dahin mehr Zuschauer bei einem Training des 1. FC Köln gewesen.

10.000 Zuschauer besuchten das erste Training der zweiten Amtszeit von Christoph Daum am 27. November 2006 in Müngersdorf. Genau wie am 11. Juli 1976, als bei Hennes Weisweilers erster Übungseinheit nach dessen Rückkehr zum FC ebenfalls knapp 10.000 Fans ans Geißbockheim gekommen waren.

Rekordbesuch. Mehr als 21.000 Zuschauer kamen zum Trainingsauftakt 2009/10.

★ ★ ★

56 Mio. Menschen der Gesamtbevölkerung Deutschlands ab 14 Jahren kennen nach einer Emnid-Untersuchung aus dem Jahre 2004 den 1. FC Köln.

★ ★ ★

86,11 Mark Prämie pro Kopf erhielten die FC-Spieler für ein Unentschieden während der Zeit in der Radrennbahn (1971 – 1975).

★ ★ ★

400 Liter Freibier stiftete die Kölner „Hubertus Brauerei" dem 1. FC Köln zum Gewinn der Deutschen Meisterschaft 1964.

★ ★ ★

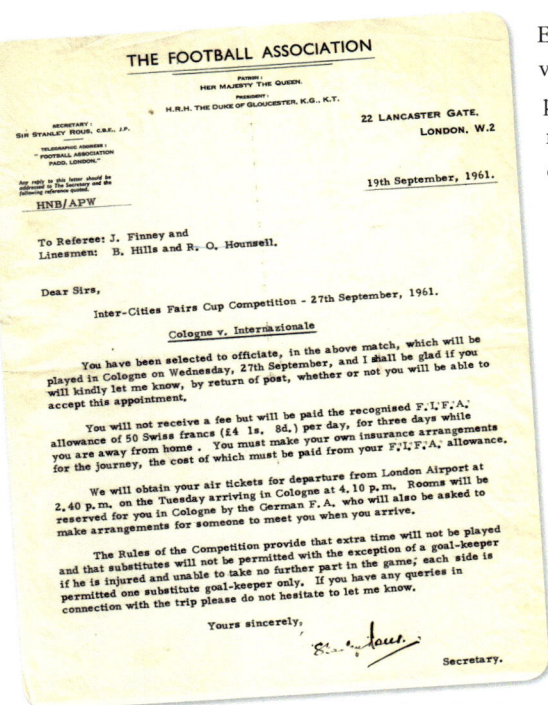

Eine Aufwandsentschädigung von 50 Schweizer Franken pro Tag (dies wären heute rund 33 Euro) erhielt das englische Schiedsrichtergespann James „Jim" Finney, B. Hills und O. Hounsell für die Leitung des ersten Europapokalspiels (Messepokal) des 1. FC Köln am 27. September 1961 gegen Inter Mailand (4:2).

Der Beweis: 50 Franken Aufwandsentschädigung erhielt Schiri Finney für die Leitung des ersten Europapokalspiels des 1. FC Köln.

★ ★ ★

215 Kilometer betrug die Entfernung zum weitesten FC-Auswärtsspiel in der Oberliga West bei Arminia Bielefeld.

★ ★ ★

Mehr als drei Jahre dauerte der Rechtsstreit zwischen Heinz Flohe und Paul Steiner. Flohe hatte Steiner nach dessen Foul am 1. Dezember 1979 im Spiel 1860 München – MSV Duisburg, bei dem sich „Flocke" das Schien- und Wadenbein gebrochen hatte und später Sportinvalide wurde, auf Schadensersatz in Millionenhöhe verklagt. Zum Zeitpunkt des Fouls spielte Flohe für die Löwen und Steiner für die Zebras. Während der Saison 1983/84 wurde die Klage abgewiesen, da Steiner keine Absicht nachgewiesen werden konnte.

★   ★   ★

320 Mark im Monat konnte ein Vertragsspieler des 1. FC Köln in der Saison 1949/50 maximal verdienen.

★   ★   ★

82-mal stand der 1. FC Köln seit Einführung der 1. Fußball-Bundesliga zur Spielzeit 1963/64 an deren Tabellenspitze.

★   ★   ★

1.200 Mark Weihnachtsgeld erhielten die FC-Stammspieler an Weihnachten 1965 pro Kopf, die Reservisten mussten sich mit 600 Mark zufrieden geben.

★   ★   ★

400 Ansichtskarten an Verwandte, Freunde und Geschäftspartner verschickte Hans Schäfer, als er mit der deutschen Nationalmannschaft bei der WM 1962 in Chile weilte.

★   ★   ★

1.000 Mark stiftete eine begeisterte Berliner Zeitung an Wolfgang Weber, nachdem dieser im legendären Europapokalspiel gegen den FC Liverpool am 24. März 1965 insgesamt 98 Minuten mit gebrochenem Wadenbein gespielt hatte.

★   ★   ★

63.676 Zuschauer sahen am 16. November 1963 das Bundesligaspiel 1. FC Köln gegen Hamburger SV (4:1, 500. FC-Sieg seit Klubgründung). Dies ist die bis heute höchste Zuschauerzahl bei einem Bundesligaheimspiel der Geißböcke.

Die meisten Besucher überhaupt bei einem Heimspiel des 1. FC Köln wurden am 10. Mai 1953 gezählt, als 65.000 Fans zum Endrundenspiel um die „Deutsche" gegen den 1. FC Kaiserslautern (1:2) nach Müngersdorf kamen. Oder auch nicht, denn bei dieser Partie schwanken die offiziellen Angaben zwischen 65.000 und 62.000.

Erwiesen ist jedoch die Zahl der Fußballfreunde, die am 27. April 1957 zum Oberligaspiel gegen den FC Schalke 04 (4:2) in die Müngersdorfer Hauptkampfbahn gekommen sind. Exakt 63.962 Zuschauer hatten ein Ticket zum Westklassiker erworben, der damit das best- (oder auch zweitbest-) besuchte Heimspiel der FC-Geschichte ist.

★   ★   ★

An rund 1.000 Aushangstellen wies der 1. FC Köln Anfang / Mitte der 1970er Jahre mit Plakaten auf seine kommenden Heimspiele hin.

★   ★   ★

259 Bundesligaspiele in ununterbrochener Folge bestritt Heinz Simmet zwischen 1970 und 1977 im FC-Trikot – ein Rekord für die Ewigkeit.

★　★　★

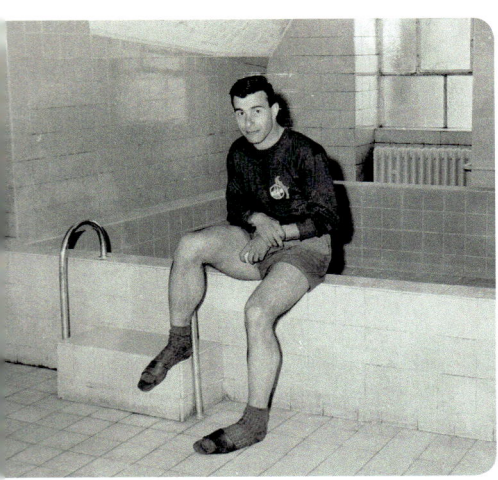

Der 18. nach dem Zweiten Weltkrieg in Köln wohnende Türke, Konsulatsangehörige mitgerechnet, war Coşkun Taş, der zwischen 1959 und 1961 den FC-Angriff verstärkte.

★　★　★

Der 18. Türke in Köln – Coşkun Taş, hier 1960 vor dem Entmüdungsbecken in den Katakomben des Geißbockheims.

14 Jahre lang, von 1949 bis 1963, spielte der 1. FC Köln in der Oberliga West, der damals höchstmöglichen Spielklasse. Von insgesamt 420 Spielen verließ man 228-Mal als Sieger den Platz, 87 Vergleiche endeten unentschieden, 105 Begegnungen wurden verloren.

★　★　★

Auch die Presse berichtete über die beklauten Schiris.

800 Mark erbeuteten Diebe, die während des Bundesligaspiels 1. FC Köln – VfB Stuttgart (2:1) am 23. Januar 1965 die Geldbörsen von Schiedsrichter Gusenberger (Saarbrücken) und dessen Assistenten aus der Schiedsrichterkabine entwendeten.

★　★　★

24 Literflaschen Doornkaat (Korn) stiftete die Doornkaat AG aus Norden den FC-Spielern anlässlich der begeisternden Spiele gegen den FC Liverpool 1965.

★　★　★

1.034 Minuten dauerte der bis heute gültige Bundesliga-Torlosrekord, den der FC in der Saison 2001/02 aufstellte. Ausgerechnet Defensivspezialist Thomas Cichon beendete mit seinem Treffer zum 1:1 gegen Hertha BSC Berlin am 2. März 2002 die Durststrecke.

★　★　★

160 Grad Minus betrug die Temperatur, in der die FC-Profis im April 2009 erstmals „eingefroren" wurden. Für 90 bis 150 Sekunden mussten die Spieler in die Kältekammer. Der „Eisbox" werden nicht nur heilende Wirkung bei Entzündungen in den Gelenken, sondern auch eine Verbesserung der Atmung und eine erhöhte Sauerstoffsättigung des Blutes zugeschrieben.

Abenteuer in Südamerika [130]

Erstmals reisten die Kölner in der Winterpause 1970/71 nach Argentinien, Uruguay, Peru und Brasilien. Beim Aufenthalt in Montevideo, der Hauptstadt von Uruguay, wurde nur wenige Meter vom Mannschaftshotel der englische Botschafter von einer linksextremen Gruppierung entführt. Die erschrockenen Spieler trösteten sich mit besonderen Souvenirs: Hosen und Jacken aus Antilopenleder waren der Renner.

29. Dezember 1970: Der FC hebt ab Richtung Südamerika.

Vor der Spielzeit 1971/72 war man in Mexiko unterwegs. Der FC hatte mit Unterstützung des „Kaufhof" den Spielern samt Familie einen Urlaub im mexikanischen Badeort Acapulco spendiert. Danach standen noch vier Freundschaftsspiele in Mittelamerika auf dem Programm. Auch die Mexikotour endete nicht ohne kuriose Vorkommnisse. Zunächst kreuzten zwei dubiose Vertreter eines mexikanischen Erstligisten im Teamhotel auf, die Wolfgang Overath für eine Millionensumme unter Vertrag nehmen wollten, die Präsident Oskar Maaß aber locker abblitzen ließ. Etwas unangenehmer verlief der abendliche Spaziergang für Hannes Löhr. Eine Gruppe Homosexueller pfiff der „Nas" begeistert nach. Eiligen Schrittes konnte sich der irritierte Torjäger wieder ins Hotel retten. Ebenfalls mit in Mexiko war Harald „Toni" Schumacher. Der Torwart war neu zum FC gekommen und noch scheu und zurückhaltend, ganz anders als zu späteren Zeiten. Meistens ging er im Pool oder im Meer schnorcheln. So flachsten die etablierten Stars wie Overath, Weber oder Simmet: „Wir haben da wohl statt eines Torwarts einen Tiefseeforscher bekommen."

★ ★ ★

Auch die Südamerikatour im Januar 1985 brachte einige Abenteuer mit sich. Beim Flug von Honduras nach El Salvador sorgte eine fehlende Türdichtung für helle Aufregung im Flieger. Als sich die Kölner dann noch erdreisteten, die Nationalmannschaft des kleinsten mittelamerikanischen Landes innerhalb von nur elf Tagen zweimal (4:0, 2:0) zu schlagen, gingen den temperamentvollen Zuschauern die Gäule durch. Sie bewarfen die unverschämten Gäste mit Zitrusfrüchten und Schnapsflaschen, die leider leer waren, wie „FC-Schotte" Vincent Mennie scherzhaft anmerkte. Einige Tage später sorgte der einheimische Platzwart für heilloses Chaos, als er völlig betrunken und mit einer Pistole in der Hand über das Gelände streunte.

★ ★ ★

Auch im Januar 1988 machte der FC einen Amerikatrip, der die Geißböcke nach Los Angeles und Costa Rica führte. Unmittelbar nach der Ankunft in LA erkrankte fast die komplette Mannschaft an einer verheerenden Magen-Darm-Grippe. Ein weiteres Problem war das viel zu hohe Gras auf dem Trainingsplatz. So ließ Christoph Daum kurzerhand auf einer Wiese zwischen zwei Highways trainieren. Die Einheimischen wunderten sich über die „Crazy Germans".

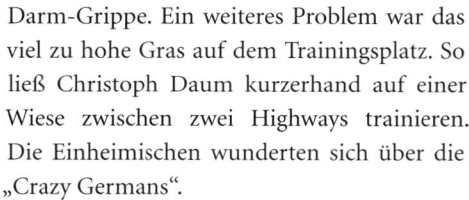

★ ★ ★

Bei einer Tour nach Argentinien und Brasilien im Januar 1987 ließ sich Michael Meier zu einem ungefährlichen Vergnügen hinreißen. Das Ponyreiten bereitete nicht nur dem FC-Geschäftsführer, sondern auch den begeisterten Einheimischen sichtlich Freude.

Michael Meier beim Ponyausritt
in Argentinien.

Der FC'ler – dein Freund und Helfer

Als FC-Torwart Gerd Welz im Winter 1973 in der Dämmerung vom Training in seinem damaligen Wohnort Bensberg ankam, beobachtete er, dass aus einer benachbarten Schreinerei Flammen herausloderten. Geistesgegenwärtig verständigte der Keeper nicht nur umgehend die Feuerwehr, sondern schleppte bis zum Eintreffen der Feuerwehr pausenlos Wassereimer heran und half, Werkstatt und Wohnhaus zu retten.

Als Hilfspolizist betätigte sich im Mai 2009 der Ex-FC-Verteidiger und heutige Scout Paul Steiner. Auf dem Parkplatz einer Lidl-Filiale in Köln-Lövenich stellte der WM-Teilnehmer von 1990 einen flüchtigen Ladendieb, überwältigte ihn und hielt den Gauner bis zum Eintreffen der Polizei fest. Auch den Krankenwagen hatte „Eisen-Paule" für den Ladendieb gerufen. „Ich glaube der hatte irgendwas genommen, so rot wie sein Kopf war", meinte Steiner nachher.

Auch Hanspeter Latour ging während seiner FC-Zeit auf Verbrecherjagd. Am 30. Mai 2006 beobachtete der Trainer, wie eine Kölner Geschäftsfrau von einem Räuber ihrer Handtasche beraubt wurde. Beherzt nahm der Schweizer die Verfolgung auf und alarmierte einen 40-jährigen Passanten, der Latour bei der Verfolgung half, bis der Dieb seine Beute von 1.600 Euro in ein Gebüsch warf und unerkannt entkommen konnte.

Auf der Flucht befindliche Juwelendiebe klauten im November 1962 den schneeweißen Porsche von FC-Mannschaftsarzt Dr. Peter Bohne (1960 – 1974 im Amt), der vor den Kölner Gürzenich-Sälen geparkt war. Kurz darauf wurden die Diebe nach wilder Verfolgungsjagd gestellt. Bohne erhielt seinen Sportwagen zurück – inklusive gebrochener Achse und zahlreicher Einschusslöcher.

Am 4. September 2008 brachen Diebe den am Waldparkplatz des Geißbockheims geparkten Dienstwagen von Youssef Mohamad auf und entwendeten u. a. die Digitalkamera des Abwehrspielers. Mohamad und der FC erstatteten Anzeige gegen Unbekannt. Der Libanese war nicht das erste prominente Opfer von Automardern am Geißbockheim. Am 20. April 1963 stellten mehrere Spieler (u. a. Matthias Hemmersbach und Karl-Heinz Schnellinger) nach dem Meisterschaftsspiel der Oberliga West gegen Schwarz-Weiß Essen fest, dass ihre am Klubhaus geparkten Autos aufgebrochen und Wertsachen entwendet wurden.

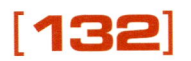

[132] FC-Weltmeister

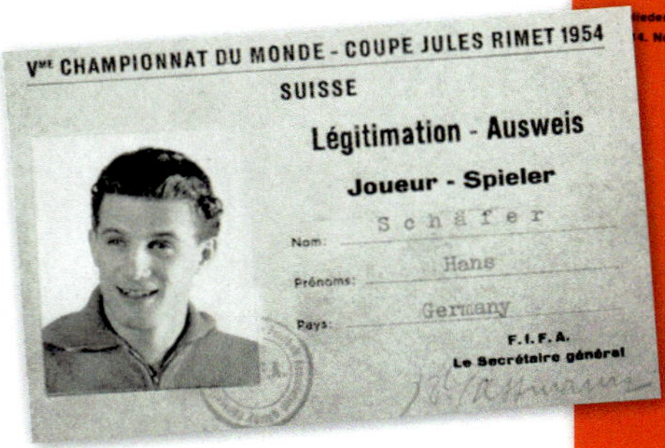
Vme CHAMPIONNAT DU MONDE - COUPE JULES RIMET 1954
SUISSE
Légitimation - Ausweis
Joueur - Spieler
Nom: Schäfer
Prénoms: Hans
Pays: Germany
F.I.F.A.
Le Secrétaire général

Rarität: Teilnehmerausweis der WM 1954 von Hans Schäfer. Der andere Weltmeister vom FC war Paul Mebus.

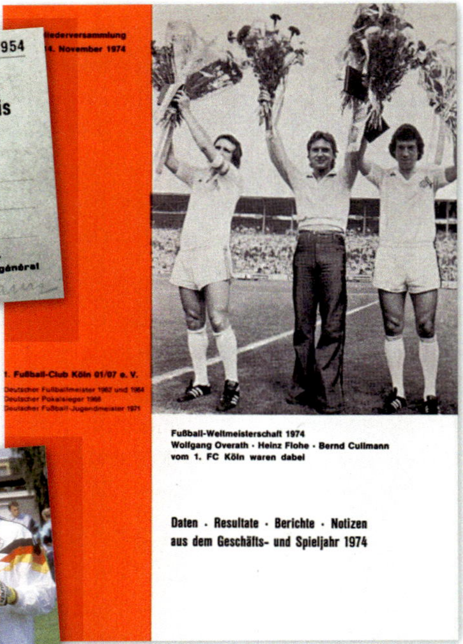

Die 1974er Weltmeister wurden auf der Titelseite des FC-Mitgliederjahresheftes geehrt: Wolfgang Overath, Heinz Flohe, Bernd Cullmann.

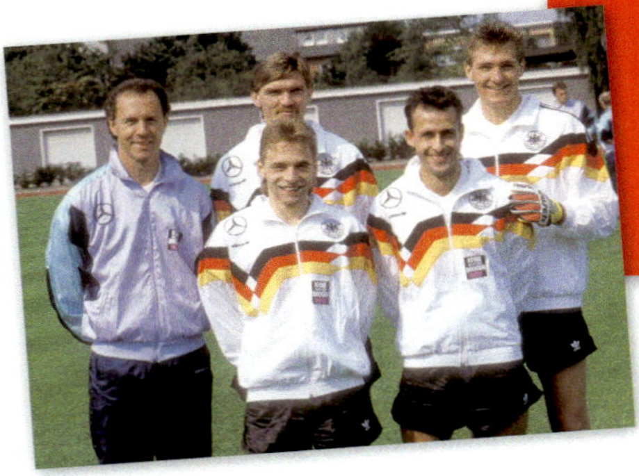

Teamchef Franz Beckenbauer und seine kölsche Weltmeisterfraktion 1990: Paul Steiner (wurde beim Turnier nicht eingesetzt), Bodo Illgner, Thomas Häßler, Pierre Littbarski.

★ ★ ★

Herbert Hein, Jürgen Glowacz, Herbert Neumann und Harald Konopka wurden 1975 Militär-Weltmeister. Beim Endspiel im Hagener Ischelandstadion gegen Holland erzielte Harald Konopka per Elfmeter sogar den Siegtreffer.

★ ★ ★

Apropos Militärweltmeisterschaft: Auch der ehemalige FC-Geschäftsführer Wolfgang Loos (1993 – 2002) nahm während seiner Wehrdienstzeit an einer solchen in Saudi-Arabien und Syrien teil. Loos bestritt als aktiver Fußballer zudem 58 Zweitligaspiele für Preußen Münster und den VfL Osnabrück.

Ludwig Erhard (Bundeskanzler 1963-1966), Howard Carpendale (Schlagersänger), Guildo Horn (Schlagersänger, auch Fan von Eintracht Trier), Stefan Raab (Entertainer, Musiker), Gentleman (Musiker), Ulrich Meyer (Fernsehmoderator), Max Schautzer (Moderator), Manuel Andrack (Moderator, Autor), Jochen Arlt (Autor), Daniel Brühl (Schauspieler), Heiner Lauterbach (Schauspieler, spielte eine Saison in der FC-Jugend), René Deltgen (Schauspieler), Wolfgang Niedecken (Chef der Band „BAP"), Alfred Gislason (Handballtrainer des THW Kiel), Hella von Sinnen (Komikerin), Peter Müller („De Aap", ehemaliger Profiboxer), Liz Baffoe (Schauspielerin), Jürgen Roland (Regisseur), Heiner Brand (Handballbundestrainer), Christine Westermann (Moderatorin), Otto Graf Lambsdorff (Politiker), Axel Stein (Comedian, Schauspieler), Annette Frier (Schauspielerin, Komikerin), Fabian Hambüchen (Kunstturner), Timo und Benjamin Weß (beide Hockeyolympiasieger), Frank Laufenberg (Radiomoderator), Hans Süper (Komödiant „Colonia Duett", Musiker), Bernd Stelter (Karnevalist, Comedian, Buchautor), Guido Westerwelle (Politiker), Uri Geller (Magier), Janus Fröhlich (Musiker der Band „Höhner"), Georg Koch (ehemaliger Bundesligatorwart, war bis in die 1990er Jahre FC-Fan), Christian Ramota (ehemaliger Handballnationaltorwart), Tom Gerhardt (Komiker, Schauspieler), Tim Lobinger (Stabhochspringer), Martin Kaymer (Golf-Profi), Hans Meiser (Moderator, Autor), Inka Grings (Fußballspielerin), Bianca Rech (Fußballspielerin, spielte sogar für die 1. FC-Frauenmannschaft), Jonas Reckermann (Beachvolleyballer), Benjamin Becker, Philipp Petzschner und Björn Phau (Tennisprofis), Peter Steffes (Radrennfahrer), Navid Kermani (Schriftsteller), Rainer Maria Woelki (Erzbischof von Köln), Nazan Eckes (TV-Moderatorin), Kevin Großkreutz (Fußballprofi), Chris Boltendahl (Sänger „Grave Digger")

In den 1990er Jahren rekrutierte der FC regelrecht krampfhaft prominente Mitglieder. So bekamen beispielsweise Schnulzensänger Howard Carpendale (1995), Busenwunder Samantha Fox (1996), Stimmungskanone Klaus Baumgart (vom Duo „Klaus & Klaus", 1996) und Dampfplauderin Margarethe Schreinemakers (1997) Mitgliedsausweise ausgestellt.

Im November 2002 absolvierte Formel-1-Legende Michael Schumacher (großer FC Fan) eine Trainingseinheit mit den FC-Profis.

Jupp Elze, Profiboxer und FC-Fan, ging als erster deutscher Profisportler in die Geschichte ein, der an Dopingfolgen verstarb.

Abschied

Für die Organisation seines Abschiedsspiels im Müngersdorfer Stadion am 4. Mai 1993 berechnete der 1. FC Köln Pierre Littbarski den stolzen Betrag von 200.000 Mark. Da wegen der frühen Anstoßzeit um 17.45 Uhr nur 20.000 Zuschauer gekommen waren, blieben Litti praktisch keine Einnahmen mehr übrig.

★ ★ ★

Signierte Torwarthandschuhe verteilte Toni Schumacher als Andenken an sein Abschiedsspiel, während beim letzten Auftritt von Thomas Häßler eigens aufgelegte T-Shirts verkauft wurden.

★ ★ ★

Auch Anthony „Tony" Woodcock bestritt am 5. September 1990 in Köln sein Abschiedsspiel. Statt in Müngersdorf fand der „Woody-Abschied" jedoch im Südstadion statt.

★ ★ ★

44 Jahre alt war Frans de Munck bei seinem Abschiedsspiel am 28. Mai 1967. Mit Vitesse Arnheim spielte er, wie sollte es anders sein, gegen „seinen" 1. FC Köln. Dabei bestand de Munck darauf, dass Hans Schäfer, der zwei Jahre zuvor seine aktive Laufbahn beendet hatte, ebenfalls für die Geißböcke auflaufen sollte. So gab Schäfer beim 7:1-Sieg der Kölner ein von mehr als 7.000 Zuschauern umjubeltes Comeback.

★ ★ ★

Beim Bankett nach dem Littbarski-Abschiedsspiel leistete sich Präsident Klaus Hartmann in seiner Rede einen Versprecher, der zur sportlichen Situation der Geißböcke passte: Statt vom „Abschiedsspiel" sprach er vom „Abstiegsspiel".

★ ★ ★

Schon vor fast 50 Jahren wussten die Königlichen von Real Madrid, wie man ohne große Mühe zusätzliche Einnahmen generierte. Zum Abschiedsspiel von Jupp Röhrig am 13. August 1960 hatten die Madrilenen einen speziellen Ball im Gepäck. Vehement bestanden sie darauf, mit der spanischen Kugel zu spielen. Nach langem Hickhack einigte man sich mit dem FC darauf, eine Halbzeit mit dem „Real-Ball", die zweiten 45 Minuten jedoch mit dem „FC-Ball" zu spielen.

★ ★ ★

Der 1. FC Köln am 13. 8. 1960 gegen Real Madrid 4:5
Von links nach rechts: Röhrig, Stollenwerk, Wrenger, Hobig, Thielen, Müller, Wilden, Schnellinger, Sturm, Ewert, Schäfer

Zum Gastspiel von Real Madrid brachte die *Kölnische Rundschau* zwei Erinnerungskarten heraus.

WOLFGANG OVERATH --- STATIONEN EINER GROSSEN LAUFBAHN
760 SPIELE - 285 TORE FUER DEN 1. FC KOELN
BUNDESLIGA-REKORDSPIELER
81 LAENDERSPIELE - 3 WELTMEISTERSCHAFTS-TEILNAHMEN
DEUTSCHER MEISTER 1964 - DEUTSCHER POKALSIEGER 1968
2 BERUFUNGEN IN DIE WELTELF - WELTMEISTER 1974

Die Anzeigetafel in Müngersdorf beim Abschiedsspiel von Wolfgang Overath.

17.05.1977: 1. FC Köln – Weltmeistermannschaft 1974 1:4
Abschiedsspiel Wolfgang Overath

60.000 Zuschauer sahen das Abschiedsspiel von Wolfgang Overath. Bis heute Besucherrekord für ein Abschiedsspiel in Köln.

★ ★ ★

13.08.1960: 1. FC Köln – Real Madrid 4:5
Abschiedsspiel Jupp Röhrig

★ ★ ★

25.10.1978: 1. FC Köln – Deutsche Nationalmannschaft 1:2
Abschiedsspiel Wolfgang Weber und Hannes Löhr

„Bulle" Weber und Hannes Löhr nach ihrem Abschiedsspiel. Rechts Organisator Hans-Gerhard König.

★ ★ ★

14.04.1992 Tonis Top-Team – Deutsche Nationalelf
Abschiedsspiel Harald „Toni" Schumacher

★   ★   ★

04.05.1993 1. FC Köln – Litti Allstar-Team 5:2
Abschiedsspiel Pierre Littbarski

★   ★   ★

22.08.2005 1. FC Köln Allstars – Ickes Dream-Team 6:8
Abschiedsspiel Thomas Häßler

„Icke" Häßler bekommt vor seinem
Abschiedsspiel einen der berühmten Gipsgeißböcke überreicht.

 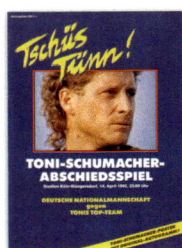  

Sammlerstücke: Die Programmhefte der Abschiedsspiele von Röhrig, Schumacher, Littbarski und Häßler.

[135] Rund um Trainingslager und Freundschaftsspiele

Musikalisch ging es am letzten Tag des Vorbereitungstrainingslagers zur Saison 2007/08 im österreichischen Tröpolach zur Sache. Einige Akteure lauschten bei guter Laune und kühlen Getränken dem exzellenten Gitarrenspiel von Thomas Broich. Andere Hotelgäste beschwerten sich über die angeblich zu laute Gesellschaft. Der FC sanktionierte die betroffenen Spieler mit Abmahnungen und Geldstrafen.

★   ★   ★

Auch im Sommertrainingslager in Velden / Österreich im Juli 2009 kam es zu nächtlicher Unruhe. Bei einem Gaudiboxkampf im Mannschaftshotel zwischen Mittelfeldspieler Derek Boateng und Betreuer Hubertus „Hubi" Neukirchen ging es lautstark zu Sache, sodass entsprechende Beschwerden anderer Hotelgäste nicht lange auf sich warten ließen. Nach zwei Runden musste der „Fight" abgebrochen werden.

★   ★   ★

Kölsche Pyrostimmung vor idyllischer Kulisse: Impression vom Freundschaftsspiel gegen Hannover 96 beim Sommertrainingslager 2009.

Ein Trainingslager wurde sogar komplett abgesagt. Das für Januar 1996 in Portugal geplante FC-Trainingscamp konnte wegen wochenlanger starker Regenfälle im Süden der iberischen Halbinsel nicht stattfinden, da sämtliche Trainingsplätze total überschwemmt waren. So blieb man in heimischen Gefilden und bestritt in Köln einige Testspiele. Besonderes Pech in diesem Zusammenhang hatte der Fanklub „Padergeißböcke", der schon vor der Absage nach Portugal gereist war und nun ohne die FC-Profis „Urlaub" machen musste. Immerhin wurden die Mitglieder des Fanklubs vom FC zu einem Auswärtsspiel nach Wahl eingeladen. Vom 1. FC Köln organisierte Fanreisen ins Trainingslager, wie heute üblich, gab es seinerzeit noch nicht.

★   ★   ★

Ins Trainingslager nach Nordafrika zog es die Geißböcke vom 31. Januar bis 5. Februar 1989. Ein großer Schock schon nach der Ankunft in Algerien: Das Hotel „El Marsa" in Algier entpuppt sich als Bruchbude. Zudem riecht es im kompletten Hotel nach Fäkalien. Am schlimmsten sind jedoch die überall im Hotel herumstreunenden Katzen, die selbst im Speisessaal anzutreffen sind. Beliebtester Hotelgast ist Pierre Littbarski, der in weiser Voraussicht einen ganzen Koffer voll Lebensmittel aus der Heimat mitgenommen hat und nun von seinen Mitspielern regelrecht belagert wird. Nach zwei Tagen gelingt es, in ein anderes Hotel umzuziehen.

★   ★   ★

Im Rahmen des Trainingslagers vor der Saison 2003/04 in Oberstaufen im Oberallgäu nahm der FC am Alpen-Cup in Bregenz / Österreich teil, den man nach Siegen über Casino SW Bregenz (3:1) und Sparta Prag (2:0) auch gewinnen konnte. Die Überraschung dann bei der Siegerehrung: Der vorgesehene Pokal war nicht rechtzeitig fertiggestellt worden.

★　★　★

Einen gigantischen Betreuerstab nahm Cheftrainer Christoph Daum mit ins Wintertrainingslager, das vom 11. bis 21. Januar 2009 im türkischen Belek stattfand. 23 Betreuer standen den 29 mitgereisten Spielern zur Verfügung.

★　★　★

In Israel weilte der FC mehrfach zum Trainingslager, so auch im Januar 1986. Schon bei der Ankunft ereignete sich eine Kuriosität: Trotz der in Israel üblichen, extrem strengen Sicherheitsbestimmungen durften die Kölner ohne Passkontrolle (!) einreisen – ein seltener Vertrauensbeweis. Den Clou lieferte jedoch die PR-Chefin des Hilton-Hotels Tel Aviv, in dem die Geißböcke logierten: Sie hatte eigens einen lebenden Geißbock organisiert, der neben einer Riesentorte in Form eines Fußballstadions im Foyer zur Begrüßung bereitstand.

★　★　★

Auch im Wintertrainingslager 2009 gab es einen „Ersatzhennes". Einige der mitgereisten Fans hatten sich vor Ort einen Geißbock geliehen und auf den Namen „Hünnüs I." getauft.

★　★　★

Vom Wintertrainingslager 2001/02 bis zum Sommertrainingslager 2006/07 erfreute der FC die mitgereisten Anhänger mit einer Postkarte aus dem Trainingslager. Von der gesamten Mannschaft signiert, wurden diese in die Heimat verschickt. Auch nach 2006/07 wurden gelegentlich solche Postkarten produziert.

★　★　★

Als man sich im Juli 1998 auf der Insel Norderney auf die erste Zweitligasaison der Klubhistorie vorbereitete, stieg per Zufall der sich auf Wahlkampftour befindende Bundeskanzler Helmut Kohl zum Mittagessen im FC-Mannschaftshotel ab. Flugs überreichten ihm Trainer Bernd Schuster und Kapitän Ralf Hauptmann ein signiertes FC-Trikot. Was weder Kohl noch Schuster zu diesem Zeitpunkt vorausahnten: Sowohl der Politiker als auch der Trainer erreichten ihre Ziele nicht. Während der Bundeskanzler sein Amt an Gerhard Schröder abtreten musste, gelang es dem „blonden Engel" nicht, mit dem FC den angestrebten Wiederaufstieg zu realisieren. Beim Treffen auf Norderney war sich Helmut Kohl sicher: „Der 1. FC Köln steigt direkt wieder auf."

★　★　★

Zum Freundschaftsspiel gegen AS Saint Etienne (1:2) am 30. März 1959 in Luxemburg reisten die FC-Spieler komplett mit Frauen und Freundinnen an.

★ ★ ★

Sechs FC-Fans waren am 22. Mai 1998 ins bulgarische Seebad Varna gereist, um das Freundschaftsspiel der Geißböcke gegen Spartak Varna (3:2 für Varna) live zu sehen. Dabei bot das „Rahmenprogramm" mehr als das Spiel selbst. Neben einem Umtrunk mit den Varna-Fans traten die sechs kölschen Schlachtenbummler auch zum Strandkick gegen eine Auswahl englischer Touristen an. Bei der 2:7-Niederlage fiel den aufopferungsvoll kämpfenden Kölnern ein rüstiger Mittvierziger auf, der be-

Nicht Frankreich gegen Deutschland sondern AS St. Etienne gegen 1. FC Köln, auch wenn die „Anzeigetafel" beim Freundschaftsspiel in Luxemburg im März 1959 etwas anderes sagt.

sonders gut mit dem Bällchen umgehen konnte. Der sich zunächst nur als „Birmingham-Fan" vorstellende Herr entpuppte sich später als Joe Gallagher, ein ehemaliger Profi, der für Birmingham City, Wolverhampton Wanderers, West Ham United, FC Burnley und Halifax Town insgesamt 373 Profispiele bestritt.

★ ★ ★

In einem Kastenwagen vor dem Mannschaftshotel nächtigten zwei FC-Freunde beim Sommertrainingslager im Juli 2002 in Oberstaufen. Auch die Kölner Boulevardpresse berichtete darüber. Eines Morgens wurde den Fans die Ehre zuteil, das Frühstück von FC-Spieler Alex Voigt persönlich ins „Schlafzimmer" serviert zu bekommen. Dank einer „Spende" von Markus Kurth und Dirk Lottner konnte das Duo sogar noch eine Nacht im noblen Teamhotel logieren.

★ ★ ★

Wegen Steuerschulden von Gastgeber Viktoria Köln wurden die gesamten Einnahmen des Freundschaftsspiels gegen den 1. FC Köln (4:0 für den FC) am 29. Juli 2003 direkt nach dem Abpfiff vom Finanzamt Köln beschlagnahmt.

★ ★ ★

Paul Steiner und Thomas Häßler teilten sich im Trainingslager zeitweilig ein Zimmer. „Paule" hatte traditionell eine Flasche Whiskey dabei und jeden Freitag genehmigte man sich ein Gläschen auf Eis, sozusagen als Betthupferl.

Als „Icke" Häßler den FC 1990 in Richtung Italien verließ, schenkte Steiner seinem ehemaligen Zimmergenossen eine Karikatur, auf der die beiden im Zimmer mit einer leeren Whiskeyflasche zu sehen waren.

★ ★ ★

In den 1980er Jahren war er Kult – der Zauberwürfel. Auch Pierre Littbarski war dem Geduldsspiel hoffnungslos verfallen. So sehr, dass er seinem Zimmergenossen Harald „Toni" Schumacher nachts mit permanentem Würfeldrehen auf die Nerven ging. Kurzerhand verfrachtete der Tünn seinen Mitbewohner in die Badewanne. Irgendwann tief in der Nacht wurde Schumacher dann von einem lauten Schrei aus dem Bad geweckt: „Ich hab's!"

★ ★ ★

Ende Dezember 1955 / Anfang Januar 1956 (inklusive Silvester und Neujahr) absolvierten die FC-Kicker ein Trainingslager in Oberstdorf im Oberallgäu. Dabei waren Spieler und Funktionsteam jedoch nicht in einem Mannschaftshotel, sondern verteilt in diversen Pensionen des Ortes untergebracht.

★ ★ ★

Wegen zahlreicher verletzter Spieler musste sich der FC zum Freundschaftsspiel bei Atlético Madrid am 29. Juni 1956 drei Akteure ausleihen. Joachim Jänisch (RW Essen), Reinhold Jackstell (FC Angers / Frankreich) und der Spanier Sdroghi wechselten unter Mithilfe von Spielervermittler Julius Ukrainczyk für exakt ein Spiel zum 1. FC Köln. Zuvor war unter anderem schon Ottmar Walter (1. FC Kaiserslautern) kontaktiert worden, der jedoch wegen beruflicher Inanspruchnahme an seiner Tankstelle absagen musste.

★ ★ ★

Im Rahmen der Teilnahem am Osterturnier 1957 in Brügge stand auch ein gemeinsamer, sonntäglicher Kirchgang der Mannschaft auf dem Programm.

★ ★ ★

Für eine Freundschaftsspieltournee in die Schweiz und nach Frankreich im Mai / Juni 1962 mit Spielen gegen FC Basel (4:4), Grasshoppers Zürich (4:2 für den FC), Racing Straßburg (1:3), FC Sochaux (3:0 für den FC) und FC Biel (7:2 für den FC) wurde FC-Legende Jupp Röhrig „reaktiviert", da sich mit Karl-Heinz Schnellinger, Leo Wilden, Hans Schäfer und Hansi Sturm vier Leistungsträger bei der WM in Chile befanden. Röhrig hatte seine aktive Karriere offiziell im Sommer 1960 beendet.

★ ★ ★

Eisige Minustemperaturen herrschten beim freundschaftlichen Vergleich zwischen dem 1. FC Köln und Spartak Moskau am 10. Dezember 1963. Die

Fans in der Nordkurve hatten gegen die Kälte ein probates Mittel: Sie wärmten sich an Lagerfeuern, die sie auf den Stehrängen entzündeten.

★　★　★

In früheren Zeiten machte der FC auch schon mal ein „Trainingslager" der anderen Art. Dabei machten der Vorstand sowie die Lizenzspieler samt Frauen und Kinder gemeinsam Urlaub, auch „Trainingsferien" genannt. Im Sommer 1964 ging es nach Frankreich in die Normandie, genauer gesagt in den Badeort Trouville. Ob ein Sonnenbad am Strand mit Kind und Kegel, Tennis oder schwimmen – Langeweile kam nie auf. „Das war schon etwas Besonderes. Wie eine große Familie. Und den Zusammenhalt förderte es auch", erinnert sich Agnes Hemmersbach, Witwe des früheren, im Jahre 1997 verstorbenen, FC-Spielers Matthias Hemmersbach. Trainiert wurde auch: Neben ausgedehnten Strandläufen gab es ein Freundschaftsspiel gegen eine Normandieauswahl, das die „Urlauber" mit 10:1 für sich entscheiden konnten.

Pressebericht über die „FC-Trainingsferien" im Sommer 1964.

★　★　★

Während des Freundschaftsspiels gegen den österreichischen Drittligisten WAC / SK St. Andrä (2:2) am 22. Juli 2009 führte der auf der Ersatzbank sitzende Pierre Womé ein knapp 10-minütiges Handytelefonat, ohne dass Trainer Zvonimir Soldo es bemerkte.

★　★　★

Erst vier Jahre nach seiner Gründung ging der 1. FC Köln erstmals nach dem Zweiten Weltkrieg auf Auslandsreise. Ziel war ein internationales Turnier im belgischen Antwerpen vom 13. bis 14. April 1952 mit Freundschaftsspielen gegen die Antwerpener Stadtelf (4:1 für den FC) und Rapid Wien (2:1 für den FC). Auch die FC-Fans wollten sich den ersten Auftritt ihrer Mannschaft in der Fremde nicht entgehen lassen und organisierten eigens einen „Auswärtsbus".

Eine „Balkan-Griechenland-Tour" mit Spielen gegen AEK Athen (1:2), Olympiakos Piräus (1:0 für den FC), Panathinaikos Athen (2:1 für den FC) und Partizan Belgrad (2:4) unternahm der FC im Mai 1956. 28 Stunden dauerte die Anreise per Bahn. Dabei hatte man für den Präsidenten von Olympiakos Piräus, Nicos Carounidis, ein ausgefallenes Gastgeschenk im Gepäck: Der ausgewiesene Kanarienvogel-Liebhaber hatte ein besonderes Faible für die in Deutschland gezüchtete Rasse „Harzer Roller". So nahm man exakt einen solchen Vogel samt Käfig mit auf die Reise. Bei den unterwegs stattfindenden Grenzkontrollen wunderten sich die Zöllner über den leeren Vogelkäfig, ohne dabei verdächtige Entdeckungen machen zu können. Kein Wunder, „Schorsch" Stollenwerk hatte das Federtier vor der Kontrolle unter seinem Mantel versteckt und schmuggelte ihn so unbemerkt über sämtliche Grenzen.

BTX  [136]

Im September 1983 führte die Deutsche Bundespost den „Bildschirmtext" (BTX) ein. BTX war ein interaktiver Onlinedienst, der mittels Telefon, Modem und Fernseher funktionierte. Op-

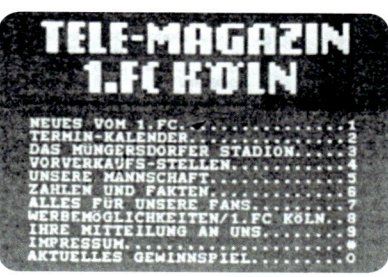

tisch ähnelte das System dem Videotext und wurde nicht selten damit verwechselt. Als „Heimcomputer für jedermann" angekündigt, wurde der Dienst kein sonderlich großer Erfolg. Auch der 1. FC Köln nutzte ab Ende Februar 1984 BTX mit dem „Tele Magazin 1. FC Köln". Das 50-seitige Programm bot neben den Spielterminen unter ande-

In den 1980ern futuristisch: BTX

rem auch die Möglichkeit, Fan-Artikel und Dauerkarten zu erwerben. Immerhin 400 Teilnehmer riefen den Service in den ersten vier Wochen ab.

Ab September 1996 machte sich der FC eine der berüchtigten 0190er-Nummern zunutze. Unter 0190/241948 erreichte man das „GeißbockFon" und wurde zum Preis von 1,20 Mark pro Minute über Neuigkeiten und Gewinnspiele informiert.

Rettet den FC [137]

…lautete eine publicityträchtige Kampagne des Kölner Boulevardblattes *Express* im Abstiegskampf der Saison 1992/93. So brachte man T-Shirts, Kölschgläser und andere Artikel mit dem einprägsamen Motto in Umlauf. Am vorletzten Spieltag rettete sich der FC mit einem 2:1-Heimsieg gegen Schalke 04 vor dem Sturz in die Zweitklassigkeit. Beim bedeutungslosen, letzten Spiel in Uerdingen revanchierten sich die FC-Profis, indem sie geschlossen in T-Shirts mit der Aufschrift „Wir retten den Express" den Rasen der Grotenburg-Kampfbahn betraten.

Für die „Rettet den FC"-Kampagne hatte Kölsch-Rocker Jürgen Zeltinger sogar ein „Rettungs-Lied" komponiert, das jedoch nie auf Tonträger gebannt wurde. Selbst der sonst eher stadionscheue Kardinal Josef Meisner verirrte sich zur Partie gegen Bremen (0:0) nach Müngersdorf.

★ ★ ★

Bereits in der Spielzeit 1968/69 hatte sich Verleger Alfred Neven DuMont (*Express*, u. a.) in den Abstiegskampf der Geißböcke eingeschaltet und den Spielern nach der gelungenen Rettung eine „Nichtabstiegsprämie" gestiftet.

Zuvor hatte sich der FC bereits an eine Werbeagentur gewendet, um das Image des Klubs im Abstiegskampf aufzubessern. So kam es im Rahmen dieser Kampagne zu einem kuriosen, selbstironischen Foto (das heute leider „verschwunden" ist): Einige FC-Spieler posierten mit Spaten bewaffnet auf dem Rasen des Müngersdorfer Stadions, um imaginär nach den im Saisonverlauf verlorenen Punkten zu graben.

[138] Die Saisoneröffnung

Eine feste Institution ist die alljährliche FC-Saisoneröffnung. Traditionell fanden sich schon immer viele Fans zum ersten Training nach der Sommerpause am Geißbockheim ein, ohne dass man eine besondere Veranstaltung daraus machte. Als organisierter „Event" feierte die Saisoneröffnung am 20. Juli 1986 ihre Premiere. Rund um das Geißbockheim gab es unter anderem die Ehrung der frischgebackenen Vizeweltmeister Klaus Allofs und Harald „Toni" Schumacher sowie einen Auftritt der Höhner, die ihr FC-Lied präsentierten. Als besonderes Highlight servierte man den rund 15.000 Fans Freibier und Würstchen.

Unter dem Titel „1. Kölner Fußballfest" bewarb der FC die erste, offizielle Saisoneröffnungsfeier am 20. Juli 1986.

★ ★ ★

Trotz sportlichen Erfolgs (der FC wurde 1988/89 deutscher Vizemeister) gingen die Besucherzahlen der Saisoneröffnung zurück. „Nur" 4.000 Interessierte kamen zur Saisoneröffnung 1989/90 ans Klubhaus.

★ ★ ★

Nach dem ersten Abstieg der Vereinsgeschichte kamen mehr als 8.000 FC-Fans am 5. Juli 1998 ans Geißbockheim, um die Mannschaft und den neuen Trainer Bernd Schuster zu sehen.

★ ★ ★

Bei den Saisoneröffnungen war der FC-Sportpark oft regelrecht überfüllt.

Zur letzten Saisoneröffnung am Geißbockheim, im Juli 2003, pilgerten mehr als 20.000 Fans in den FC-Sportpark, in dessen Umgebung totales Parkplatzchaos ausgebrochen ist.

★ ★ ★

Am 25. Juli 2004 fand die Saisoneröffnung erstmals in Müngersdorf statt. Mehr als 50.000 Fans waren gekommen, um unter anderem ein Testspiel gegen das von Christoph Daum betreute Fenerbahçe Istanbul zu sehen, das 2:2 endete.

★ ★ ★

Am 26. Juli 2009 war das Stadion bereits zum sechsten Mal Austragungsort der Saisoneröffnung. 40.000 Besucher erlebten u.a. das Einlagespiel gegen CfB Ford Niehl (3:0) und die Premiere der FC-Frauenfußballmannschaft, die ein Spiel gegen den SC 07 Bad Neuenahr mit 2:1 gewann. Zur Saisoneröffnung 2017/18 tummelten sich mehr als 50.000 Fans rund um das RheinEnergieStadion, ohne dass ein begleitendes Fußballspiel stattfand.

Spieler des Jahres [139]

Zwischen 1992 und 1999 wurden die FC-Fans via *Geißbock Echo* zur „Spielerwahl des Jahres" aufgerufen. Die Sieger waren:
1992 Andrzej Rudy, 1993 Toni Polster, 1994 Toni Polster, 1995 Bodo Illgner, 1996 Toni Polster, 1997 Toni Polster, 1998 Dorinel Munteanu, 1999 Dirk Lottner.

An allen großen Titeln des 1. FC Köln… [140]

…war Karl-Heinz Thielen beteiligt! Bei den Deutschen Meisterschaften 1962 (Spieler) und 1964 (Spieler) sowie beim DFB-Pokalsieg 1968 (Spieler). Bei den DFB-Pokalerfolgen 1977 (geschäftsführendes Vorstandsmitglied / Manager) und 1983 (Vizepräsident und Schatzmeister) sowie beim Double 1978 (geschäftsführendes Vorstandsmitglied / Manager).

Freitag, der 13. [141]

…muss nicht immer negativ behaftet sein, auch wenn diesem Tag in der Regel nur Schlechtes nachgesagt wird. Für den 1. FC Köln war er ein Glücksfall, denn der Verein wurde am Freitag, den 13. Februar 1948, gegründet.

Neben unzähligen regionalen Titeln und Turniersiegen konnte die FC-Jugendabteilung in ihrer Geschichte auch drei deutsche Meistertitel feiern.

Die Mannschaft des deutschen Jugendmeisters 1971 vor dem Endspiel gegen den 1. FC Nürnberg.

Signierte Rarität: die Speisekarte vom Endspiel um die deutsche A-Jugendmeisterschaft 1971.

1971 war es die von Jupp Röhrig trainierte A1-Jugend, die erstmals einen deutschen Jugendtitel ans Geißbockheim holte. Im Endspiel am 11. Juli in Fürth behielten die Kölner gegen die Vertretung des 1. FC Nürnberg mit 3:1 die Oberhand. Die Mannschaft: Norbert Sczepanski (**Tor**), Bernd Zock, Rüdiger Evers, Herbert Neumann, Josef Bläser, Rainer Nicot, Manfred Liebig, Harald Konopka, Georg Bosbach, Klaus Richling, Herbert Hein, Jürgen Glowacz, Albert Wunderlich (**Feld**), Jupp Röhrig (**Trainer**).

★ ★ ★

1990 sicherte sich die B-Jugend der Geißböcke nach einem 2:1-Endspielsieg über den VfB Stuttgart am 22. Juli vor mehr als 4.000 Zuschauern im Franz-Kremer-Stadion den Titel. Die Mannschaft: Ünsal Sönmezoglu, Olaf Hentschel (**Tor**), Ralf Bodelier, Joschi Chang, Florian Kötting, Sascha Koob, Ulf Menssen, Frank Ploeger, Guiliano Romano, Marcus Carl, Guido Jörres, Sascha Jores, Michael Kremer, Sascha Lenhart, Oliver Schmitt, Sezgin Cayirli, Sven Haunak, Pablo Thiam, Ingo Wiechmann, Roland Brandt (**Feld**), Frank Schaefer (**Trainer**).

★ ★ ★

Nach einem 3:2-Finalsieg am 5. Juni 2011 in Bremen gegen die B-Jugend von Werder Bremen wird die U17 des 1. FC Köln deutscher B-Jugendmeister. Das erfolgreiche Team des Trainergespanns Boris Schommers, Martin Bülles und Ulf Sobek: Daniel Mesenhöfer, Pascal Wichmann (**Tor**); Tobias Berg, Sven Engelke, Jannik Müller, Fabian Rolke, Steffen Schäfer, Florian Schell (**Abwehr**); Arnold Budimbu, Michael Clemens, Yannick Gerhardt, Lukas Scepanik, Fabian Schnellhardt, Mitchell Weiser (C), Danilo Wiebe (**Mittelfeld**); Marco Ban, Fabio La Monica, Caner Özkan (**Angriff**).

Mister Pitt

Mit exakt 804.000 Mark, die der FC Bayern München im Sommer 1973 an den 1. FC Köln überweisen musste, war Hans-Josef „Jupp" Kapellmann der bis dahin teuerste Bundesligatransfer. Für die damalige Zeit war Kapellmann der „etwas andere" Profi. Er war nicht nur musikalisch begabt und sprach mehrere Fremdsprachen, er hatte auch „Mister Pitt". Mister Pitt war ein kleiner Stoffbär, den Kapellmann überallhin mitnahm. Ob im Mannschaftsbus oder in der Kabine, er tat kaum einen Schritt ohne Mister Pitt und unterhielt sich sehr oft mit ihm – wahlweise auf Deutsch oder Französisch. Im toleranten Köln lächelten sie über die Marotte, im strengen Bayern wurde Mister Pitt jedoch massiv bedroht. Eines Tages entführte ein Spieler der Bayern den Bären und legte ihn vor die Räder des Mannschaftsbusses. Glücklicherweise entdeckte Kapellmann seinen Freund noch rechtzeitig und rettete ihn vor einem grausamen Tod. Sichtlich erbost beschimpfte der heute in Rosenheim als Facharzt für Orthopädie tätige Kapellmann anschließend seine Kollegen als Barbaren.

Kapellmann war zu seiner Köln-Zeit auch ein leidenschaftlicher Angler. In der Eifel hatte er einen eigenen Teich gepachtet, um regelmäßig Jagd auf Forellen machen zu können. In Köln wartete dann jemand bereits sehnsüchtig auf Kapellmanns Beute: FC-Präsident Oskar Maaß wurde vom „Jüppchen" häufig mit reichlich frischem Fisch bedacht.

Männ [144]

Eine rheinische Frohnatur wie aus dem Bilderbuch war Willi Nagelschmidt, der von 1948 bis 1951 beim FC spielte. Nach der aktiven Laufbahn für den berühmten Großmetzger und FC-Sponsor Jupp Schlömer als Vertreter tätig, sorgte der „Männ", so sein Spitzname, immer für Unterhaltung. Bei einer Süddeutschlandreise der Vertragsspieler im Mai/Juni 1950 kaufte sich das komplette Team auf Anregung von Nagelschmidt zunächst Strohhüte zum Stückpreis von 5 Mark. Die Hüte wurden nun bis zur Rückankunft in Köln nur noch zu den Freundschaftsspielen der Tour sowie nachts zum Schlafen ausgezogen. Bei einer Bootsfahrt auf dem Titisee sprang „Männ" in voller Montur ins kühle Nass. Den Wetteinsatz von 20 Mark, den seine Kameraden darauf gesetzt hatten, dass er nicht den Mut habe, in die Fluten zu springen, investierte er in ein neues Hemd und zwei Handtücher.

★ ★ ★

Auch beim Training griff „Männ" auf ungewöhnliche Maßnahmen zurück. Wenn er nach den Übungen noch etwas Torschusstraining praktizieren wollte und kein weiterer Mitspieler mehr zur Hand war, beorderte er einfach einen der Trainingszuschauer ins Tor. Für seinen besonders harten Schuss war Nagelschmidt weithin bekannt, und so schmerzten den armen „Ersatztorhütern" anschließend die Hände.

[145] Motivation

Morgens vor dem Auswärtsspiel bei Werder Bremen am 6. Mai 1989 werkelten Trainer Christoph Daum und sein „Co" Roland Koch an einem großen Spielfeldbogen, der anschließend wieder in einer unscheinbaren Tasche verschwand, die Zeugwart Willi Rechmann mit Argusaugen bewachte. Aus gutem Grund: Um den Spielern die im Falle der gewonnenen Meisterschaft anstehende Prämie deutlich zu machen, hatte Daum 35 Tausendmarkscheine an den Bogen geklebt und ließ diesen vor dem Anpfiff in der Kabine rumgehen. „Was du richtig siehst, verstehst du besser", begründete der Coach seine ungewöhnliche Motivationsmaßnahme. Die Partie in Bremen gewann der FC mit 2:1, Meister wurde am Ende jedoch der FC Bayern.

[146] Süße Prämie

Das „Double" 1978, als der FC die Deutsche Meisterschaft und den DFB-Pokal gewann, brachte die Fans zu zahlreichen kuriosen Einfällen. Besonders gut kamen die Torten eines Konditors an, die dieser am Geißbockheim abgab. Eine war der Meisterschaft, die andere dem Pokalsieg gewidmet. Selbst Trainer Hennes Weisweiler, der „Pott", die Spieler in Original-Trikots und Geißbock Hennes IV. zierten als kunstvolle Marzipanfiguren das Gebäck.

Rut un wieß [147]

Am 11. Mai 1959 beschließt der Vorstand des 1. FC Köln einstimmig, wie die Mannschaften des Vereins zukünftig aufzulaufen haben – von der Jugend bis zu den Vertragsspielern. Dabei wird folgendes Spielkleid festgelegt: Trikot: rot, Hose: weiß, Stutzen: rot. Die Stutzen wurden letztlich sogar rot-weiß. Wann immer es möglich war, spielte der FC in dieser Kombination. Oft musste wegen der Farbe(n) des Gegners jedoch gewechselt werden, so dass entweder ein weißes oder gelegentlich auch ein hellblaues Trikot zum Einsatz kamen. Selbiges galt für die Hose – in manchen Begegnungen spielte man auch in roten Shirts und roten Hosen. Das heute traditionelle Weiß wurde letztlich erst nach dem 4:0-Sieg im Endspiel um die Deutsche Meisterschaft 1962 gegen den 1. FC Nürnberg etabliert, als man ganz in Weiß nach überragender Vorstellung erstmals die Meisterschale nach Köln holte. Dabei war die weiße Kluft auch an diesem Tag eher aus der Not heraus gewählt: Die Kölner hatten den Nürnbergern als amtierendem Deutschen Meister die Trikotwahl überlassen. Die Verantwortlichen des „Club" entschieden sich für rote Trikots, so dass der FC in Weiß spielen musste.

Unten: Die Mannschaft des 1. FC Köln vor dem Beginn der deutschen Endrunde 1959/60 im vom Vorstand beschlossenen Spielkleid.
Rechts: FC-Legende Matthias Hemmersbach „janz in wieß"
auf einem Sammelbild anno 1969.

Rotrekord [148]

Gerade einmal 88 Sekunden waren gespielt, als FC-Verteidiger Youssef Mohamad am 21. August 2010 beim Heimspiel gegen den 1. FC Kaiserslautern von Schiedsrichter Dr. Felix Brych die schnellste Rote Karte der Bundesligahistorie erhielt. Die Partie endete 1:3 – die Rekordzeit hat bis heute Bestand.

Schauspieler

Dass FC-Stadionsprecher Michael Trippel 1984 erster Fanbeauftragter Deutschlands wurde, ist mehr oder weniger bekannt. Auch dass er den Geißböcken seit seinem ersten Besuch in Müngersdorf am 28. November 1964 als Fan verfallen ist, ist kein Geheimnis. Dass Trippel jedoch auch ausgebildeter

Der Beweis. „Micky" Trippel (rechts) bei einem seiner Theaterauftritte.

Schauspieler ist, dürfte nahezu unbekannt sein. Nach der Fachhochschulreife besuchte er Schauspielschulen in Bochum, Hamburg und Berlin. „Ich habe aber keinen Abschluss gemacht. Dazu hätte ich an den Wochenenden mehr tun müssen, doch da spielte immer der FC", berichtet Trippel. Trotzdem reichte es zu festen Engagements. Im Theater „Der Keller" spielte er von 1979 bis 1982 in „Die Gewehre der Frau Carrar" von Bertolt Brecht, der „Mausefalle" von Agatha Christie und „Die Physiker" von Friedrich Dürrenmatt. Zuvor spielte er in einer Theatergruppe, die Gastspiele in Wien, Antwerpen und Linz gab. Auch in der WDR TV-Produktion „Schöne neue Heimat" übernahm Trippel eine Nebenrolle. Weil Theater und FC nur schwer gemeinsam zu vereinbaren waren, wurde der gebürtige Recklinghauser in der Pharmabranche tätig. Übrigens: Michael „Micky" Trippel spielte bis zur C-Jugend Fußball – beim 1. FC Köln!

★ ★ ★

Auch Sebastian Selke widmete sich der Schauspielerei. Neben einem Kurzauftritt in der „Lindenstraße" mischte der Ex-Torwart auch in der VOX-Sendung „Das perfekte Dinner" mit.

★ ★ ★

Im September 2002 kamen die FC-Profis Sebastian Helbig und Markus Dworrak zu einem Kurzauftritt in der ARD-Soap „Marienhof".

Ewalds Zettel [150]

Weil er während der Spiele seine Eindrücke häufig auf Notizzettel verewigte, bekam Trainer Ewald Lienen den Spitznamen „Zettel Ewald". Auch während seiner Zeit beim FC (1999 – 28.01.2002) schrieb Lienen einige Blöcke voll. Dass Ewalds Zettel auch schon wertvolle Dienste für krebskranke Kinder leisteten, ist jedoch eher unbekannt. Nach dem Aufstieg 2000 versteigerte eine Boulevardzeitung die drei von Lienen beim entscheidenden „Aufstiegsspiel" in Hannover beschriebenen Zettel für den guten Zweck. Immerhin 5.000 Mark zahlten einige FC-Gönner, darunter Fritz Guckuk, für die Erinnerungsstücke, die heute im Kölner Sport- und Olympiamuseum ausgestellt werden.

„Die spielen heute wieder einen Scheiß" [151]

73 Minuten waren bei der Partie 1. FC Köln – Bayer Leverkusen am 5. April 2009 gespielt, als über die Stadionlautsprecher Schiri Peter Sippel (München) mit den Worten „Ey, Penner, ey, Abseits!" angepöbelt wurde. Stadionsprecher Michael Trippel hatte sein Mikrofon schon eingeschaltet, um eine bevorstehende Einwechslung bekannt zu geben. Ein Zuschauer, der knapp einen Meter vor Trippel saß, brüllte den Satz, der dann übertragen wurde. Vom DFB bekam der FC anschließend einen „blauen Brief".

★　★　★

Auch der legendäre Stadionsprecher Hans-Gerhard König hatte bei einem Heimspiel in der alten Radrennbahn das Mikro an, als es besser aus gewesen wäre. „Die spielen heute wieder einen Scheiß", sagte König zu seinem Nebenmann in der Sprecherkabine. Die mithörenden Zuschauer hatten ihre helle Freude daran.

★　★　★

Beim 7:0-Heimsieg über Union Berlin am 7. Oktober 2002 spielte Stadion-DJ Tobias Franzgrote nach dem fünften Tor der Kölner einen Tusch ein. Manager Andreas Rettig reagierte darauf äußerst erbost, da er dies als Verhöhnen des Gegners interpretierte.

Stadionsprecherlegende Hans-Gerhard König.

[152] Flugangst

Ernst-Günter Habig, wegen seines harten Schusses schnell mit dem Spitznamen „de Bums" versehen, spielte von 1960 – 1963 beim FC. Neben seinem
„Bums" war der halbrechte Offensivspezialist auch berühmt für seine Flugangst. Darunter litt er seit einem Langstreckenflug mit der deutschen Olym-
piaauswahl zu den Spielen von Melbourne in Jahre 1956. Seitdem wollte
Habig kein Flugzeug mehr betreten. Selbst zum Endspiel um die Deutsche
Meisterschaft 1962 gegen den 1. FC Nürnberg in Berlin verweigerte er kurz
vor dem Abflug den Gang in die Maschine. Franz Kremer organisierte auf
den letzten Drücker ein Zugticket. Schwieriger wurde es beim Europapokalspiel im September 1962 in Dundee. Während die Mannschaftskameraden
von Köln-Wahn aus gerade einmal drei Stunden bis nach Schottland benötig-
ten, war Habig per Bahn mit dem „Hoek van Holland Express" und anschlie-
ßender Fährfahrt nach Harwich mehr als 24 Stunden unterwegs.

[153] Vorspiele

Sie gehörten jahrzehntelang zum gewohnten Bild in Müngersdorf – die „Vorspiele". In den Zeiten der Oberliga West (1949 – 1963) spielte vor der Vertragsspielermannschaft zumeist die „Vertragsreserve", in der Regel gegen
denselben Gegner wie die 1. Mannschaft. Bis in die 1990er Jahre waren es
dann häufig Jugendmannschaften, die vor den Profis ihr Können unter Beweis stellen konnten. Zumeist waren es Freundschaftsspiele von FC-Jugend-
teams gegen Vertretungen kleinerer Vereine. Oft gewannen die kleinen Geißböcke zweistellig und die Fans, die schon in der Arena waren, feierten die
Jugendlichen. Die Tradition der Vorspiele ist längst dem modernen Unter-
haltungsprogramm vor dem Spiel gewichen.

★ ★ ★

Es gab auch schon Pflichtspiele im Müngersdorfer Vor-
programm. Am 30. September 1972 versuchte man mit
einer Doppelveranstaltung Fans in die Radrennbahn zu
locken. Um 15 Uhr bestritt zunächst die Kölner Fortuna ihr Regionalligaspiel gegen Preußen Münster,
bevor der FC um 17 Uhr zur Bundesligapartie gegen
Werder Bremen (1:0) auflief. Ein Erfolg war die Aktion nicht – die 15.800 Zuschauer wären wohl auch
ohne Vorspiel in die Radrennbahn gekommen.

★ ★ ★

Bevor die Geißböcke am 24. September 1977 gegen Borussia Dortmund (4:1) spielten, gab es im Vorfeld das Frauen-Fußballspiel zwischen der SSG Bergisch-Gladbach und dem SC 07 Bad Neuenahr.

★　★　★

Ebenfalls in einem Vorspiel fiel das erste Tor im „neuen", 1975 eingeweihten Müngersdorfer Stadion (die alte Hauptkampfbahn wurde 1923 eröffnet). Günter Hutwelker, spätere Spielerlegende von Fortuna Köln, erzielte es für die D-Jugend vom FC am 12. November 1975 gegen eben jene Fortunen aus der Südstadt. Das Endergebnis ist leider nicht überliefert. Das „richtige" Eröffnungsspiel bestritten anschließend die Profis von FC und Fortuna, der FC gewann den freundschaftlichen Vergleich mit 3:0. Den Premierentreffer im 2004 endgültig fertiggestellten Müngersdorfer Stadion (auch bekannt als RheinEnergieStadion) erzielte Lukas Podolski am 31. Januar 2004 mit seinem 1:0-Siegtor im Derby gegen Borussia Mönchengladbach.

★　★　★

Ein „Vorspiel" der grausamen Art wurde den mitgereisten FC-Fans vor dem Spiel in Uerdingen (2:2) am 25. Oktober 1998 geboten. Das Popduo Modern Talking folterte gegen 20 Mark Aufpreis optional die Gehörgänge der Stadionbesucher. Praktisch niemand der gut 4.000 mitgereisten Kölner nutzte das Angebot. Sie strömten erst ins Grotenburg-Stadion, als Dieter Bohlen und Thomas Anders nach massiven Unmutsbekundungen der draußen wartenden Fans gut eine Stunde vor dem Anpfiff ihren Auftritt beendeten.

Otze-Fete [154]

Die berühmte „Mach et' Otze"-Geschichte mit Trainer Erich Rutemöller und Stürmer Frank Ordenewitz kennt praktisch jeder FC-Fan. Der Coach hatte beim Halbfinalrückspiel des DFB-Pokals 1991 gegen den MSV Duisburg den bereits mit Gelb verwarnten Ordenewitz mit der legendären Aufforderung „Mach et' Otze" dazu motiviert, sich noch einen gelben Karton „abzuholen", um dann, nach im nächsten Bundesligaspiel abgesessener Gelbsperre, im Finale wieder eingesetzt werden zu können. Es kam anders als geplant. „Rute" verplapperte sich anschließend vor laufenden Kameras, der DFB sperrte „Otze" fürs Finale, das die Kölner nach Elfmeterschießen gegen Werder Bremen verloren. Bei den Fans wurde Ordenewitz dennoch zum Kult. Zehn Jahre später veranstalteten einige FC-Anhänger in der Kölner Kneipe „Klapsmühle" sogar eine „Mach et' Otze Jubiläumsparty". „Otze" und „Rute" ließen es sich nicht nehmen, zur Party höchstpersönlich zu erscheinen und die Ex-FC'ler Olaf Janßen, Michael Kraft und Ralf Sturm gleich mitzubringen.

[155] Totgesagte leben länger

Bereits nach zehn Minuten prallte Hennes Weisweiler im entscheidenden Rückspiel um den Aufstieg in die Oberliga West am 16. Juni 1948 gegen Rhenania Würselen (0:1) mit einem Gegenspieler zusammen. Seinerzeit noch in der Offensive eingesetzt, verspürte Hennes sofort rasende Kopfschmerzen, hielt aber noch bis zur 75. Minute durch, ehe er das Spielfeld verlassen musste. Auswechslungen waren damals noch nicht erlaubt. Erst im Krankenhaus wurde ein Schädelbruch diagnostiziert. Eine voreilige Kölner Zeitung machte das Ganze noch schlimmer. Sie berichtete, Weisweiler sei an seinen schweren Verletzungen verstorben. Diese Meldung schreckte sogar Regierungspräsident Dr. Warsch auf, der sofort ins Hospital eilte, um sich persönlich ein Bild vom Gesundheitszustand von Hennes Weisweiler zu machen. Dieser befand sich bereits auf dem Wege der Besserung und konnte nach dreiwöchiger Behandlung das Krankenhaus wieder verlassen. In der Folgesaison 1948/49 wurde Weisweiler Spielertrainer des 1. FC Köln.

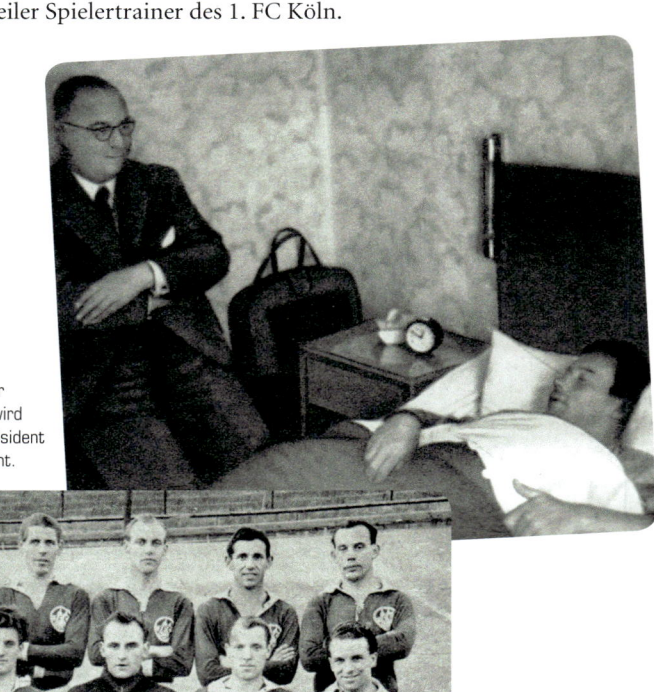

Hennes Weisweiler (im Krankenbett) wird von Regierungspräsident Dr. Warsch besucht.

Der junge Hennes Weisweiler auf einem Mannschaftsbild der Saison 1949/50 (hinten rechts).

Spielabsagen

…hat es in der Geschichte des 1. FC Köln zahlreiche gegeben. Zumeist waren diese witterungsbedingt. Einige jedoch auch aus kuriosen Gründen:

★ ★ ★

London 4272 lautete der Name eines Influenzavirus, an dem im Februar 1973 fast die gesamte Mannschaft von Werder Bremen erkrankt war. Aus diesem Grund wurde auch das für den 9. Februar 1973 angesetzte Bundesligaspiel des FC in Bremen abgesagt.

★ ★ ★

Die mit Sicherheit kurzfristigste Spielabsage ereilte den FC am 17. März 1957. Das Oberligaspiel beim Duisburger SV wurde vom Gartenbaudirektor der Stadt Duisburg exakt fünf (!) Minuten vor dem Anpfiff wegen Unbespielbarkeit des Platzes abgesagt. Und das, obwohl sich Schiedsrichter Thier wenige Minuten zuvor vom einwandfreien Zustand des Geläufs überzeugt hatte. Beide Mannschaften und mehr als 10.000 frustrierte Zuschauer mussten unverrichteter Dinge den Heimweg antreten.

★ ★ ★

Immerhin 2 ¾ Stunden vor dem Anstoß entschied Schiri Wolfgang Stark, die Partie zwischen Dynamo Dresden und dem FC am 27. Februar 2005 nicht anzupfeifen. Schnee und vereiste Tribünen sorgten nach Ansicht des Unparteiischen für nicht akzeptable Bedingungen, obwohl sich zuvor zahlreiche Freiwillige als Schneeräumer im Rudolf-Harbig-Stadion betätigt hatten. Für die rund 426 FC-Fans, die im Sonderzug in die sächsi-

Auch die Boulevardpresse berichtete über die 16-stündige Non-Stop-Fahrt der FC-Fans zum abgesagten Spiel nach Dresden.

sche Landeshauptstadt gereist waren, kam die Absage zu spät. Der Zug wurde in Dresden-Neustadt einfach zurück nach Köln beordert. Aus Sicherheitsgründen durften die Kölner noch nicht einmal den Zug verlassen. Die Schlachtenbummler ertränkten ihren Frust mit Kölsch. FC-Fan Peter Scholzen: „Trotz der großen Enttäuschung war die Stimmung im Sambawagen noch gut.“

★ ★ ★

In der Saison 1997/98 musste das FC-Gastspiel beim FC Schalke 04 abgesagt werden, da wegen des zeitgleichen Transportes von ausgedienten Brennstäben (Castor Transport) ins atomare Zwischenlager Ahaus nicht genügend Polizeikräfte zur Verfügung standen.

Liselotte Kremer

Sie war die große, alte Dame des 1. FC Köln – Liselotte Kremer, Witwe des unvergessenen Franz Kremer. Bis an ihr Lebensende identifizierte sie sich mit dem FC und besuchte bis ins hohe Alter regelmäßig die FC-Spiele in Müngersdorf. Auch einige schöne Anekdoten gibt es von Liselotte Kremer zu berichten:

★ ★ ★

Schnappschuss am Geißbockheim:
Liselotte Kremer 1964 mit Ehemann
Franz und Hans-Gerhard König.

Nach dem Gewinn der Deutschen Meisterschaft 1962 strich sie den Bürgersteig vor der FC-Gaststätte „Dörper" an der Berrenrather Straße rot-weiß an. Dies brachte ihr eine Anzeige des Kölner Ordnungsamtes ein, die später zurückgezogen und ihr „nur" eine Ermahnung ausgesprochen wurde.

★ ★ ★

Als im Jahre 1955 der jugoslawische Fußballverband dem FC-Neuzugang Zlatko „Tschik" Čajkovski keine Freigabe erteilen wollte, reiste Frau Kremer für ihren beruflich verhinderten Ehemann höchstpersönlich mit Tschik nach Belgrad und half bei den schwierigen Verhandlungen. Mit Erfolg – kurze Zeit später erhielt Čajkovski die Freigabe.

★ ★ ★

Auch die vermeintlich kleinen Gesten kamen bei Liselotte Kremer nie zu kurz: So gab sie beispielsweise vor der Abreise zum Osterturnier im April 1957 im belgischen Brügge jedem FC-Spieler einen Beutel mit selbst gefärbten Ostereiern und anderen nahrhaften Dingen mit auf die Reise.

★ ★ ★

Frau Kremer hat und hatte auch berühmte Nachbarschaft. Seit fast 50 Jahren wohnt Weltmeister Hans Schäfer im Haus in der Franzstraße. Zeitweilig lebten hier auch die FC-Spieler Karl-Heinz Schnellinger und Helmut Benthaus. Von Karl-Heinz Schnellingers Tochter Birgit war Liselotte Kremer sogar Taufpatin.

★ ★ ★

Liselotte Kremer wurde am 6. Oktober 1918 in Bremen geboren. 1944 heiratete sie Franz Kremer in Paris. 1946 wurde sie Mitglied im KBC. Viele Jahre war sie eng mit der im Oktober 2012 verstorbenen Ingeborg Weiand, Frau von Ex-FC-Präsident Peter Weiand, befreundet. Im gemeinsamen Ferienhaus auf Ibiza machten die beiden liebenswerten Damen regelmäßig Urlaub. Liselotte Kremer verstarb am 15. April 2014 im Alter von 95 Jahren.

Verehrerin [158]

Bei der Weltmeisterschaft 1958 in Schweden war Georg Stollenwerk vom 1. FC Köln eine der herausragenden Persönlichkeiten. Von Sepp Herberger auf der Verteidigerposition eingesetzt, bestritt der Dürener alle sechs WM-Spiele der

deutschen Mannschaft. Am Ende wurde die DFB-Auswahl Vierter. Eine der großartigen Begegnungen war der 3:1-Sieg über Argentinien. Bei dieser Partie muss es wohl passiert sein: Raphaela Stábile, Tochter von Argentiniens Nationaltrainer Guillermo Stábile, der in der Zuckerbranche zum Millionär geworden war, verliebte sich unsterblich in „Schorsch" Stollenwerk. Der *Kölner Stadt Anzeiger* vom 2. Juli 1958 berichtete: „Gefahren lauern

„Schorsch" Stollenwerk bei der WM 1958, hier im Spiel gegen Schweden.

nicht nur auf dem Spielfeld. Um es deutlicher zu sagen: Raphaela, die Tochter des wohlhabenden argentinischen Nationaltrainers Stábile, brachte es nicht fertig, sich nur mit Zuschauen zu begnügen. Ihr gefiel das rasante Spiel des blonden Stollenwerk so gut, dass sie das nächste Flugzeug nach Köln-Wahn nahm und jetzt auf der Suche nach Schorsch ist. Sie ließ ihm bereits einen Blumenstrauß zustellen und versucht nun im Alleingang fertig zu bringen, was der argentinischen Mannschaft nicht gelang: Verteidiger Stollenwerk zu umspielen." Offensichtlich schaffte es Stollenwerk, sich der aufdringlichen Verehrerin zu entledigen. In Köln hörte man später nie wieder etwas von der Dame.

Die „Elf der Trainer"... [159]

...wurde der 1. FC Köln in der Saison 1969/70 genannt. Kein Wunder, denn mit Heinz Hornig, Wolfgang Weber, Carl-Heinz Rühl, Manfred Manglitz, Werner Biskup und Hannes Löhr waren immerhin sechs Akteure des Profikaders im Besitz der DFB-Fußballlehrerlizenz.

Anstrengend. Hannes Löhr und Wolfgang Weber bei der Aufnahmeprüfung zur Deutschen Sporthochschule Köln.

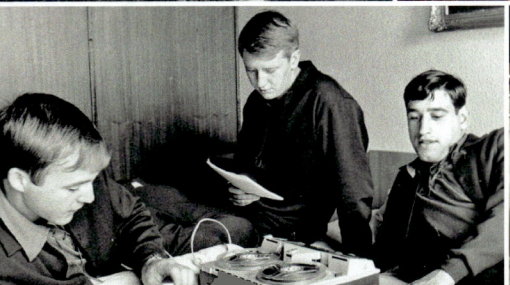

Hintere Reihe von links: Christian Schlößer, Lukas Podolski, Kevin Schöneberg, André Klaßmann, Martin Löbach. Mittlere Reihe von links: Co-Trainer Andreas Kehlenbach, Betreuer Peter Vienken, Lukas Sinkiewicz, Rajabu Pamba, Andreas Rademacher, Christian Meurer, David Kulinna, Trainer Guido Müller. Vordere Reihe von links: Robin Keiner, Marco Bernoccolo, Lukas Krawczyk, Sascha G..., Benjamin Müller, Tibor Heber.

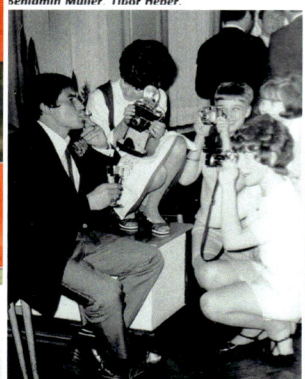

1 Fanbeauftragter Rainer Mendel findet 1997 beim UI-Cup-Spiel des FC in Tel Aviv eine nach ihm benannte Straße. **2** Seltenes Farbfoto aus dem ersten Bundesligajahr 1963/64. Die jungen Talente Wolfgang Weber (links) und Wolfgang Overath mit ihrem Trainer Georg Knöpfle. (Foto: Imago). **3** Transenalarm in Rotterdam: Dieser dubiose „Fan" tauchte beim berühmten Entscheidungsspiel zwischen dem 1. FC Köln und dem FC Liverpool am 24. März 1965 im Stadion „De Kuip" auf. **4** Konditions-

trainer Rolf Herings und Mannschaftsarzt Dr. Alfons Bonnekoh versuchen Hannes Löhr bei der „Meister-feier" am 29. April 1978 in der „Störtebeker Bar" des Hamburger „Crest Hotel" für den Nikotingenuss zu begeistern – doch „die Nas" interessiert sich nicht für den blauen Dunst. **5** Blick in die FC-Kabine im Winter 1964. **6** Trainingslagerunterhaltung in der Zeit vor Laptop und Playstation. Von links: Wolfgang Rausch, Hans-Jürgen Kleinholz und Franz-Peter Neumann 1966 im Trainingslager. **7** Blick in den FC-Mannschaftsbus der Saison 1951/52. Von links: Franz Becker, Stefan Langen, Günter Schemmerling und Geschäftsführer Jupp Schmitz. **8** Rückansicht des FC-Mannschaftsbus in der Saison 1948/49. **9** FC-Urgestein Lukas Podolski. Mannschaftskader und Foto der FC-U12 der Saison 1997/98 aus dem Magazin *Geißline* inklusive Poldi. Auch dabei: Die späteren FC-Profis Kevin Schöneberg und Lukas Sinkiewicz. **10** Ungewöhnliches Ankündigungsplakat zum Spiel am Wahlsonntag. **11** Bitte lächeln. Werner Biskup wird nach dem verlorenen Pokalfinale 1970 von weiblichen Fotografen umlagert. **12** Mit dieser Schön-heit im FC-Trainingssweater berichtete die *Neue Illustrierte* 1953 über die Eröffnung des Geißbockheims. **13** Bei der „Double-Feier" 1978 im Geißbockheim haben sich Hennes Weisweiler und Kalli Thielen in die Küche zurückgezogen. Wer der glückliche Herr in der Mitte ist, konnte nicht ermittelt werden.

Der erste FC-Fanklub

Es war nicht Anfang der 1970er Jahre, wie teilweise (sogar im *Geißbock Echo*), berichtet wurde, sondern am 26. Dezember 1959 in Quadrath-Ichendorf bei Bergheim. Unter der Leitung von Karl Schön, Willi Meurer und Rainer Esser

Mitglieder des „1. FC Köln Anhängerclub Ichendorf" inklusive FC-Boss Franz Kremer im März 1961. Das Bild entstand im Rahmen eines „Tanzabends" der Ichendorfer an dem auch die komplette FC-Vertragsspielermannschaft samt „Frauen und Bräuten" teilnahm.

wurde in der „Gaststätte Meurer" der „1. FC Köln Anhängerclub Ichendorf" gegründet. Viele Jahre lang gehören die Ichendorfer zum harten Kern der FC-Fans, bei allen Heim- und Auswärtsspielen waren Mitglieder des Klubs zugegen. Auch von den Offiziellen wurde der Klub, der zeitweilig sogar eine eigene Karnevalssitzung organisierte, sehr geschätzt. Franz Kremer und Hans-Gerhard König nahmen persönlich mehrfach an den Veranstaltungen des Anhängerklubs teil. Die Ichendorfer waren nicht nur der erste FC-Fanklub, sondern auch der erste Fanklub, der eigene Fanartikel produzierte. Jedoch nicht wie heute üblich Schals oder T-Shirts, sondern einen alljährlichen Karnevalsorden sowie 1962 eine „FC-Krawatte". Auch die Regeln waren strikt: „Meckern und etwas gegen den 1. FC Köln sagen gilt als Verstoß gegen die Satzung und hat eine Strafzahlung in die Reisekasse zur Folge." So nachzulesen in den FC-*Clubnachrichten* vom März 1960. Mittlerweile sind einige der Ichendorfer bereits verstorben oder hoch betagt. Ex-Vorstand Rainer Esser wohnt zudem seit einigen Jahren im Sauerland. Ende der 1960er Jahre lösten sich die Ichendorfer auf, einige ehemalige Mitglieder, wie beispielsweise Willi Weck und Willi Hüppeler, gründeten dann am 26. Dezember 1967 die „FC-Freunde Fortuna", den mittlerweile dienstältesten FC-Fanklub. Der Name Fortuna kommt von dem längst dem Braunkohletagebau zum Opfer gefallenen, gleichnamigen Gründungsort des Klubs. Zu Hause sind die „FC-Freunde-Fortuna" in Bergheim-Oberaußem.

Einheitslook. Die „FC-Freunde-Fortuna" Anfang der 1970er Jahre stilecht mit roten Hemden und weißen Krawatten.

★ ★ ★

Die „FC-Freunde-Fortuna" im Jahre 2008 zusammen mit Fan-Chef Rainer Mendel und Torwart Faryd Mondragon.

FANKLUB-ENTWICKLUNG BEIM 1. FC KÖLN SEIT 1959

Dezember 1959:	1	November 1996:	277
Dezember 1963:	3	November 1997:	334
September 1965:	5	November 1998:	407
Oktober 1976:	11	November 1999:	436
November 1977:	20	November 2000:	519
November 1985:	25	November 2001:	602
November 1986:	30	November 2002:	671
November 1987:	41	Juni 2003:	802
Oktober 1988:	55	November 2004:	858
November 1989:	64	November 2005:	931
Dezember 1990:	80	November 2006:	1.075
November 1991:	85	November 2007:	1.132
Dezember 1992:	113	November 2008:	1.262
November 1993:	153	August 2012:	1.383
November 1994:	191	Oktober 2017:	1.511
Dezember 1995:	242		

6. Juni 1948: Der erste Fan-Sonderzug der FC-Geschichte startet. Rund 1.500 kölsche Schlachtenbummler wollen beim ersten Entscheidungsspiel um den Aufstieg in die Oberliga West in Würselen (bei Aachen) dabei sein. Die Partie gegen die heimische Rhenania endet vor 12.700 Zuschauern auf dem ausverkauften Lindenplatz 0:0. Das Rückspiel verliert der FC mit 0:1 – der Aufstieg wird knapp verpasst.

Nah an der Mannschaft sind die Fans 1948/49. Da vor allem bei den Auswärtsspielen auf den Sportanlagen oft noch keine Umkleidegebäude sind, mischen sich während der Pausenansprache von Trainer Weisweiler immer wieder Fans unter die Mannschaft und versuchen mit „wertvollen" Ratschlägen zu helfen. Dies passiert auch häufig, wenn die Mannschaft per Zug zu

Auswärtsspielen reist. „Wir wünschen nicht, dass man die Spieler mit weisen Ratschlägen traktiert oder mit sonstigen Redensarten anödet", ist im *Nachrichtenblatt 1. FC Köln* von September 1948 zu lesen.

★ ★ ★

Nach dem Aufstieg in die Oberliga im Mai 1949 wird die Mannschaft zu diversen Auswärtsspielen erstmals per Omnibus transportiert, überwiegend wird jedoch noch mit dem Zug gefahren – gemeinsam mit den Schlachtenbummlern, die vor allem auf der Rückfahrt den Spielern alkoholische Getränke anbieten. Sehr zum Unmut von Trainer und Vorstand.

★ ★ ★

16. Oktober 1955: Nach einem brutalen Foul eines Spielers von Hamborn 07 stürmen einige FC-Fans den Platz und liefern sich eine wüste Schlägerei mit den Hamborner Spielern. Damit nicht genug: Auch die im Mannschaftsbus wartenden Spielerfrauen der Gäste werden von Stöcke schwingenden Zivilisten bedroht.

★ ★ ★

Franz Kremer und Hans-Gerhard König besuchen am 12. März 1961 nach dem Heimspiel gegen Westfalia Herne (4:2) den Tanzabend des „Ichendorfer Anhängerclubs". Auch die komplette (!) Vertragsspielermannschaft inklusive „Frauen und Bräute" der Spieler ist dabei.

★ ★ ★

Rekord im Meisterjahr: Zu den DM-Endrundenspielen in Frankfurt gegen die Eintracht und in Hannover gegen den Hamburger SV setzt sich der jeweils größte Fußballfansonderzug in der Geschichte der Bundesbahn in Bewegung. Auch zum Endspiel in Berlin gegen Nürnberg gibt es einen Rekord. Insgesamt sechs Sondermaschinen bedeuten die bis dahin größte Luftflotte, die innerhalb Deutschlands je zu einem Fußballspiel unterwegs war.

★ ★ ★

Der erste vom FC organisierte Fan Treff findet am 30. Januar 1975 im Geißbockheim statt. Unter der Leitung von Hans-Gerhard König diskutieren rund 300 überwiegend jugendliche Anhänger mit Vorstand und Lizenzspielern. Thema war die zunehmende Gewalt im Stadion.

★ ★ ★

In den 1980er Jahren sorgt der heutige Stadionsprecher Michael Trippel dafür, dass beim FC eine aktive Fanarbeit eingeführt wird. 1984 wird Trippel erster Fanbeauftragter des Vereins. Im Sommer 1985 kommt es zu einem großen Fantreffen im Geißbockheim. 200 Anhänger, viele davon in Fanklubs organisiert, finden den Weg ins Klubhaus. Für den FC sind Geschäftsführer Michael Meier und Stadionsprecher Hans-Gerhard König anwesend. Nur langsam bewegte sich der FC auf die Fans zu. Präsident Peter Weiand hatte sich dagegen immer gesträubt. Besondere Unterstützung in seinen Bemühungen erhielt „Michi" Trippel von Michael Meier, der half, Türen zu öffnen und Ressentiments beim Vorstand zu überwinden. Trippel arbeitete ehrenamtlich, selbst die vom Verein angebotene Freikarte lehnte der Pionier in Sachen Fanarbeit seinerzeit ab.

★ ★ ★

Pioniere in Sachen FC-Fanarbeit: Rainer Mendel (links) und Michael Trippel (Bild aus der Saison 1991/92).

Am 31. Oktober 1991 wird unter Federführung von Michael Trippel und Rainer Mendel von verschiedenen Fanklub-Mitgliedern das Fan-Projekt 1. FC Köln 1991 e. V. gegründet.

★ ★ ★

11.04.1995: Im Müngersdorfer Stadion ist die erste Fan-Choreo der FC-Geschichte zu bestaunen. Dazu werden beim DFB-Pokal-Halbfinale gegen den VfL Wolfsburg (0:1) mehr als 4.000 rote und weiße Tafeln im Oberrang Süd verteilt und beim Einlaufen der Mannschaften präsentiert.

★ ★ ★

18.05.1996: Zwei Sonderzüge mit rund 2.000 Fans fahren zum „Abstiegsendspiel" nach Rostock (1:0).

★ ★ ★

1995/96: Das Fan-Projekt knackt die 1.000-Mitglieder-Marke.

★ ★ ★

1996/97: Die FC-Fans wählen zum ersten und letzten Mal die „Miss Südkurve".
Sieger wird die 16-jährige Carolin aus Neuburg (Mecklenburg-Vorpommern).

★ ★ ★

1997: Rainer Mendel wird hauptamtlicher FC-Fanbeauftragter.

★ ★ ★

1999/2000: Das Fan-Projekt veranstaltet eine Fan-Tour nach England zum Premier-League-Spiel Everton gegen Aston Villa, nachdem man bereits im Vorjahr in Nottingham zu Besuch war. Insgesamt viermal war man inzwischen auf der Insel.

★ ★ ★

1999/2000: Unter dem Motto „Neues Stadion für Köln – JETZT!" startet das Fan-Projekt eine Unterschriftenaktion für einen Kölner Stadionneubau.

★ ★ ★

Januar 2000: Das Fan-Projekt bietet zum Wintertrainingslager der FC-Profis in Portugal die erste organisierte Fanreise zu einem FC-Trainingslager an. 25 Fans nutzen das Angebot. Inzwischen gehören die „Trainingslagerreisen" zum Standard.

★ ★ ★

Oktober 2017: Das Fan-Projekt hat über 12.000 Mitglieder.

★ ★ ★

Sowohl das FC-Internetforum als auch ein bekanntes FC-Fanzine konnten eine Frage, die viele Fans brennend interessierte, nicht endgültig beantworten: Was ist aus Eismann Jochen geworden? Jochen, der mit vollem Namen Jochen Röttgen heißt, stammt aus Pulheim bei Köln, wurde aber in der Domstadt geboren. Schon als Kind FC-Fan, war das Pokalfinale 1983 sein erstes Live-Spiel in Müngersdorf. Vor allem in den 1990er Jahren wurde der Eisverkäufer in der Südkurve zum Kult. Noch heute klingt vielen der damaligen Stadionbesucher Jochens unvergessliches „Sssssscccchhhhhhhokoladesahneeis!" in den Ohren. In einer mit Aufnähern geschmückten Jacke wanderte er mit seiner Eiskiste durch die Kurve und hing auch mit dem Herzen am FC. Auch bei Auswärtsspielen wie beispielsweise in Mönchengladbach oder Leverkusen war Jochen anzutreffen – im selben Outfit wie bei den Heimspielen. Spielte die Mannschaft wieder einmal schlecht, sangen die Fans „Außer Jochen, könnt ihr alle gehen". Angefangen hatte alles 1993, als der gelernte Zimmermann in Müngersdorf erstmals das kühle Naschwerk an den Fan brachte. Auch bei Auswärtsspielen im Westen war der leidenschaftliche Motorradfahrer häufig anzutreffen. Am 20. September 2003 war er bei der 2:3-Heimniederlage gegen den VfL Wolfsburg zum letzten Mal im Einsatz. Heute betreibt der studierte Diplom-Ingenieur ein Architekten- und Ingenieurbüro in Willich am Niederrhein.

Legendär: Der berühmte Eismann Jochen.

★　★　★

Zu seiner Zeit noch berühmter als sein „Nachfolger" Eismann-Jochen war der „Kamelle-Fred". Alfred Hülsmann, so sein bürgerlicher Name, war fast allen Kölner Stadionbesuchern nur unter seinem Spitznamen „Kamelle-Fred" bekannt. Von 1925 bis Ende der 1960er Jahre versorgte er die Besucher des Müngersdorfer Stadions aus seinem Bauchladen mit diversen Bonbons und Süßigkeiten, bei Bedarf auch mit Tabakwaren, Würstchen oder Rollmöpsen. Dabei verpasste Fred seiner Ware immer zur Spielsituation passende Namen, wie „Zitter-Pillen", „Punkte-Entschwindungstabletten" oder „Trauer-Bonbons", sehr zum Vergnügen der Fans. Heute würde man Kamelle-Fred als Kultfigur bezeichnen. Dabei wollte der 1899 in Wuppertal geborene Hülsmann zunächst Artist werden, der Erste Weltkrieg durchkreuzte dieses Vorhaben jedoch. Nach einer kurzen Tätigkeit als Schausteller machte er sich als Bauchladenhändler selbständig, verkaufte seine Waren zunächst in Gaststätten, spezialisierte sich kurz darauf auf Sportveranstaltungen aller Art, auch außerhalb Kölns. Trotz schwerer Schicksalsschläge, er verlor zu Lebzeiten seine Ehefrau sowie seinen einzigen Sohn, hatte Fred immer gute Laune und fehlte seit der FC-Gründung bei kaum einem Spiel der Geißböcke. Er gehörte praktisch zum Inventar. Ende der 1960er Jahre verliert sich die Spur von Kamelle-Fred, der heimlich, still und leise von der Bildfläche verschwand. Viele ältere FC-Freunde erinnern sich noch heute gerne an dieses Original zurück.

[162] Schnappschüsse aus dem FC-Archiv

Volltanken, bitte! [163]

Eine wunderbare Anekdote hält Ex-FC-Trainer Peter Neururer in seiner im Oktober 2012 erschienenen Biografie „Aus dem Leben eines Bundesligatrainers" bereit.

Mai 1996: Wenige Wochen zuvor hat der Fußballlehrer das Traineramt am Geißbockheim übernommen. Eine Tankstelle in Hürth bei Köln ist zu dieser Zeit für den Benzinnachschub der Dienstwagen von Spielern und Funktionsteam zuständig. Kurz vor einer Spielbeobachtung fährt Neururer mit seinem Co-Trainer Günter Güttler zum Volltanken nach Hürth. Just als der Tankrüssel im Tank hängt, klingelt Neururers Mobiltelefon. Gedanklich abwesend beendet der Trainer das Gespräch, steigt in den PKW und braust los – ohne zu unterschreiben und ohne den Schlauch aus dem Tank zu entfernen. Dies bemerkt Neururer erst, als er nach einem lauten Knall in den Rückspiegel schaut und dort das ausströmende Benzin erblickt. Der PKW-Tank ist anschließend ebenso schwer beschädigt wie die Zapfsäule. Es entsteht ein hoher Sachschaden. Kurios: Neururer behauptet, selbiges „Kunststück" sei einige Monate zuvor auch dem seinerzeit noch im Amt befindlichen FC-Manager Bernd Cullmann gelungen …

Muschi, Poldi und die Nas – Spitznamen

In seiner Jugend war FC-Rekordtorjäger Hannes Löhr als Messdiener tätig. Da die Messdiener beim Betreten der Kirche immer „bimmeln" müssen, verpassten ihm einige Mitspieler seiner Fußballmannschaft den Spitznamen „Bim Bam". Wegen seines ausgeprägten Riechorgans war Löhr zusätzlich als „die Nas" bekannt.

★ ★ ★

„Muschi" nannten die Mitspieler Marius Ebbers während seiner FC-Zeit. Nicht wegen der eher überschaubaren Torquote des Angreifers, sondern weil er dazu neigte, schnell zu frösteln, vor allem nach dem Duschen.

★ ★ ★

Wie Karl-Heinz Thielen in den 1960er Jahren zu seinem Spitznamen „Qualles" kam, ist nicht überliefert. Harald „Toni" Schumacher nannte ihn in den 1980er Jahren „Robert Redford vom Rhein".

★ ★ ★

Hansi Sturm – „Scheich" wurde ihm angeblich wegen seiner stoischen Ruhe von den Mitspielern verpasst.

★ ★ ★

Unter dem Künstlernamen „Facit" wollte Roger Magnusson in Köln spielen. Dies wurde vom DFB jedoch untersagt, und so musste der schwedische Offensivallrounder während seiner FC-Zeit (1966 – 1967) mit seinem richtigen Namen antreten. Kurios: „Facit" ist ein schwedischer Briefmarkenkatalog und gilt als wichtiges Nachschlagewerk für die Skandinavien-Philatelie.

WEITERE SPITZNAMEN VON AKTUELLEN UND EHEMALIGEN SPIELERN, TRAINERN UND FUNKTIONSTRÄGERN DES 1. FC KÖLN:

Heinz Simmet – wurde in den 1960er Jahren „Schappi" genannt, später Henry oder Hein.

Karl Büttgen (Ehrenpräsident 1948 – 1970) – Die Bütt

Willi Weyer – Bubi

Georg Stollenwerk – Schorsch (kölsche Version von Georg), der Boor us Düren

Josef Röhrig – Jupp

Leo Wilden – Lei (Abwandlung von Leo)

Karl-Heinz Schnellinger – Kalli, der Fuss (fussisch, Kölsch für Rothaarig)

Hans Schäfer – De Knoll (wegen seines leicht erregbaren Trotz- und Dickkopfes)

Wolfgang Weber – Bulle (wegen seiner großen Kampfkraft und

Härte, dennoch immer fair)

Matthias Hemmersbach – Matthes

Fritz Pott – Der gute Pott (Anlehnung an eine Werbung für Rum)

Johannes Löhr – Die Nas (wegen seines großen Riechorgans und des ausgeprägten Torriechers), Hannes

Carl-Heinz Rühl – Calli

Hans-Josef Kapellmann – Jupp

Gerhard Strack – Gerd, der Lange

Harald Konopka – Harry

Heinz Flohe – Flocke

Herbert Zimmermann – Zimbo

Bernd Schuster – Der blonde Engel

Bernd Cullmann – Culli

Carsten Cullmann – Culli

Anthony Woodcock – Tony

Pierre Littbarski – Litti

Harald Schumacher – Toni, Tünn

Paul Steiner – Der eiserne Paul

Thomas Häßler – Icke

Maurice Banach – Mucki

Frank Ordenewitz – Otze

Anton Polster – Toni, Toni Doppelpack

Dorinel Munteanu – Munti

Dirk Lottner – Lotte

Markus Kurth – Kurthi

Thomas Cichon – Franz (spielte zeitweilig Libero – wie Franz Beckenbauer, unterschrieb zuweilen sogar Autogrammkarten mit seinem Spitznamen)

Matthias Scherz – Matthes

Lukas Podolski – Poldi, Prinz Poldi

Milivoje Novaković – Nova

Slobodan Topalovic – Der Schweiger aus Cacak

Franz Kremer – Boss

Hans-Gerhard König – HGK, Die Stimme von Köln

Michael Trippel (Stadionsprecher) – Micki

Zlatko Čajkovski – Tschik

Stephan Engels – Steff

Karl-Heinz Heddergott – Der Mann mit der Gitarre

Georg Keßler – Sir

Georg Knöpfle – Yul Brynner

Lorenz-Günter Köstner – Pater Leppich

Hanspeter Latour – Der Bergdoktor

Ewald Lienen – Zettel-Ewald

Hans Merkle – Granit-Hans

Rinus Michels – Der General

Willi Multhaup – Fischken (seine Eltern betrieben in Essen ein Fischgeschäft)

Peter Neururer – Pitter

Erich Rutemöller – Rute

Rudolf Schlott – Rudi

Huub Stevens – Der Knurrer von Kerkrade

Karl Winkler – Der Alte

Hans Weisweiler – Hennes, Don Hennes, der Boor

Richard Pelzer (Schatzmeister 1958 – 1973) – Der Mann mit dem dicken Pelz

Karl-Heinz Schäfer (Vorstand 1951 – 1984) – King

Alpay Özalan – Kölsche Jung

Antonio Ananiev – Toni

Anthony Baffoe – Tony

Matthias Baranowski – Matthes

Willi Bars – Der stürmende Schulmeister

Franz Becker – Fränzchen
Dietmar Beiersdorfer – Didi
Roland Benschneider – Big Ben
René Botteron – Botteram (Kölsch
 für Butterbrot)
Werner Biskup – Germano
Thomas Broich – Mozart
Franz Brungs – Goldköpfchen
Ricardo Cabanas – Kabänes (Ma-
 genbitter)
Frans de Munck – Der schöne Frans,
 der schwarze Panther
Rudolf Eder – Rudi
Gerald Ehrmann – Gerry
Fabrice Ehret – Faffa
Fritz Ewert – Die Plaat (wegen sei-
 ner lichten Haarpracht)
Hans-Dieter Flick – Hansi
Holger Gaißmayer – Gaisi
Georg Gawliczek – Schorsch
Karlheinz Geils – Kalle
Andreas Gielchen – Andy
Dimitrios Grammozis – Dimmi
Vladan Grujic – Vladan Gruselig
Ernst-Günter Habig – De Bums
 (wegen seines harten Schusses)
William Hartwig – Jimmy
Ralf Hauptmann – Haube
Jürgen Heitmann – Schimmel
Sebastian Helbig – Helle
Patrick Helmes – Paddy
Matthias Hönerbach – Matthes
Jürgen Jendrossek – Jenni
Andrzej Kobylanski – Koby
Jürgen Kohler – Kokser
Michael Kostner – Balou
Michael Kraft – Tiger
Helmut Kronsbein – Fiffi

Stefan Langen – Steff
Lilian Laslandes – Laslandesliga
Manfred Lefkes – Manni
Hans Faber – Der Boor
Christian Lell – Lelle
Manfred Manglitz – Cassius
Andreas Menger – Andi
Youssef Mohamad – Dodo
Faryd Mondragon – Mondi
Christian Müller – Chress
Willi Nagelschmidt – Männ
Matthias Nebinger – Matthes
Harald Nelles – Harry
Evangelos Nessos – Vangi
Otto Neteler – Atom-Otto
Tobias Nickenig – Nicke
Yasuhiko Okudera – Oku
Ümit Özat – Der goldene Außenrist
Thomas Parits – Thommy
Kevin Pezzoni – Pezzo
Hans Pfeiffer – Hennes
Darko Pivaljevic – Pivo
Markus Pröll – Prölli
Helmut Rahn – Der Boss
Anton Regh – Toni
Hans-Werner Reif – Hansi
Karl-Heinz Ripkens – Der Jriess
 (wegen seiner hellen Haare)
Josef Röhrig Junior – Josi
Alexander Ryschkow – Sascha
Edward Sarpei – Eddy
Sebastian Schindzielorz – Sesi
Karl Schmitz – Schutzmann Schmitz
Anton Schumacher – Toni
Anton Schütz – Toni
Lukas Sinkiewicz – Sinke
Rigobert Song – Rigo
Milutin Soskic – Scholli

Harald Stelzner – Harry
Maynor Suazo – Honduras-Bulle,
    50 Cent
Eduard Szilinsky – Ede
Ion Vladoiu – Vladi
Nemanja Vučićević – Nema
Jakob Wimmer – Köbes
Claus-Dieter Wollitz – Pele
Marc Zellweger – Zelli, Käse-Zelli
Petit – Pitbull
Wilfried Sanou – Willi
Manasseh Ishiaku – Mana
Zvonimir Soldo – Zvoni
Dieter Trzolek – Tscholli, Miraculix
Kresimir Ban – Kreso
Coşkun Taş – Joe, JoJo
Paul Scheermann – Pablo
Markus Happe – Jacky
Miro Varvodic – Varva
Christopher Schorch – Schorchi
Pedro Geromel – Gero
Kevin McKenna – Maca
Stephan Salger – Steff
Bienvenue Basala-Mazana – Ben
Taner Yalcin – Teyner

Daniel Brosinski – Broschi
Adam Matuschyk – Matu
Christian Clemens – Chris, Chrille
Christopher Buchtmann – Buchti
Reinhold Yabo – Ray
Sebastian Freis – Basti
Michael Rensing – Rense
Christian Eichner – Eiche
Alexandru Ionita – Alex
Tomoaki Makino – Maki
Daniel Schwabke – Schwabi
Tobias Strobl – Tobi
Klaus-Peter Nemet – KP
Holger Stanislawski – Stani
André Trulsen – Truller
Dominic Maroh – Dome
Timo Horn – Hörnchen
Thomas Kessler – Kess, Kessi
Dominique Heintz – Heintzi
Frederik Sörensen – Freddy
Jonas Hector – Schlaubi
Konstantin Rausch – Koka
Marcel Risse – Cello
Matthias Lehmann – Matze
Simon Zoller – Zolli

Fahne im Taschenformat  [165]

Einen praktischen Fanartikel brachte die Mülheimer Fahnenfabrik im November 1970 auf den Markt. Der sogenannte Flaggenknirps sollte das lästige Transportieren von Fahne und Fahnenstange zum Stadion beenden. Ganz im Stile des berühmten Taschenschirms „Knirps" wurde die FC-Fahne mittels eines beweglichen Stativs ein- und ausgeklappt. Hans Schäfer, Hannes Löhr und Wolfgang Overath testeten den „Club Boy" und waren begeistert. Ein Verkaufsschlager wurde die mobile Fahne nicht.

[166] Das Ende von Tonis Serie

September 1983. Es herrschte mal wieder große Unruhe beim FC. Trainer Rinus Michels war kurz zuvor entlassen worden. Vor allem FC-Keeper Toni Schumacher hatte sich vehement gegen den Niederländer ausgesprochen. Doch damit nicht genug. Schumacher kritisierte auch den Vorstand um Vizepräsident und Schatzmeister Karl-Heinz Thielen sowie Manager Hannes Löhr öffentlich. Die Strafe für den Tünn war drakonisch: Zum Auswärtsspiel bei Waldhof Mannheim am 10. September 1983 wurde Schumacher vereinsintern gesperrt und damit seine Erfolgsserie von 213 in Folge bestrittenen Bundesligaspielen beendet. Noch in der Nacht vor der Partie gegen die Waldhöfer versuchte der Torwart zusammen mit seinem Manager Rüdiger Schmitz die Sperre von Präsident Weiand aufheben zu lassen – ohne Erfolg. „Ich würde 50.000 Mark zahlen, wenn man mir die Serie nicht kaputtmacht", soll Toni seinerzeit gesagt haben. Vor allem Kalli Thielen hatte sich offensichtlich für die harte Strafe ausgesprochen. Vertreten wurde Schumacher im FC-Tor von Gerald Ehrmann. Beim nächsten Bundesligaspiel gegen den VfL Bochum stand dann wieder Toni im Tor. Die Serie war jedoch unwiderruflich zerstört.

GLÜCK IM UNGLÜCK – Dass finanzieller Reichtum und Berühmtheit auch Schattenseiten haben, musste Toni Schumacher schon häufig feststellen. Besonders schlimm wird es, wenn Familienangehörige ebenfalls betroffen sind. So wurden Schumachers Kinder Vanessa und Oliver in den 1980er Jahren beinahe Opfer von skrupellosen Entführern. Während Tochter Vanessa in einem unbeobachteten Moment am Geißbockheim in ein Auto gezerrt, glücklicherweise aber nach zwei Kilometern wieder unbehelligt an der Straße abgesetzt wurde, versuchte eine Unbekannte, die sich als Tonis Nichte ausgab, den seinerzeit Sechsjährigen mitzunehmen. Nur der Aufmerksamkeit einer Lehrerin war es zu verdanken, dass der Versuch scheiterte.

„Toby" hieß der Papagei von Harald „Toni" Schumacher. Das äußerst sprachbegabte Tier konnte nicht nur „Du Lümmel" und „Foul" mustergültig aussprechen sondern auch sein Lieblingswort: „Litti".

Die FC-Fanfamilien Flechtner aus Bergisch-Gladbach und Kever aus Neuss reisten mit wunderbar dekorierten Autos zu den DFB-Pokalendspielen 1968 (FC – Bochum 4:1 in Ludwigshafen) und 1970 (FC – Offenbach 1:2 in Hannover). Nach dem Pokalsieg 1968 ließ sich sogar das komplette Team um Trainer Willi Multhaup mit dem Wagen der Kevers ablichten.

[168] Der kölsche „Tünn"

Dass FC-Vize-Präsident Harald „Toni" Schumacher der kölschen Kultur äußerst zugetan ist, ist hinlänglich bekannt. Da bildete auch die Feier anlässlich seines 30. Geburtstags am 6. März 1984 im Kölner Sion-Brauhaus keine Ausnahme. Neben typischen Speisen und Getränken spielten unter anderem das Colonia Duett und die Höhner. Selbst die offizielle Einladung wurde in kölschem Dialekt verfasst an die Ehrengäste verschickt.

[169] FC-Rekordtransfers

(NUR EINKÄUFE)

Zézé	1964	60.000	Mark
Manfred Manglitz	1969	100.000	Mark
Bernd Rupp	1969	125.000	Mark
Herbert Zimmermann	1974	140.000	Mark
Roger van Gool	1976	1.150.000	Mark
Anthony Woodcock	1979	2.493.750	Mark
Pierre Littbarski	1987	ca. 3.900.000	Mark (zurück von RC Paris)
Henrik Andersen	1990	3.600.000	Mark
Rico Steinmann	1991	3.600.000	Mark
Marco Reich	2001	ca. 6.000.000	Mark
Pedro Geromel	2008	2.500.000	Euro
Manasseh Ishiaku	2008	2.500.000	Euro
Anthony Modeste	2015	4.500.000	Euro
Jannes Horn	2017	7.000.000	Euro
Jorge Meré	2017	7.000.000	Euro
Lukas Podolski	2009	10.000.000	Euro
Jhon Cordoba	2017	17.000.000	Euro

Rheinische Frohnaturen

Bei der ersten Weihnachtsfeier der FC-Spieler 1948 war auch der damalige Dozent der Kölner Sporthochschule und spätere Bundestrainer Sepp Herberger anwesend. Kulinarischer Höhepunkt der Feier war der in Kaffeetassen kredenzte Tee. Im Verlauf des Abends stellte Herberger verwundert fest, dass die FC-Spieler von Tasse zu Tasse immer lustiger wurden, während er selbst dem Aufgussgetränk keine stimulierende Wirkung abgewinnen konnte. Er schob den Grund auf die rheinische Mentalität. Was er nicht ahnen konnte und worin sich der Inhalt seiner Tasse(n) von denen der Spieler unterschied: Die Wirtsleute, Karl Mehring und Frau, schenkten Herberger reinen Tee ein, mischten den FC-Spielern jedoch den damals berühmt-berüchtigten „Knolly-Brandy", einen selbst gebrannten Zuckerrübenschnaps, darunter, der seine Wirkung nicht verfehlte.

33.333,33 Mark …

Der 1. FC Köln erhielt vom DFB
für das Pokalspiel einen Scheck
in Höhe von DM 33.333.33 v. 10.7.73

… erhielt der 1. FC Köln per Scheck vom Deutschen Fußball-Bund für das DFB-Pokalendspiel am 23. Juni 1973 in Düsseldorf gegen Borussia Mönchengladbach, wie die entsprechende Aktennotiz im FC-Archiv beweist.

★ ★ ★

1977 lief das Finale für den FC besser. Nach zwei Finalspielen gegen Hertha BSC (1:1 n.V., 1:0), holten die Geißböcke den Pokal zum zweiten Mal nach Köln. Um die Versicherungssumme von 75.000 Mark zu gewährleisten, musste beim DFB angegeben werden, wo das gute Stück ausgestellt wurde. Mit der damaligen Vitrine im Gastraum des Geißbockheims fand man einen würdigen Ausstellungsort.

Deutscher Fußball-Bund
z. Hd. Herrn Eilers
Otto-Fleck-Schneise 6

8000 Frankfurt/M. -71   Köln, 1.6.1977

Betr.: Versicherung des DFB-Pokals

Sehr geehrter Herr Eilers,

im Anschluß an das geführte Telefonat möchten wir Ihnen schriftlich bekanntgeben, daß der vorgenannte Pokal in einer abschließbaren Glasvitrine unseres Clubhauses (Gaststätte "Zum Geißbock" Cluballee, 5000 Köln-41) steht und dort von der Öffentlichkeit besichtigt werden kann.

Bitte überprüfen Sie Ihre Versicherung und geben Sie uns eine kurze Bestätigung.

Inzwischen verblieben wir

mit freundlichen Grüßen
1. Fußball-Club Köln 01/07 e.V.

Karl-Heinz Thielen
Geschäftsführer

NOTIZ

Betr.: DFB-Pokal
       Anruf bei Herrn Eilers

Der DFB-Pokal ist mit DM 75.000,-- seitens des Deutschen Fußball-Bundes versichert.

Herr Eilers bittet jedoch um schriftliche Mitteilung, wo der Pokal seinen endgültigen Standort erhält.

Köln, 1.6.1977 gez. Ernst

PS: Sollte der Pokal ausgestellt werden, so ist Herr Eilers davon zu unterrichten.

[172] Kein Schiri in Chorweiler

Fortsetzung von Kapitel 006: Zum Freundschaftsspiel gegen den FC Pesch am 29. Juni 2012 in der Bezirkssportanlage Köln-Chorweiler erschien der „bestellte" Schiedsrichter nicht. Der gastgebende FC Pesch organisierte einen neuen Schiri, so dass die Partie mit 30-minütiger Verspätung angepfiffen werden konnte. Der FC gewann mit 5:0.

[173] Haarig – das FC-Frisurenkabinett (2)

[174] Schiri und Souvenirs

Es war einmal eine Zeit, in der genoss der 1. FC Köln bei den Unparteiischen großes Ansehen. Eine Tatsache, die seit den 1990er Jahren nicht mehr zu beobachten ist – im Gegenteil. Nicht selten waren die Kölner Opfer von haarsträubenden Fehlentscheidungen der Referees. Ob Jan Redelfs so etwas auch passiert wäre? Der 1995 verstorbene FIFA-Schiedsrichter aus Hannover war auf jeden Fall ein begeisterter Sammler von FC-Souvenirs. So bat er Karl Pe-

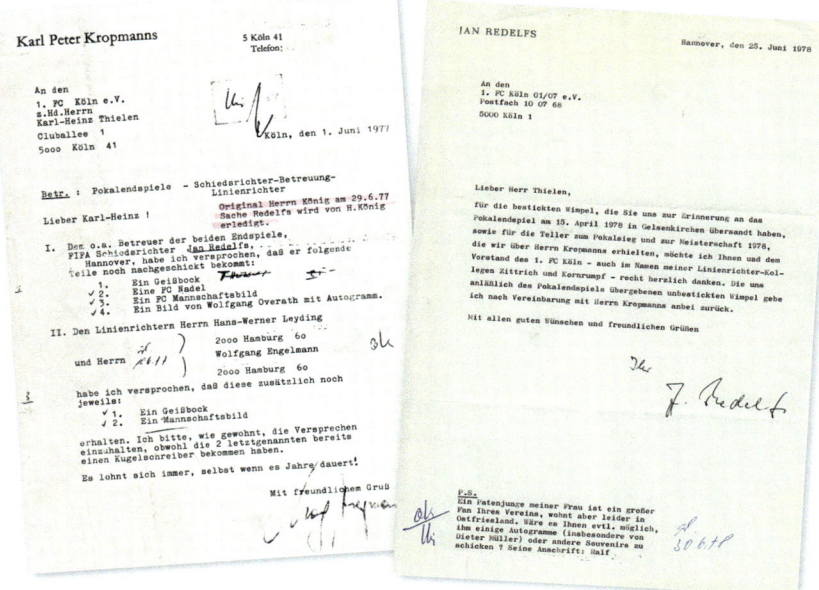

ter Kropmanns, zu dieser Zeit ehrenamtlich beim FC für die Betreuung der Männer in Schwarz zuständig, um die Nachsendung diverser Devotionalien, wie beispielsweise Stoffgeißbock und Mannschaftsfoto. Auch seine Assistenten erhielten Kölner Fanartikel. Der entsprechende Brief und das Dankesschreiben von Jan Redelfs sind bis heute erhalten.

Toni Doppelpack als Karnevalskostüm [175]

Einen ganz besonderen Karnevalsgag ließ sich ein Kostümproduzent im Jahre 1998 einfallen. Es sollte eine Maske des Konterfeis von FC-Torjäger und Publikumsliebling Toni Polster produziert und zu Karneval 1999 in den Verkauf gebracht werden. Tatsächlich stellte die Firma sogar schon einen Prototyp her. Mit dem FC-Abstieg 1998 und dem daraus resultierenden Wechsel des österreichischen Stürmers zu Borussia Mönchengladbach wurde die Idee wieder verworfen. Viele Jahre lang befand sich die kuriose Maske im Besitz von Toni Polster, der sie schließlich dem FC-Archiv zur Verfügung stellte.

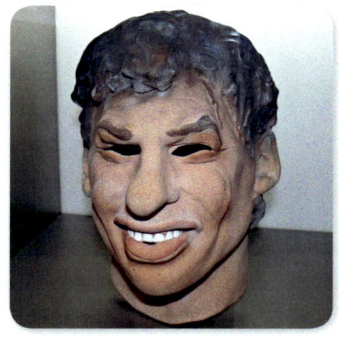

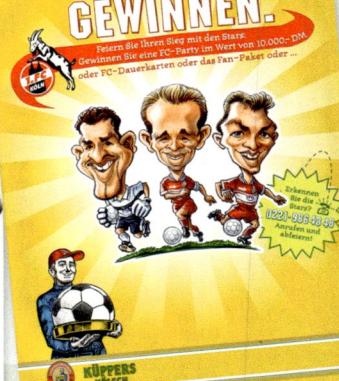

Einen Fauxpas der besonderen Art
leistete sich im Sommer 2012 eine
bekannte Brauerei, die auch zu den
Sponsoren des 1. FC Köln gehört.
Auf einem Werbebild sind jubelnde
FC-Fans in einem Stadion zu sehen.
Leider handelt es sich bei dem zu
sehenden Stadion ausgerechnet um die Heimspielstätte von Lokalrivale Bayer
Leverkusen. Die Brauerei versprach, das Bild umgehend zu ändern …

[177] Hoteltester HGK

Hans-Gerhard König: Als Stadionsprecher, Pressechef und Geschäftsführer ist er bis heute eine FC-Legende. Neben seinen hinlänglich bekannten Tätigkeiten führte „HGK" auch viele Jahre lang die sogenannten Mannschaftsbücher, in denen das jeweilige Spiel der Geißböcke samt Aufstellung und besonderen Vorkommnissen handschriftlich verewigt wurde. Auch zu den Hotels, in denen der FC-Tross untergebracht war, machte der gewissenhafte König Anmerkungen. Als man am 23. August 1975 beim Auswärtsspiel in Braunschweig im „Forsthaus Braunschweig" logierte, war das Urteil schnell gefällt. „Nach Möglichkeit nicht mehr buchen", lautet die Bleistifteintragung. Auch der „Schweizerhof" in Berlin, in dem die Mannschaft am 4. März 1978 zur Partie bei der Hertha einquartiert war, kam mit dem Urteil „nicht mehr buchen" nicht gut weg.

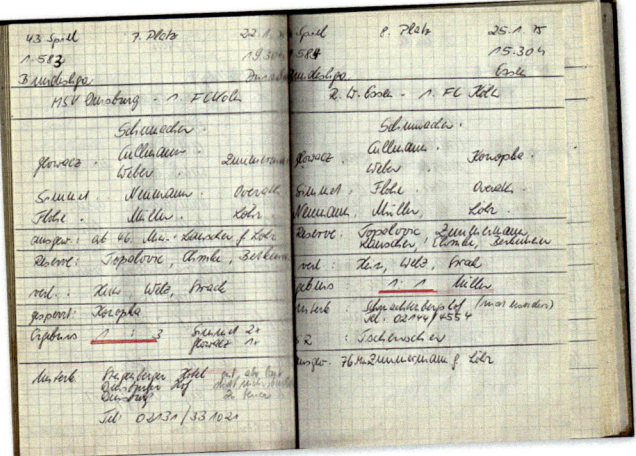

Ob es am Straßenverkehr oder an nächtlichem Partylärm gelegen hat, dass über dem „Steigenberger Hotel Duisburger Hof" in Duisburg „Gut, aber laut, nicht mehr buchen, zu teuer" geschrieben steht, lässt sich heute nicht mehr ermitteln. Die Spieler hatten sich vom Lärm offensichtlich nicht beirren lassen, sie gewannen das Spiel beim MSV Duisburg am 22. Januar 1975 mit 3:1. Doch nicht nur negative, auch positive Kritiken sind in den Mannschaftsbüchern zu finden. Zufrieden war man offensichtlich mit dem „Hotel Zum Schwanen", in dem die Geißböcke im Rahmen des DFB-Pokal-Erstrundenspiels beim SSV Reutlingen am 12. Dezember 1970 untergebracht waren. Mit den Worten „sehr zu empfehlen, preiswert und gut" konnte sich das in Metzingen beheimatete Hotel über eine positive Bewertung freuen. Auch das „Hotel Deutsches Haus" in Frankfurt/Main überzeugte die FC-Verantwortlichen. „Zu empfehlen für Spiele in Frankfurt", lautete die Notiz unter der Statistik des Bundesligaspiels bei der Frankfurter Eintracht am 6. Dezember 1969.

★ ★ ★

Auch die Kosten der Hotelunterbringung wurden zeitweise in den Mannschaftsbüchern festgehalten. So bezahlte man beispielsweise im „Riedhotel" in Bad Salzuflen (Gastspiel in Bielefeld am 15.04.1972) 1.570 Mark für die Unterbringung von Mannschaft und Funktionsteam inklusive aller „Nebengeräusche". Das „Hotel Westfalenhalle" in Dortmund (Auswärtspartie beim BVB am 21.03.1972) berechnete für dieselbe Leistung exakt 2.073,35 Mark, während das „Parkhotel Mönchengladbach" (Spiel bei der Borussia am 25.03.1972) genau 1.933,65 Mark in Rechnung stellte.

Whiskey-Coke, please!   [178]

Januar 2002: Um im Abstiegskampf Verstärkung für die Offensive zu bekommen, verpflichtet FC-Sportdirektor Hannes Linßen den französischen Ex-Nationalspieler Lilian Laslandes vom Sunderland FC. Direkt nach der Vertragsunterschrift begibt sich der Stürmer ins Wintertrainingslager im spanischen Marbella. Beim Mittagessen im Mannschaftshotel schockt der Franzose nicht nur die Mitspieler, sondern auch Trainer Ewald Lienen: Als flüssigen Begleiter zur Mahlzeit bestellt sich Laslandes einen doppelten Whiskey-Cola auf Eis. Leistungssteigernd war dies offensichtlich nicht, denn der Angreifer blieb in sieben Pflichtspielen

für den FC ohne Torerfolg, ließ selbst Großchancen fahrlässig aus. So verpassten ihm die Fans einen originellen Spitznamen: „Laslandesliga".

Hase und Igel knipsen das Licht aus   [179]

Mit einem handfesten „Knabberproblem" kämpfte der FC Ende der 1990er Jahre. Unzählige Hasen und sogar einige Igel hatten sich rund um die Trainingsplätze breitgemacht und knabberten nach Herzenslust an allem, was ihnen in die Quere kam. Sogar die Stromleitungen wurden angenagt, so dass einige Male im wahrsten Sinne des Wortes das Licht ausging. Erst diverse, nicht eben billige Schutzmaßnahmen an den entsprechenden Kabeln sorgten dafür, dass der Strom wieder unbehelligt im und ums Geißbockheim fließen konnte.

[180]   Ritterorden aus Finnland

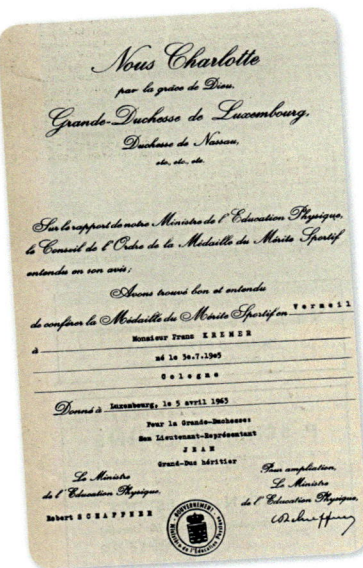

Eine kuriose und seltene Ehrung durfte FC-Präsident Peter Weiand im Jahre 1981 entgegennehmen. Dafür, dass sich Weiand über viele Jahre um die Zusammenarbeit zwischen deutschen und finnischen Lottogesellschaften verdient gemacht hatte, verlieh ihm der nordeuropäische Staat das „Ritterzeichen 1. Klasse des Ordens des finnischen Löwen". Dies ist die höchste Auszeichnung, die ein Ausländer ohne Staatsamt in Finnland bekommen kann.

Auch Franz Kremer erhielt 1963 mit dem „Orden für sportliche Verdienste in Gold im Rahmen des nationalen Ordens" des Großherzogtums Luxemburg eine seltene Auszeichnung.

[181]   Kickende Präsidenten

Dass Wolfgang Overath ein erfolgreicher Fußballer war, ist hinlänglich bekannt. Overath ist jedoch nicht der einzige der neun bisherigen FC-Präsidenten, die in der ersten Fußballmannschaft der Geißböcke eingesetzt wurden. Auch Klaus Hartmann (von 1991 bis 1997 FC-Präsident) gelang dieses Kunststück. Am 31. Juli 1948 hütete er bei der 1:4-Niederlage im Freundschaftsspiel bei Bayer Leverkusen das Kölner Tor. Zu dieser Zeit hatte sich Hartmann, der zuvor Stammtorwart der A-Jugend von Sülz 07 gewesen war, in den Dunstkreis der ersten Mannschaft gespielt. Wegen einer Augenerkrankung wechselte der gebürtige Kölner in die Handballabteilung. Mit Erfolg – 1954 gelang ihm hier der Aufstieg in die Oberliga West, der seinerzeit höchsten deutschen Spielklasse.

Weiterhin waren folgende FC-Präsidenten aktiv am Ball: Franz Kremer (in der Jugendabteilung von FC-Vorgängerverein KBC), Oskar Maaß (bei den Alten Herren des 1. FC Köln) und Werner Spinner (in der Jugendabteilung des 1. FC Köln).

Anzeigen [182]

Beim westdeutschen Pokalendspiel zwischen dem 1. FC Köln und Schalke 04 (3:0) am 8. August 1964 hatte sich der Schalker Spieler Willi Koslowski verbal mit einem FC-Fan angelegt, der ihn daraufhin wegen Beleidigung anzeigte. Koslowski wurde anschließend vom DFB für vier Wochen gesperrt. Die Retourkutsche dafür musste ausgerechnet Franz Kremer ertragen: Als beim Bundesligaspiel der Kölner auf Schalke knapp vier Monate später Schmährufe in Richtung FC-Kapitän Hans Schäfer und auch gegen Kremer selbst laut wurden, wandte sich der Boss in Richtung der Schreihälse und zeigte ihnen den berühmten Vogel. Das rief drei Anhänger der Königsblauen auf den Plan, die den Präsidenten wegen Beleidigung bei der Polizei und beim DFB verklagten. Das Verfahren wurde später eingestellt.

Die Geburtsstätte des 1. FC Köln [183]

Tausende von Verkehrsteilnehmern passieren sie Tag für Tag – die ehemalige Gaststätte Roggendorf an der belebten Luxemburger Straße 188 in Köln-Sülz. Dabei ist kaum einem der zahllosen Passanten bewusst, dass in der damaligen Lokalität des früheren KBC-Torwarts Matthias Roggendorf am 13. Februar 1948 nach der Versammlung der Mitglieder von Kölner BC und Spielvereinigung Sülz 07 die Fusion beider Klubs zum 1. FC Köln besiegelt wurde. Im Jahre 2012 stand das Gasthaus leer, nachdem dort zuvor unter anderem ein Steakhaus und ein Irish Pub ansässig waren. Inzwischen sind in den Räumlichkeiten der früheren Gaststätte Büroräume untergebracht.

Ort mit historischer Bedeutung: Das Haus Luxemburger Straße 188 in Köln-Sülz (ehemals Gaststätte Roggendorf).

Ein Echo, zwei Cover

Bis zum Sommer 1984 ließ der FC das allseits beliebte Stadionheft *Geiß-bock Echo* auf Zeitungspapier produzieren. Ab der Saison 1984/85 wurde das Rotationspapier vom moderneren „Glossy Paper" abgelöst und auch das große Format auf die praktische DIN-A4-Größe verkleinert. Bereits während der Spielzeit 1983/84 ließ man zur Bundesli-

gapartie gegen Werder Bremen am 11. Februar 1984 ein Heft in extrem geringer Auflage im neuen Format drucken, während parallel weiter die „Zeitungsversion" hergestellt wurde. So entstanden für ein Spiel zwei inhaltlich gleiche Hefte mit unterschiedlichem Cover. Da von der „Glossy-Version" nur wenige Exemplare im Umlauf waren, ist das Heft heute ein gesuchtes Sammlerstück.

Geißbockheim-Raritäten aus Düsseldorf

Als am 12. September 1953 das Geißbockheim offiziell eingeweiht wurde, besaß der 1. FC Köln eines der modernsten und größten Klubhäuser Deutschlands. Neben der geschmackvollen und funktionalen Einrichtung der Räumlichkeiten achtete man auch auf kleinste Details. Die silbernen Kaffeekännchen wurden mit dezentem Schriftzug „Zum Geißbock Köln" versehen,

und bei der Porzellanmanufaktur „Bavaria" im oberfränkischen Weißenstadt ließ man edle Aschenbescher mit Goldrand und FC-Wappen produzieren, sehr zur Freude des passionierten Zigarrenrauchers Franz Kremer. Diese Gegenstände hatten jedoch einen entscheidenden Nachteil: Sie wurden zu begehrten Souvenirs der Besucher und verschwanden mit der Zeit.

Ausgerechnet in Düsseldorf blieb ein 1953 hergestellter Ascher des Geißbockheims erhalten. Karl Flink, von Februar 1948 bis Juni 1948 erster Trainer des
neu gegründeten 1. FC Köln, bewahrte das seltene Stück in seiner Lottoannahmestelle am Düsseldorfer Hauptbahnhof auf. Flink pflegte auch nach seinem Ausscheiden gute Kontakte zum Geißbockklub, so dass sich nach seinem
Tod im Jahre 1958 einige FC-Raritäten im Nachlass fanden. Diesen übernahm
sein Nachbar, der Sportjournalist und Spielausschussvorsitzende des DFB
Hans Körfer. Erst im Jahre 2011 wurde der Nachlass des 1972 verstorbenen
Körfer durch dessen Angehörige veräußert. So kamen, 53 Jahre nach seinem
Tod, auch die FC-Memorabilien von Karl Flink an die Öffentlichkeit.

Als „Icke" zu Waldhof sollte

Frühjahr 1987: Nachdem er, inklusive eine Saison bei der A-Jugend, schon
fast vier Jahre beim FC war, startete Thomas Häßler nach holprigem Auftakt
durch. Die Karriere des kleinen Dribblers nahm, auch dank des seit September 1986 im Amt befindlichen neuen Cheftrainers Christoph Daum, endlich
Fahrt auf. Die Fans liebten den kleinen Techniker, den wegen seiner Berliner Herkunft alle nur „Icke" nannten, sowieso. Gut, dass sie nichts vom Vorha-ben des damaligen Managers Michael Meier mitbekamen. Der wollte den späteren Fuß-baller des Jahres nämlich mit Abwehrspieler Jürgen Kohler „verrechnen", der im Sommer 1987 vom SV Waldhof Mann-heim zum FC kam. Eine von Meier unterzeichnete Ge-sprächsnotiz belegt dies. Letzten Endes kam es glück-licherweise nicht zu diesem Tausch. „Icke" blieb in Köln, für Kohler zahlte der FC 2,1 Mio. Mark Ablöse, und ab Juli 1987 trugen Häßler und Kohler das FC-Trikot.

Gesprächsnotiz

Zwischen den Herren

Wirth vom SV Waldhof Mannheim
und
Meier vom 1. FC Köln

wurde am 8.4.1987 in einem Telefon-
gespräch wie folgt besprochen:

Für den Spieler Kohler zahlt der
1. FC Köln eine Ablösesumme von
1 Mio DM. Gleichzeitig wechselt
der Spieler Thomas Häßler vom
1. FC Köln zu Waldhof Mannheim.

Herr Wirth fordert vom 1. FC Köln
eine Ablösesumme von 2 Mio DM.
Unter "Verrechnung" des Spielers
Thomas Häßler würde die Ablöse
immer noch 1,6 Mio DM betragen.

Köln, 8.4.87
gez. Michael Meier

[187] Bei der Geburt getrennt (3)

Aline Immeln
(FC-Frauen) und
Sascha Bigalke.

[188] Post vom „Alten"

Franz Kremer, von 1948 bis 1967 erster Präsident des 1. FC Köln, war nicht nur ein Visionär und umsichtiger Vorsitzender, er wusste auch das Verhältnis zu Politik und Kirche zu pflegen. Er holte den berühmten Kölner Oberbürgermeister Theo Burauen (SPD) ebenso in den Vorstand wie Oberregierungsrat Dr. Heinz Ahlfeld. Um keinen Ärger mit dem Klerus zu bekommen, sorgte Kremer in der Saison 1956/57 dafür, dass das eigentlich für den „weißen Sonntag", den Tag der Erstkommunion, angesetzte Spiel des FC gegen Schalke 04 auf Samstag verlegt wurde – trotz der zu erwartenden Einnahmeverluste, da viele Fans samstags arbeiten mussten.

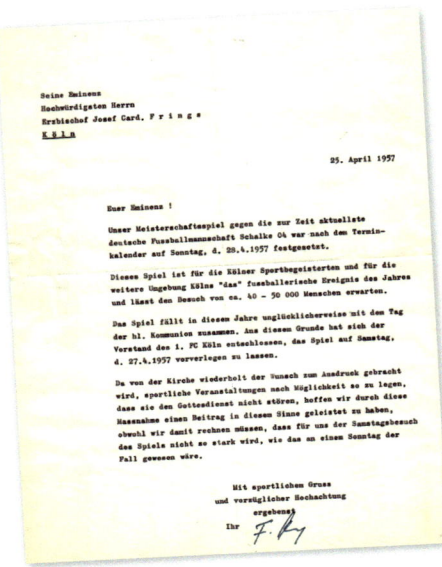

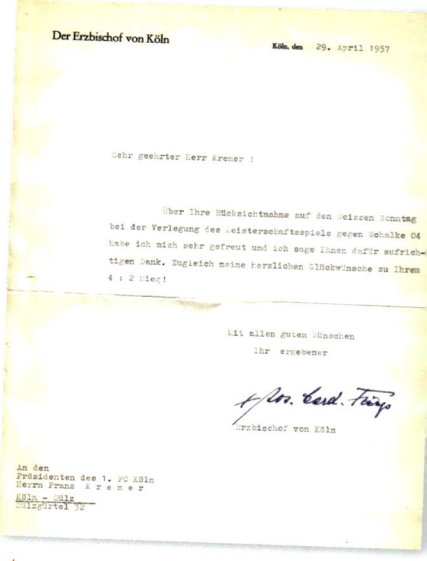

★ ★ ★

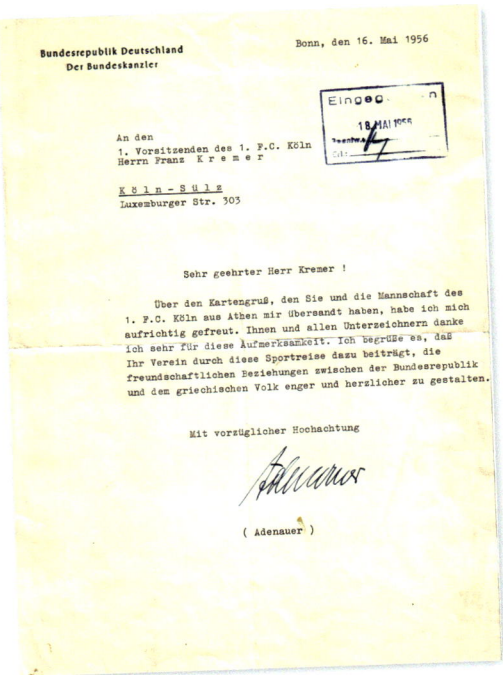

Vor allem in den Nachkriegsjahren war der Sport ein beliebtes Vehikel der Außenpolitik. So auch im Mai 1956, als der FC eine Freundschaftsspieltour nach Griechenland unternahm, bei der man gegen AEK Athen, Olympiakos Piräus und Panathinaikos Athen antrat. Die Kölner wurden wie Staatsgäste empfangen und vergaßen bei der Gelegenheit nicht, einen Kartengruß an Bundeskanzler Konrad Adenauer abzuschicken. Adenauer, auch „der Alte" genannt, bedankte sich mit einem Brief an Franz Kremer, der bis heute im Klubarchiv aufbewahrt wird und als Kopie auch dem Archiv des Adenauerhauses im Bad Honnefer Stadtteil Rhöndorf zur Verfügung gestellt wurde.

Ein medizinisches Phänomen … [189]

… war FC-Mittelfeldspieler Slawomir Peszko. Auf dem Platz letztlich eher enttäuschend, verblüffte er bei den Medizinchecks nach seiner Vertragsunterschrift in Köln im Januar 2011 die Ärzte.

Der polnische Internationale hat vier (!) Nieren. Normalerweise ist dieses Organ beim Menschen nur paarweise vorhanden, womit Peszko ein medizinisches Kuriosum darstellt. Als Kind wollten ihm übereifrige Ärzte ob dieser Tatsache gar den Sport verbieten, doch der kleine Dribbler schaffte es dennoch, sich im Leistungssport durchzusetzen. Das „Nierenproblem" scheint familiär bedingt zu sein: Mutter Ewa hat drei Nieren.

[190] Die Erfolgstafel des 1. FC Köln

1949	Mittelrheinmeister – Aufstieg in die Oberliga West
1953	Westdeutscher Pokalsieger, Westdeutscher Vizemeister
1954	Westdeutscher Meister, Deutscher Vizepokalsieger
1958	Westdeutscher Vizemeister, Westdeutscher Vizepokalsieger
1959	Westdeutscher Vizemeister
1960	Westdeutscher Meister, Deutscher Vizemeister, Westdeutscher Vizepokalsieger
1961	Westdeutscher Meister
1962	Westdeutscher Meister, Deutscher Meister
1963	Westdeutscher Meister, Deutscher Vizemeister
1964	Westdeutscher Pokalsieger, Deutscher Meister
1965	Mittelrheinmeister (Amateure), Deutscher Vizemeister
1967	Mittelrheinmeister (Amateure)
1968	Deutscher Pokalsieger
1970	Deutscher Vizepokalsieger
1971	Deutscher A-Jugendmeister, Deutscher Vizepokalsieger
1973	Deutscher Vizepokalsieger, Deutscher Vizemeister
1977	Mittelrheinmeister (Amateure), Deutscher Pokalsieger
1978	Deutscher Pokalsieger, Deutscher Meister
1980	Deutscher Vizepokalsieger
1981	Deutscher Amateurmeister
1982	Deutscher Vizemeister
1983	Deutscher Pokalsieger
1986	UEFA-Cup-Finalist
1989	Deutscher Vizemeister
1990	Deutscher Vizemeister, Deutscher B-Jugendmeister
1991	Deutscher Vizepokalsieger
1992	Mittelrheinmeister (Amateure)
1993	DFB-Hallenmasters-Sieger
2000	Meister 2. Bundesliga
2005	Meister 2. Bundesliga
2011	Deutscher B-Jugendmeister
2013	DFB-Pokalsieger A-Junioren
2014	Meister 2. Bundesliga

Blaue Mauritius aus Hessen [191]

In Reinhardshausen, einem Ortsteil des nordhessischen Heilbades Bad Wildungen, betreibt Gerhard Welz eine Kultkneipe mit dem Namen „Zum Schlürfchen". Der gebürtige Frankfurter stand zwischen 1971 und 1975 als Torwart beim 1. FC Köln unter Vertrag, war bis zu einer schweren Kopfver-

letzung die Nummer 1 und der direkte Vorgänger von Torhüterlegende Harald „Toni" Schumacher. Vor allem von den Kurgästen wird das Schlürfchen zahlreich frequentiert. Wenn dann noch der Chef die eine oder andere Begebenheit aus seiner Profizeit zum Besten gibt, hören die Gäste gespannt zu. Welz ist bei Weitem nicht der einzige Ex-FCler, der sich als Kneipier versucht, aber sicherlich der einzige, der eine eigene Briefmarke

hat. Wer an das Schlürfchen eine postalische Anfrage schickt, dessen Antwort wird mit einer speziellen Briefmarke der Wirtschaft frankiert. Zwei Motive zeigen das Logo der Kneipe, ein anderes das Ehepaar Welz hinter der Theke. Inzwischen ist bei den zahlreichen Memorabiliensammlern die „Schlürfchen-Briefmarke" begehrter als das Autogramm des ehemaligen Nürnberger und Kölner Schlussmanns.

Paul und Uli zum FC? [192]

Obwohl er nie eine offizielle Position beim FC besaß, hat Edwin „Eddy" Rohm einen nicht unerheblichen Teil der FC-Historie hautnah miterlebt. Das langjährige Mitglied der legendären „Geißbock-AH"-Altherrenmannschaft des

1. FC Köln war ein enger Freund und Vertrauter des früheren FC-Präsidenten Oskar Maaß, der von 1968 bis 1973 die Vereinsgeschicke lenkte. Obwohl die Ära Maaß aufgrund der nur geringen Zuschauerkapazität der Müngersdorfer Radrennbahn von Sparzwängen geprägt war, war der vorausschauend planende Präsident immer an Verstärkungen für die Lizenzspielermannschaft interessiert. Im Herbst/Winter 1970/71 bot sich plötzlich die Chance, zwei seinerzeit noch relativ unbekannte Akteure zu verpflichten. Dank der Informationen von Ex-FC-Trainer Zlatko „Tschik" Cajkovski wurde man in Köln gewahr, dass die zu Saisonbeginn neu zum FC Bayern München gekommenen Paul Breitner und Uli Hoeneß wechselwillig waren. Breitner hatte sich noch keinen Stammplatz erkämpft, Hoeneß war aus anderen Gründen nicht wirklich glücklich. In einem Münchner Hotel traf sich die Kölner Delegation um Maaß und Rohm mit Breitner und Hoeneß, die im persönlichen Gespräch ihre Wechselwünsche bekräftigten. Als die Bayern-Verantwortlichen Wind von der Sache bekamen, wurde der mögliche Transfer in die Domstadt verhindert. „Und dabei erhielten beide eine stattliche Gehaltsaufbesserung", erinnert sich „Eddy" Rohm schmunzelnd.

[193] Pils statt Kölsch

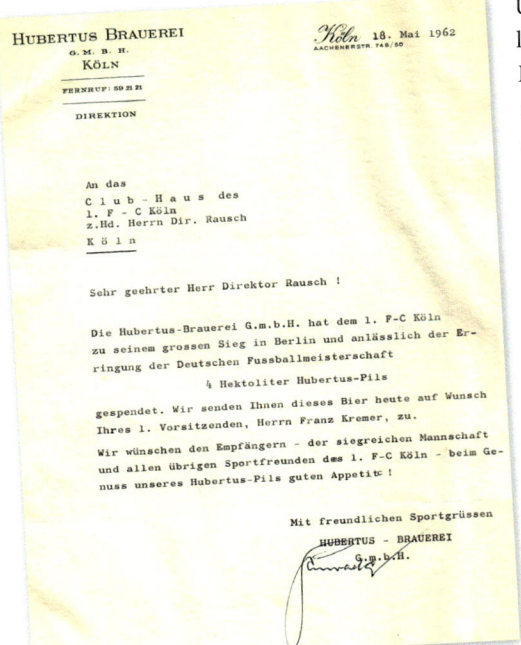

Unglaublich, aber wahr: Anlässlich der Feierlichkeiten zur Deutschen Meisterschaft 1962 rund um das Geißbockheim stiftete die Kölner „Hubertus Brauerei" nicht etwa das Nationalgetränk Kölsch, sondern vier Hektoliter „Hubertus Pils"! Die Fans hat dies offenbar nicht gestört, sämtliche Biervorräte wurden im Rahmen der Feier verzehrt.

Lokalrivale

In den 1950er und 1960er Jahren war die Konkurrenz zwischen dem 1. FC Köln und seinem Stadt- und Oberligarivalen SC Preußen Dellbrück beziehungsweise dessen Nachfolgeverein SC Viktoria Köln in etwa mit der heute zu Borussia Mönchengladbach bestehenden Rivalität vergleichbar. Da der FC in sportlichen Vergleichen fast immer die Oberhand behielt, kostete man die seltenen Siege auf der „Schäl Sick" besonders aus. So auch den 4:1-Oberligasieg am 14. September 1957, der einige Viktoria-Anhänger sogar dazu animierte, eine Todesanzeige für den 1. FC Köln in Umlauf zu bringen.

Der falsche Prinz

Ein angeblich unehelicher Sohn einer Prinzessin von Saudi Arabien versuchte den FC 2008 hinters Licht zu führen. Der 43-jährige Volker E. versprach, 50 Mio. Euro als privater Investor in den FC zu investieren. Angeblich war der dubiose „Prinz" sogar in Köln, um Trainer Christoph Daum sein Konzept zu unterbreiten; Manager Michael Meier und Geschäftsführer Claus Horstmann sollen laut Boulevardpresse zu Verhandlungen in die Schweiz gereist sein. Die Kölner kamen dem Hochstapler jedoch auf die Schliche und zogen sich zurück. Im September 2009 verurteilte ein Gericht in Marbach (Kreis Ludwigsburg) Volker E. wegen Anstiftung zur Urkundenfälschung und zum Titelmissbrauch zu zwei Jahren Haft auf Bewährung.

Tschö, Poldi!

Das (zumindest vorerst) letzte Spiel von FC-Idol Lukas Podolski am 5. Mai 2012 in Müngersdorf gegen Bayern München (1:4) war sehr emotional. Die Fans mussten nicht nur den bereits feststehenden Weggang des Publikumslieblings zum FC Arsenal verkraften, sondern auch und besonders den fünften Abstieg der Vereinsgeschichte. Poldi selbst hatte sich gut auf sein letztes FC-Spiel vorbereitet. Er trug speziell angefertigte Schuhe mit Textpassagen aus der FC-Hymne und ein „Unterhemd" mit dem Aufdruck

„Danke Köln! Danke Fans!" Da jedoch in den Schlusssekunden der Partie im Unterrang der Südtribüne mehrere Rauchtöpfe gezündet wurden, verließen die Spieler fluchtartig den Rasen. Das schöne Hemd blieb den Blicken von Fans und Fotografen verborgen. Poldi stiftete die Unikate jedoch dem FC-Museum, wo sie nun besichtigt werden können.